JN442073

세계도시 베이징의 공간기억과 문화재현

지은이 **박정희**

부산대학교 중문과를 졸업하고 중국 베이징대학교에서 「1950년대~1970년대의 문학 '정전' 재구성: 중국당대문학사연구의 한 측면五十至七十年代的文学"经典"重评: 中国当代文学史研究的一个侧面」으로 박사학위를 받았으며 현재 부산대학교 한국민족문화연구소 HK전임연구원으로 있다.
저서로 『중국 영화·문화·도시』, 『지역, 예술을 말하다』(공저) 등이 있고, 번역서로는 홍쯔청洪子诚의 『중국 당대 문학사』가 있다. 그 외 「现代文学学科의 건립」, 「毛泽东 신문화의 건립」, 「교과과정의 역사적 변천과 경합하는 중국고전문학 '정전'」을 포함한 다수의 논문이 있다.

세계도시 베이징의 공간기억과 문화재현

1판 1쇄 인쇄_2012년 09월 28일
1판 1쇄 발행_2012년 10월 08일

지은이_박정희
펴낸이_홍정표
펴낸곳_글로벌콘텐츠
등 록_제25100-2008-24호

공급처_(주)글로벌콘텐츠출판그룹
이 사_양정섭
디자인_김미미
편 집_배소정
기획·마케팅_노경민 배정일
경영지원_안선영
주 소_서울특별시 강동구 길동 349-6 정일빌딩 401호
전 화_02-488-3280
팩 스_02-488-3281
홈페이지_http://www.gcbook.co.kr
이메일_edit@gcbook.co.kr

값 17,000원
ISBN 978-89-93908-45-9 93300

* 잘못된 책은 구입처에서 바꾸어 드립니다.
* 이 책은 본사와 지은이의 허락 없이는 내용의 일부 또는 전체를 무단 전재나 복제, 광전자 매체 수록을 금합니다.
* 이 책은 2007년도 정부(교육인적자원부)의 재원으로 한국연구재단의 지원을 받아 수행된 연구임(NRF-2007-812-A00197). 원 과제명은 <중국문화 속의 베이징>이었음.

세계도시 베이징의 공간기억과 문화재현

박정희 지음

글로벌콘텐츠

서문

보들레르가 파리에서 그랬듯, 작업에 지친 작가는 새로운 영감을 길어 올리려 도시를 산책한다. 벤야민의 베를린, 도스토예프스키의 상트 페데르스부르크, 카프카의 프라하, 조이스의 더블린, 디킨스의 런던, 솔베로의 시카고, 윌드 휘트먼의 뉴욕 등. 그러나 서구 현대작가의 도시 체험에는 고독과 소외가 가득할 뿐 안식과 위로는 없다. 거대한 도시 속 작가들을 짓누르는 건 어쩔 수 없는 이방인 의식이다.

하지만 중국 현대작가의 베이징 체험은 사뭇 다르다. 적어도 문학적 측면에서 보자면, 사람과 도시의 관계는 조화롭고 친근하다. 도시는 작가에게 그리움의 대상이며 작가는 도시에서 안정감과 귀속감을 느낀다. 베이징을 서술하는 대부분의 현대작가에게 있어서 중中·서西 즉 옛 것旧과 새로움新이 혼합되어 있는 베이징은 정신적 고향이다.

베이징은 중국과 서구, 전통과 폭력적 변화 등 이질적이고 비공시적인 것들이 뒤섞여 혼재의 양태로 공존하는 독특한 공간이다. 따라서 많은 명사들이 베이징의 다면성에 대해 언급한 것은 당연한 일이다. 라오시앙老向은 베이징은 "옛 것과 새 것 모두를 받아들이며, 이것들은 베이징 안에서 공존한다"고 하면서 "베이징에서 산 지가 삼십년이 넘었지만 나는 베이징에 대해 잘 안다고 말할 수 없다"[1)]고 고백했다. 라오서老舍 또한 「그리운 베이징想北平」에서 "내 마음에는 베이핑이 있지만, 나는 그곳을 안다고 말할 수 없다"[2]고 말했다. 린위탕林语堂은 『찬란한 베이징辉煌的北京』에서, "용감한 사람만이 베이징을 잘 안다는 대담한 망언을 할 수 있을 것이다. 수십 년을 살아야만 비로소 이 도시에 대해서 안다고 할 수 있을 것이다"[3]며 다면적이고 복잡한 성격을 지닌 베이징의 신비한 매력을 강조했다.

중국인뿐만 아니라 외국인 또한 베이징의 다면성·복잡성에 깊이 심취했는데, 그 예를 영국인 '동양주의자' 푸산富善에게서 찾을 수 있다. 라오서의 『사세동당四世同堂』은 푸산을 세밀히 묘사했다. 베이징에 거주한 지 30년이나 된 푸산은 베이징 풍속을 잘 알고 있는 '베이징통'이었다. 푸산은 베이징의 유적과 유물을 소중히 여겨 베이징의 전근대 골동품을 수집하려 노력했다. 그는 자신이 거주하는 베이징 동청东城의 집을 '샤오류리창小琉璃厂'이라 부를 정도로, 조국 영국만큼이나 혹은 그 이상으로 베이징을 사랑했다. 그는 "눈이 중국인의 눈으로 변한 유민이었다."[4] 그가 가장 혐오하고 비판한 사람은 얄팍한 지식으로 베이징을 여행하는 오만한 외국인이었다. "일주일로 베이핑을 알려고 하다니, 돈 낭비하지도 말고 베이핑을 모욕하지도 마라!"[5] 그러나 1990년대 중후반부터 급속한 도시화가 진행되면서 지금 '건축의 시대'를 살고 있는 베이징은 세계 여느 도시와 흡사해지고 있다.

---

1) 老向, 「难认识的北平」, 『北京乎: 现代作家笔下的北京1919~1949』, 北京: 三联书店, 1992, 294쪽. "古今并容, 新旧兼收。" "我在北平住了三十年了, 但是我不能说已经认识了北平。"

2) 老舍, 「想北平」, 위의 책, 409쪽. "我心中有个北平, 可是我说不出来。"

3) 린위탕, 『베이징이야기』, 이산, 2007, 7쪽.

4) 老舍, 『四世同堂』, 『老舍文集』 5卷, 北京: 人民文学出版社, 1983, 289쪽. "眼睛变成中国人的, 而且是一个遗民的。"

5) 위의 책, 57쪽. "一个星期的工夫, 想看懂了北平? 别白花了钱而且污辱了北平吧!" 푸산의 숙원은 베이징을 깊이 탐구하는 서적 『베이핑北平』을 완성하는 것이었다. 이 책은 끝내 미완으로 남았지만, 유언에서 이 책을 언급할 정도로 그 열정은 대단했다.

이 책의 목적은 급격한 변화를 경험하고 있는 베이징의 과거 문화기억과 현실이 중국 당대의 문화텍스트에서 어떻게 재현되고 있는지 살펴보는 데 있다. 공간·도시에 대한 해석은 시선 주체의 정체성 그리고 시선 주체와 도시의 관계에 따라 다양할 수밖에 없다. 베이징과 교호하면서 더불어 호흡한 많은 작가들, 베이징을 온몸으로 산책하면서 세밀하게 관찰하고 기술하는 이질적인 시선들. 이 작가들과 시선들을 훑는 작업은 곧 베이징의 다면성과 혼재성을 몸소 체험하는 과정이 될 것이다.

이 책은 필자의 개인적인 장소 기억에서 시작되었다. 필자는 베이징에서 십여 년을 살았다. 20세기 말 베이징의 겨울은 황량했고 나는 그 황량함이 좋았다. 멀리 샹산香山이 보이는 기숙사 방에서 겨울에는 차가운 서풍을 여름에는 서향의 뜨거운 불볕더위를 견뎌냈다. 초여름엔 청개구리 울음소리를 들었다. 한국의 대도시에서 살았던 내가 신기해 한 것은 봄날의 페이쉬飞絮였다. 당시 베이징 길 양옆으로는 플라타너스가 줄지어 빼곡히 서 있었다. 플라타너스에서 뿜어져 나온 페이쉬가 4~5월의 베이징 하늘을 가득 메우며 둥둥 떠다녔다. 그러나 대도시임에도 전원의 고향 같은 느낌을 주던 베이징은 이젠 사라지고 없다. 세계 여느 도시와 마찬가지로 넓은 직선도로, 대형 빌딩, 백화점, 거대한 아파트 단지 등이 이 도시를 점령하고 있다.

이 책이 지난 베이징에 대한 개인적인 기억과 그리움에서 출발한 것임은 분명하지만, 그 의도는 베이징 공간의 성격 변화와 공간의 재구성 과정, 그리고 이 변화 과정을 농축하여 기억하고 있는 대중문화를 살펴봄으로써 베이징 자체를 깊이 이해하는 데 있다. 나아가 베이징의 도시화 과정을 추적하는 작업을 통해 세계화에 직면한 중국이 어떤 방향을 선택할지 읽어내는 데 있다. 베이징은 중국의 과거와 현재 그리고 미래를 읽는 데 가장 훌륭한 텍스트이기 때문이다. 그래서 이 책의 내용은 베이징의 전통문화를 현재가 어떻게 재현하고 재구성하는지, 도시화 과정이 베이징을 어떻게 변화시키는지, 사회주의 수도에서 세계도시로 변모하기 위해 어떤 시도를 펼치는지 등을 담고 있다.

딸을 보러 베이징에 오셔서 종쯔粽子 맛에 감탄하면서 못난 자식을 격려해주신 어머니께 고마움을 표한다. 필자가 베이징 연구를 더 심도 있게 진행할 수 있도록 도움을 주신 강경구 선생님과 지금 몸담고 있는 부산대 로컬리티의 인문학연구단에 감사한다. 이 책을 완성하기까지 조명기 선생님의 도움이 컸다. 원고를 교정해 주었으며 그의 사진을 사용할 수 있도록 허락해 주었다. 선뜻 출판을 맡아 주신 (주)글로벌콘텐츠출판그룹 양정섭 이사님과 글로벌콘텐츠에 감사드린다.

2007년 한국연구재단의 인문저술지원사업으로 결실을 맺게 된 이 책이 한중수교 20주년을 맞아 현재의 중국과 베이징을 깊이 있고 생생하게 이해하는 데 기여하기를 바란다.

목 차

서문 ______ 04

1부 수도에서 세계도시로

| 1장 | 베이징, 공간배치를 통한 문화정치 ______ 15

1. 텍스트로서의 베이징 ······ 15
2. 베이징 상상의 변화 ······ 21
3. 국가 상징적 공간으로서의 베이징 ······ 38
4. 대중매체 속에서 재구성되는 베이징 ······ 52
5. 세계도시 베이징 ······ 57

| 2장 | 사회주의 시기 베이징의 기억·공간·일상 ______ 63

1. '문혁' 시기 베이징의 기억, 공간, 일상 ······ 63
2. 공간 배치로 본 베이징의 정치화와 세속화 ······ 68
3. 1970년대 베이징의 일상사: 배치된 일상과 이를 위반하는 일상 ······ 74
4. 개인의 기억으로 쓴 문혁 ······ 85

| 3장 | 기억을 통한 후통의 생산 ___ 91

1. 후통의 현실 ··· 91
2. 후통관광과 국가기억 ··· 95
3. 문화텍스트 속의 기억 생산 ··· 105
   1) 경미문학의 후통 생산 ··· 110
   2) 1980년대 후통의 경관과 류신우의 『종구러우』 ··· 125
4. 개인기억을 통한 후통 현실에 대한 성찰 ··· 139
5. 후통의 기억 충돌 ··· 150

| 4장 | 제6세대 영화와 베이징 ___ 157

1. 제6세대 영화와 도시 ··· 157
2. 예술가 집성지로서의 베이징 ··· 161
   1) 우원광의 〈베이징 유랑: 최후의 몽상가〉 ··· 168
   2) 장위엔의 〈베이징 잡종〉 ··· 173
3. 도시 주변인에 대한 서사 ··· 176
   1) 도시와의 불화와 표류, 길 ··· 178
   2) 중심의 모방과 밀실 이미지 ··· 183
4. 이상향으로서의 도시 베이징 ··· 190

| 5장 | 798 예술구의 형성과 주체갈등 ___ 195

1. 도시재생: 공장단지에서 예술구로 ··· 195
2. 798 예술구의 전사, 공간 성격의 변화 ··· 199
3. 798 예술구 공간 주체 간의 충돌과 공조 ··· 206
   1) 798 다시 만들기 ··· 206
   2) 공간주체 간의 충돌, 공조 ··· 217
4. 798 예술구의 곤경 ··· 228

2부 베이징을 기억하는 장소와 문화들

| 6장 | 문화텍스트 속의 베이징 상상 ____ 239

1. 경미소설과 베이징 상상 ······ 239
2. 경미소설에서 베이징 전통의 재구성 ······ 244
3. 문화텍스트로 본 따자이먼의 상상과 서사 ······ 251
4. 또 다른 베이징에 대한 상상 ······ 261

| 7장 | 베이징 따자위엔의 문화기억 ____ 267

1. 「수다쟁이 장따민의 행복한 생활」 ······ 267
2. 매체전환과 변화양상 ······ 271
3. 베이징 언어의 특색: 쏴핀쭈이, 칸따산과 유머 ······ 276
4. 베이징 후통 따자위엔의 생활 ······ 283
5. 베이징인 장따민의 삶 철학 ······ 287

| 8장 | TV드라마 <따자이먼>을 통한 민족기억의 재구성 ____ 295

1. 문화연구와 TV드라마 읽기 ······ 295
2. TV드라마 속의 따자이먼 문화 ······ 300
3. TV드라마의 역사기억과 서사를 통한 민족주의 상상 ······ 309
4. TV드라마 해독을 통한 타협적/대항적 문화 읽기 ······ 318
5. 대항의 문화이미지를 찾아서 ······ 327

| 9장 | 닝잉 영화 '베이징 3부작'에 재현된 1990년대 베이징 ______ 331
1. 베이징 도시화와 영화 ········· 331
2. '베이징 3부작'으로 본 베이징의 변화 ········· 339
1) 도시화와 베이징인의 문화심리 ········· 339
2) 도시 산책자의 베이징 만유 ········· 344
3. '베이징 3부작'의 기록형식과 주제표현 ········· 348
4. 닝잉의 영화미학 ········· 356

찾아보기 ______ 363

1부

수도에서 세계도시로

| 1장 | 베이징, 공간배치를 통한 문화정치

| 2장 | 사회주의 시기 베이징의 기억·공간·일상

| 3장 | 기억을 통한 후통의 생산

| 4장 | 제6세대 영화와 베이징

| 5장 | 798 예술구의 형성과 주체갈등

1장

베이징, 공간배치를 통한 문화정치

1. 텍스트로서의 베이징

고대 동양사회에서는 자신들의 고유한 우주관을 도시를 통해 형상화했다. 중국의 우주론적 도시구성은 3,000년의 도시 역사와 800년의 수도 역사를 지닌[1] 베이징에 명확하게 구현되어 있다. 베이징[2]은 고

---

1) 赵伟, 「北京世界城市建设中的地域文化元素」, 『北京规划建设』, 2011年 第1期, 117쪽.

2) 원의 세조 즉 쿠빌라이 칸은 즉위 2년인 1267년에 과거 중도中都의 동북쪽에 현재 베이징의 모습과 유사한 새로운 도시를 건설했다. 1272년 원은 이곳으로 천도하면서 대도라고 불렀다. 사방 육십 리에 이르는 거대한 정방형의 이 도시는 중국 도시계획의 규범인 『주례周礼』의 「동관冬官」 고공기考工记의 원리를 거의 그대로 따른 것이었다. 당시의 모습은 현재 남아 있는 여러 기록들과 1273년 이곳을 방문한 마르코 폴로에 의해 상세히 전해지고 있는데, 도시는 거의 완전한 정방형으로서 각 방위마다 세 개의 성문이 있고 격자형 도로를 가진 매우 정형적인 도시였다. 이 도시 계획의 골격은 이후 명, 청대에 거의 그대로 이어졌다.

현재 베이징의 골격은 명대에 만들어졌다. 1403년 명의 성조가 풍수가의 도움을 받아 도시를 새로이 계획했고 1420년에 건설을 마쳤다. 그런데 당시의 계획은 원의 수도였던 대도의 골격을 본딴 것이었기에 도시의 성격에는 커다란 변화가 없었고 정방형의 도시 모양 또한 그대로 유지됐다. 그러나 「고공기」에 나타난 도시구성의 이념은 더욱 강화돼

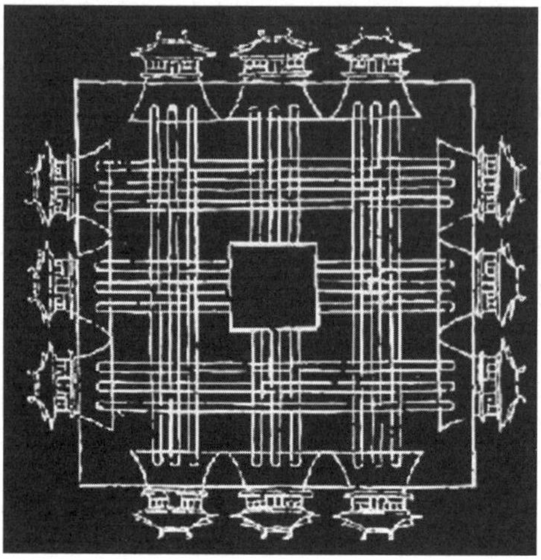

『주례』「고공기」

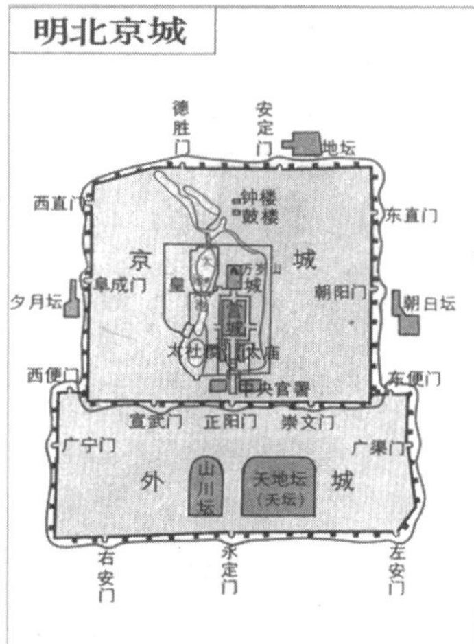

베이징 고지도

대 중국인의 철학과 사상이 만들어낸 도시이며 중국인의 우주론적 상징체계가 그대로 반영된 정형적인 도시다.

현재 베이징의 모습은 원의 대도大都와[3] 중국 고대 도시 계획의 교과서였던 『주례周礼』의 「고공기考工记」를 기반으로 하였다. 「고공기」에 나타난 도시계획의 내용을 보면, 실제적인 도시계획의 방법이라기보다는 중화사상, 즉 중국적 세계관에 입각한 천하국가의 이념을 표현한 것으로서 일종의 이상적 도시 개념으로 이해할 수 있다. 이 이상적인 도시 개념은 중국 고유의 만다라 구조로 형상화되었는데, 베이징의 전체 형태는 만다라 구조에 기초한 정방형을 기본으로 하였다.[4] 원의

적용됐다. 1644년 만주족의 청조가 시작되면서 베이징 또한 다시 이들의 지배하에 놓이게 되었지만, 도시 형태에는 근본적인 변화가 없었다. 주융, 김양수 역, 『베이징을 걷다: 중국 800년 수도의 신비를 찾아』, 미래인, 2008, 15~40쪽.

3) 중국역사상 유래가 없는 거대한 통일국가를 이루었던 원의 세조 쿠빌라이 칸은 당시 그의 측근이었던 유병충劉秉忠에게 명하여 새로운 수도를 계획하게 했다. 천문과 점성술에 뛰어났으며 유교는 물론이고 불교와 도교에도 통달했던 한족의 후예 유병충은 유교적인 사상과 음양오행, 그리고 풍수의 사상을 두루 가미한 새로운 도시를 계획했다.

우주론적 질서관을 담지하고 있는 정방형이 베이징 계획과 건설에 그대로 적용된 것이다. 그리하여 베이징은 황권 중심의 천인합일天人合一 사상을 이념으로 하고 중축대칭中轴对称과 바둑판식棋盘의 길을 특징으로 하는 웅대한 구조로 띠게 되었다. 남쪽의 영정문永定门에서 북쪽의 종고루钟鼓楼까지 남북 중축선中轴线[5]은 베이징 설계의 핵심으로 황권의 권위를 상징하는 동시에 사방의 수많은 정방형의 스허위엔四合院[6]들과

---

4) 중국의 만다라 구조는 '천원지방天圆地方', 즉 하늘은 원형이고 땅은 정방형이라는 도식으로 대표된다. 원은 하늘의 정신세계를 상징하고 정방형은 지상의 물질세계를 상징한다. 땅의 구조를 상징하는 정방형은 이상적으로는 원과 일치해야 하지만, 천상의 원의 질서가 땅으로 내려오면 네 방위에 일치하는 정방형이 된다. 손세관, 『넓게 본 중국의 주택』 下, 열화당, 2002, 27~28쪽.

5) 李路珂·王南·胡介中等, 『北京古建筑地图』, 北京: 清华大学出版社, 2009, 10~39쪽. 옛날 중국 사람들은 도시를 건설할 때 중축선을 세워 도시 전체의 기하하적 중심으로 삼고자 했다. 금金나라는 베이징에 중도中都 건설을 계획하면서 송宋의 도시계획을 거울삼아 도시 중축선을 만들었다. 원元나라 때도 베이징에 대도大都를 계획하면서 가장 먼저 고려한 것이 중축선을 세우는 것이었다. 그 중축선은 시간의 훼손에 맞서 오늘날까지도 버티고 있다. 경산景山공원의 만춘정万春亭에서 북쪽으로 중축선을 바라보면 수황전寿皇殿, 구러우, 종러우가 차례로 보인다. 구러우 앞에 있던 디안먼地安门은 1955년에 철거되었다. 경산의 남쪽으로는 고궁, 톈안먼, 첸먼前门, 용딩먼永定门을 거친다. 이 중축선을 기점으로 베이징은 동서로 나뉜다. 총원먼崇文门과 셴우먼宣武门, 동단东单과 서단西单, 인민대회당과 국가박물관 등이 동서로 양분된다. 원나라 대도의 중축선과 현재 베이징의 중축선은 시작점과 끝점만 다를 뿐 완전히 일치한다.

6) 손세관, 『북경의 주택: 중국 주택의 원형, 사합원을 중심으로』, 열화당, 1995, 30~40쪽. 중국의 주거문화를 대표하는 주거양식은 베이징의 사합원이라고 할 수 있다. 사합원은 비단 베이징에만 있는 것이 아니라 화북지방을 중심으로 거의 중국 전역에 퍼져 있는 주거양식이다. 사합원이라는 이름은 네 동의 건물이 가운데의 마당을 둘러싸고 있다는 의미인데, 이 양식은 이름 그대로 동서남북의 네 방향에 건물이 위치해 중앙의 중정을 완전히 둘러싸는 구조이다. 베이징의 사합원은 이런 공간 구성을 기본으로 해서 더욱 복합적인 구성으로 발전하는 과정을 밟는다. 베이징에 사합원이 본격적으로 건축된 것은 원대 이후의 일이지만, 현재 남아 있는 사합원은 대부분 청대에 건축된 것이며 일부는 중화민국 시대에 건축된 것이다. 청대에 건축된 사합원은 주로 당시의 관료, 지주, 거상 등 상류계층의 주택이었다. 그러나 청대 말기에 이르러 도시가 과밀화되고 주거지역의 공간 구조가 분화되면서 중산계층을 위한 소규모 사합원도 상당수 건축됐으므로, 대규모 사합원 사이사이에 소규모 사합원들이 섞여드는 양상을 띠었다. 따라서 베이징의 사합원은 하나의 중정을 가지는 소규모 저택에서부터 두세 개의 중정을 가지는 중규모 주택, 그리고 다섯에서 아홉 개의 중정을 가지는 대규모 저택에 이르기까지 그 규모가 다양하다. 다섯 개 이상의 중정을 가진 대규모 주택은 주로 왕족이나 귀족의 저택으로 건축된 것이다. 대규모 주택의 경우 주택의 규모에 어울리게 원림 즉 정원을 조성한 경우가 많았다.

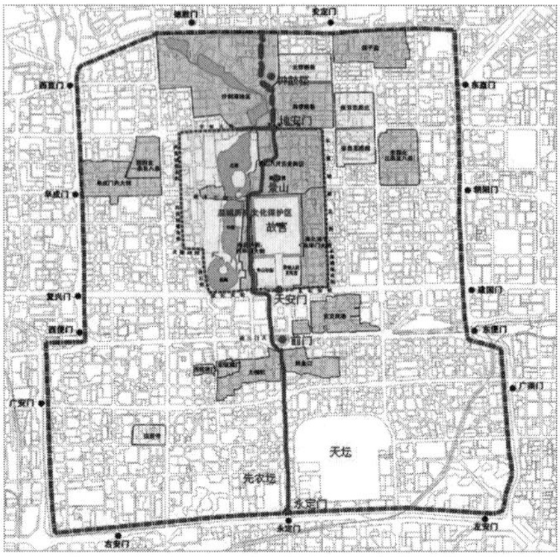

베이징 중축선

황권을 이어주는 매개도로로 기능했다. 그리고 바둑판식 길을 따라 역시 정방형의 자금성과 수많은 스허위엔 등이 자리 잡음으로써, 베이징이라는 거대한 정방형은 또 다른 수많은 정방형의 건축물들을 품는 형태가 되었다.

미국의 건축학자 베이컨Bacon은 "인류의 역사상 가장 위대한 건설 공사는 베이징시다"[7]고 단언했다. 또한 량스청梁思成은 중국 최초의 건축사인 『중국건축사中国建筑史』(1943)에서 베이징에 대해 다음과 같이 평가했다.

> 명대의 베이징은 수당隋唐시기의 창안长安을 기본 모델로 삼았다. 청대에도 이를 준수했기에 세계에 현존하는 중고 도시 중 가장 위대하다.[8]

---

7) 王军, 『城记』, 北京: 生活·读书·新知 三联书店, 2003, 40~41쪽.

8) 위의 책, 40쪽, "明之北京, 在基本原则上实遵循隋唐长安之规划, 清代因之, 以至于今, 为世界现存中古时代都市之最伟大者。"

그러나 중국의 우주관을 반영했던 이 도시는 지금 세계 어디서나 볼 수 있는 형태의 도시로 스스로를 개조해가고 있다. 계획도시였던 베이징의 도시 설계는 철과 시멘트의 현대건축에 의해 급격하게 변화되고 있다. 현대도시는 시대를 증명하는 몇몇 상징적인 건축물을 필요로 하기는 하지만, 지금의 베이징은 모든 건축물들을 나아가 도로마저도 초대형으로 만들고자 한다. 새로운 건축과 도시설계가 경쟁하듯이 진행되면서 베이징의 최초 도시 설계는 더 이상 유효하지 못한 것처럼 보인다.

공간은 의도적인 사회적 실천들에 의해 창출된다는 점에서 언제나 정치적이고 이데올로기적이고 전략적이다. 르페브르 역시 "공간은 사회적 생산물이다"는 언명을 통해 같은 맥락에서 공간을 분석하고 있다. "르페브르가 보기에 공간이란 사회적 관계, 혹은 생산양식의 재생산과 관련해서 생산되는 생산물이다."[9)]

다른 도시와 마찬가지로, 베이징 역시 단순한 지리적 공간 개념을 넘어 그곳에 살고 있는 사람들의 다양한 사회적 실천을 통해 생성되는 생활공간이다. 하나의 도시는 수많은 의미들과 해석들이 복잡하게 얽혀있는 공간으로 이러한 의미들의 외연과 내포는 시시각각 변화한다. 이런 의미에서 보자면, 베이징이라는 공간 역시 하나의 살아있는 텍스트라고 할 수 있다. 여기서 '텍스트'로서의 공간이라는 말은 다음 두 가지 의미를 함축한다. 첫째, '완결'이나 '유기적 통일, 완성, 자족, 총체성' 등을 중요시하는 '작품'이라는 개념과 달리 '텍스트'는 '개방성, 과정, 모순, 불균등' 등을 중요하게 여긴다.[10)] 둘째, 텍스트란 '일련의 기호 집합체'로서 "독자들에게 특정한 의미를 전달하기 위해 어

---

9) 이진경, 『근대적 주거공간의 탄생』, 휴머니스트, 2002, 42~43쪽.
10) 강내희, 『공간, 육체, 권력』, 문화과학사, 2002, 94~95쪽.

떤 맥락 안에서 작가가 의도하고 정렬하고 선택한 기호들의 집합적 실체"이다.[11] 곧 베이징을 하나의 텍스트로 이해하고 그것을 읽어낸다는 것은 베이징을 하나의 정적이고 고정된 완성품으로서가 아니라 끝없이 해체되고 변화하는 공간, 생산적이고 역동적인 실체로 파악한다는 것을 의미한다. 공간의 생산이란 '공간 자체가 갖는 물질적 특성'과 그 '공간에 관한 담론' 사이의 상호 관계 속에서 이루어지는 역동적 과정이라 할 수 있다.

공간의 변화 양상에 주목하면 해당 사회의 변화 속에 내재되어 있는 함의를 읽어낼 수 있다. 따라서 이 장은 베이징의 경관과 공간 읽기에 중점을 둘 것이다. 특히, 개별 경관과 공간보다는 경관과 공간이 창출하는 비가시적 영역, 즉 경관과 공간들 사이의 네트워크·정신문화적 영향에 주목한다. 국지적으로 존재하는 장소와 공간은 그 자체로서도 상징성을 갖지만, 전체의 한 부분으로 기능하면서 사회 전체의 네트워크와 정신문화에 영향을 끼치기 때문이다. 이 장에서는 베이징의 공간 재편 과정을 통한 경관과 공간의 해체적 읽기를 위해 문화정치학의 관점으로 경관과 공간에 담지된 다양한 정치적 상징성과 전략을 포착하고자 한다. 이를 통해 세계화 속 중국(베이징)의 욕망, 중국과 베이징의 포섭과 균열 그리고 새로운 모색 등에 대해 알아보고자 한다.

---

11) 김왕배, 『도시, 공간, 생활세계: 계급과 국가 권력의 텍스트 해석』, 한울, 2000, 134쪽.

2. 베이징 상상의 변화

모든 것을 건설하는 건축의 시대는 라오베이징에 대한 건축적 기억을 소실해가는 시기이기도 하다. 베이징의 많은 변화 중에서 가장 중요한 것은 스허위엔 건축 양식의 파괴이다.12) 베이징의 대표적인 주거양식인 스허위엔은 단순히 베이징 사람들의 거주를 담당하는 장소로만 기능하지는 않았다. 스허위엔은 정방형의 도시설계에 기초해 축조되어온 베이징의 축약과 압축이었기에, 스허위엔의 합은 곧바로 라오베이징이었다. 정방형의 스허위엔은 정방형의 라오베이징을 크기 면에서만 축소시킨 것일 뿐, 그 내용이나 정신은 그대로 담고 있는 건축양식이었다. 고대 중국은 도시는 우주를 형상화한 것이고 주택은 소우주를 형상화한 것이라 여겼다. 따라서 규모의 차이는 있지만 스허위엔의 공간구조와 베이징의 공간구조는 그 내용과 정신에 있어서 본질적으로 동일했다. 도시 전체 구조에 철저하게 순응하는 주거양식인 스허위엔은 도시 전체와 개별 스허위엔의 위계적 상관관계, 상동성에 기반을 두고 있었다. 이처럼 베이징은 '도시는 주택이고 주택은 도시'라는 유기적 건축관, 유교적 질서관을 구현한 공간이었다. 자연스럽게, 스허위엔의 가정 윤리는 라오베이징의 전통문화와 긴밀하게

---

12) 통계에 의하면, 1950년대에 베이징 성내에는 스허위엔이 1700만 평방미터가 존재하였고, 시 전체 총면적의 90% 이상을 차지하였다. 문화대혁명 발발 이후 베이징의 스허위엔은 어느 정도 파괴되었지만, 대규모 파괴는 개혁개방 이후부터였다. 경제가 발전하면서 도시의 건설도 빨라지게 되었다. 베이징 고성 내의 오래된 건축물에 대한 대규모의 개조가 진행되었고 이 과정에서 대량의 스허위엔이 철거되고 개조되었다. 62.5평방미터인 베이징 고성은 현재 베이징시 1,085평방미터 규획하에서 5.76%의 면적을 차지한다. 이 지역 중에서 스허위엔 전통의 건축양식을 고스란히 지니고 있는 곳으로 전통과 현대가 혼합된 곳은 총면적의 43.7%이고, 이미 완전히 현대화된 구역은 36.67%이며, 도로가 되거나 현대화된 광장으로 변모한 면적은 19.63%이다. 2004년 칭화대학淸华大學이 조사한 바에 의하면, 고성 내에서 역사적 면모를 완전하게 유지하고 있는 공간은 공원과 호수 등을 포함하여 단지 15킬로미터뿐이다. 王博, 『北京: 一座失去建筑哲学的城市』, 沈阳: 辽宁科学技术出版社, 2009, 44~60쪽.

연결되어 있었다. 따라서 스허위엔은 라오베이징의 역사와 전통, 인문정신과 문화를 상징하고 전승하는 건축적 표상체였다.13) 베이징 지역의 지리환경, 인문환경, 건축 기술과 밀접한 관계를 맺고 있는 스허위엔의 독특한 양식은 도시설계에서 중요한 부분을 차지하면서 베이징 문화의 살결 속으로 스며들었다.

건축의 시대를 살고 있는 현재 베이징의 도시건설은 기존의 것을 일단 "버리는 것丢弃"에서 출발했다. 라오베이징의 중추 역할을 했던 스허위엔과 많은 고건축물들이 파괴되었으며 전통 건축양식들이 폐기되었다.

1999년 6월, 베이위밍贝聿铭, 우량용吴良镛, 주간쯔周干峙, 장카이지张开济, 화란홍华揽洪, 정샤오세郑孝燮, 뤄저원罗哲文, 루안이산阮仪三 등 모두 8명의 전문가들이 공동으로 베이징시정부에 제출한 탄원서 「급속한 발전 속의 베이징 역사문화명승지 보호在急速发展中要审慎地保护北京历史文化名城」14)도 이러한 우려에서 출발하고 있다. 탄원서는 베이징을 세계 도시사에서 역사가 오래되고 규모가 큰 걸작품, 중국 도시 건설의 정수라고 평가한다. 그러면서 이미 어느 정도 파괴되었지만 개조보다는 적극적이고 신중한 보호가 급선무라고 주장한다. 그러나 격렬한 비판에도 불구하고 도시는 급속도로 파괴되어 갔다. 특히 도시 전체와 가족·개인을 통합하는 양식이었던 스허위엔의 철거는 라오베이징이 가진 상징적 의미와 전통사상의 파괴와 상실, 즉 도시 전체와 개인·가족의 일상적 결속의 붕괴, 도시와 개별 인간의 분리로 이어졌다. 베이징 거주민들에게 있어, 베이징 전체의 완벽한 축소판이자 도시와 개인의 매개고리였던 스허위엔의 파괴는 도시와의 결속감 상실을 의미했다.

---

13) 赵园, 『城与人』, 北京: 北京大学出版社, 2002, 92~93쪽.

14) 吴良镛, 「再这样, 北京古城就彻底完了!」, http://www.wswire.com/(검색일: 2005. 12. 30).

스허위엔을 기획하고 관리하는 행위를 통해 도시를 이해하고 도시에 대한 귀속감을 유지해올 수 있었지만, 스허위엔이 파괴되자 그러한 상상은 더 이상 불가능하게 되었다. 그러자 베이징 거주민들은 도시와의 유대가 가능했던 과거로 정신적 탈출을 감행하기도 했다. 베이징의 급격한 변화를 경험하면서 중국 작가들이 과거의 베이징을 회고하는 작품을 생산한 이유 중 하나도 여기에 있다.

문학적 측면에서 보면, 중국현대작가[15]의 베이징 체험에서 인간과 도시의 관계는 조화롭고 친근했다. 이 시기 작가는 베이징에서 안정감과 귀속감을 느꼈다. 베이징을 서술하는 대부분의 중국현대작가에게 있어서 중中·서西 즉 옛 것旧과 새로움新이 혼합되어 있는 1930년대 베이징은 정신적 고향이라 할 수 있다. 대표적인 작가로 린후이인林徽因을 꼽을 수 있는데, 그녀는 "베이징의 도시계획은 비교할 바가 없는 최고의 걸작"[16]이라 단언했다. 그 이유는 「평교건축잡록平郊建筑杂录」에 잘 밝혀져 있다.

> 베이징 근교에는 2, 3백 년이 넘는 건축물이 아주 많다. 거기에 놀러가면 보이는 것 모두 다 흥미진진한 고대 건축물이다. …… 우뚝 솟은 고성古城의 누각이나 혹은 기울어져 무너진 궁전의 영혼은 믿을 수 없는 시간의 변화를 소리 없이 말하거나 노래한다.[17]

---

15) 중국에서는 1919년에서 1948년까지의 문학을 중국현대문학, 1949년 이후의 문학을 중국당대문학으로 구분한다.

16) 林徽因, 「平郊建筑杂录」, 『林徽因讲建筑』, 北京: 九州出版社, 2005, 205쪽. "北京——都市计划的无比杰作。"

17) 위의 책, 280쪽. "北平四郊近二三百年间建筑物极多, 偶尔郊游, 触目都是饶有趣味的古建。…… 无论哪一个巍峨的古城楼, 或一角倾颓的殿基的灵魂里, 无形中都在诉说, 乃至于歌唱, 时间上漫不可信的变迁。"

린후이인과 량스청

린후이인과 량스청이 들은 고도古都의 비밀은 베이징 연구가인 허우런즈侯仁之가 평생 찬탄한 구절이기도 하다. 모든 위대한 이미지는 역사와 그 전사前史 즉 전설과 기억의 결합으로 이루어진다는 것이다. 그 이미지엔 이해도 추측도 쉽지 않은 꿈같은 심연이 있는데, 개인의 체험을 통해 그 빛과 색채가 더해진다는 것이다. 그들의 베이징 체험은 이 오랜 도시의 기억과 전설을 그들만의 호흡으로 체화하는 행복한 과정이었다.

린후이인과 량스청에게 있어 베이징은 거대한 박물관이면서 살아있는 도시였고, 구석구석 산책하면서 세심하게 탐구할 수 있는 학습장이었다. 린후이인의 작품이 그려내는 1930년대의 베이징은 웅대한 경관을 자랑하는 위압적인 공간이 아니라 황성 아래 자질구레하고 다양한 일상이 혼란스럽게 뒤엉켜 있는 공간이었다. 그녀는 현대 산업문명으로 인해 파괴되어가는 고도古都의 유물 그리고 혹독한 변화의 시련을 겪고 있는 도시 일상생활의 단면들을 그렸다. 혼란스런 시공간 속에서 신구新旧가 병치되고 중서中西가 섞여 있는 공간, 이것이

1950년 6월 창안제

1959년 10월 10일 개조 후의 톈안먼과 창안제

1930년대 작가들이 체험한 베이핑이었다.[18]

1930년대가 이질적인 것들의 병치로 인해 혼란을 경험하면서도 그 경험을 베이징 사람들 자신의 시선으로 이해하고 수용할 수 있었던

18) 「九十九度中」(1934)에서 린후이인이 더욱 주목한 것은 베이핑(1928년 남경으로 천도한 후, 1949년 중화인민공화국 수립 때까지 불린 베이징의 명칭)의 산업경제와 계급분포, 인구집중 현상이 아니라 과도기를 살아가는 사람들의 동요하는 감정과 혼란스런 마음이었다.

철거 전 베이징 성곽

총원문崇文门(1906)

시베이자오루西北角楼(1860)

1954년에 철거된 창안우문

시대였다면, 1950년대는 변화가 제어할 수 없는 외부의 폭력으로 느껴지기 시작하는 기점이었다고 할 수 있다. 창안제长安街는 이런 변화를 고스란히 보여준다. 1950년대 초 창안제를 건설할 때, 량스청은 고성 내부의 길을 넓혀서는 안 되며, 성 외부에 행정중심구역을 건설해서 창안제의 신건축물들을 그 곳으로 옮겨 건설해야 한다고 주장했다. 그는 1950년에 「신베이징기획도新北京规划图」를 제작하였는데, 이 설계도에는 "구도시를 보호하고 신도시는 따로 세운다"는 량스청의 전체 구상이 자세하게 표현되어 있다.[19] 그리고 "창안좌문长安左门과

19) 베이핑이 공산당의 지배하에 들어간 후인 1949년 5월, 량스청은 베이핑 도시계획위원회의 부주임으로 임명되었다. 당시 중공 당중앙의 지도자는 그에게 칭화대학 건축학과 학생을 조직하여 베이징 기획에 대한 연구를 진행할 것을 위탁했다. 건축학과의 젊은 교수 청잉췐程应铨, 주창중朱畅中, 왕궈위汪国瑜, 후윈징胡允敬이 량스청 연구 그룹의 주요 멤버가 되었다. 이후 량스청과 젊은 교수들은 베이징 도시 건설에 관한 각종 회의에 자주 참석하여 도시 계획의 긴급성과 중요성을 호소했다. 1950년 2월, 신중국이 성립된 지 반 년이

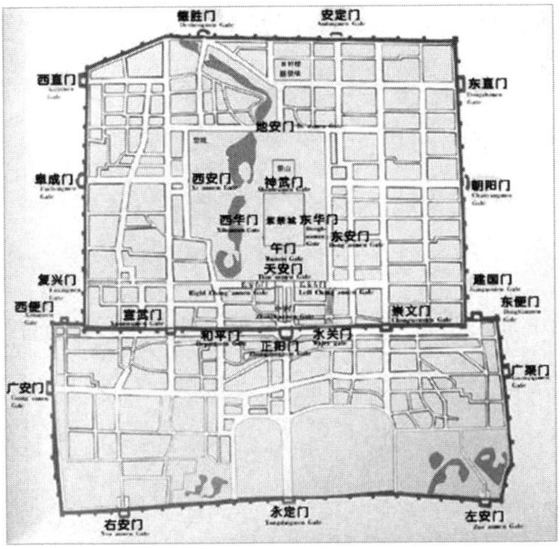

베이징 성곽 지도

창안우문长安右门을 철거하면 톈안먼天安门은 속 빈 강정처럼 보일 테고, 자금성紫禁城의 통일적인 폐쇄구조는 파괴될 것이다. 자금성은 완전한 예술적 총체이니 파괴되어서는 안 된다"고 주장했다. 량스청과 린후이인은 창안좌문과 창안우문의 철폐에 반대하였다.[20] 그러나 성벽이 무너지면서 도시는 통제할 수 없을 정도로 파괴되어 갔다.

앞서 언급했듯이, 스허위엔과 도시의 파괴는 도시와 거주민의 조화와 일체감의 파괴를 견인했는데, 이는 도시에 대한 거주민의 귀속감

못되어 량스청과 천짠샹陈占祥은 「중앙인민정부 행정 중심 지역의 위치에 관한 건의关于中央人民政府行政中心区位置的建议」라는 글을 썼다. 이 건의에서 그들은 옛 도심부 안에 정부의 행정 중심을 건설하는 것은 곤란하다고 지적했다. 량스청이 정부 행정중심으로 선택한 이상적 위치는 서쪽 교외 위에탄月坛의 서쪽, 공주펀公主坟의 동쪽 지역이었다. 주융, 앞의 책, 109~111쪽; 梁思成·陈占祥, 「关于中央人民政府行政中心区位置的建议」, 『梁陈方案与北京』, 沈阳: 辽宁教育出版社, 2005, 23쪽.

20) 林洙, 『建筑师梁思成』, 天津: 天津科学技术出版社, 1996, 186쪽. 중국 문화계에 전해 내려오는 이야기에 의하면, 만약 베이징 중축선에 위치한 창안좌문과 창안우문을 철거한다면 린후이인은 그곳에 목매달아 자살할 것이라고 말했다고 전해진다. 주융, 앞의 책, 147쪽.

상실을 의미했다. 국가가 도시를 통제할 수 있는 권리를 독점하면서 토지에 대한 거주민의 소유권이 박탈되자, 도시와 거주민의 심리적 연결선은 완전히 끊어졌다.

국가의 의지가 거침없는 공간정치로 실현되는 예는 창안제에서 찾아볼 수 있다. 베이징의 중추 도로이자 국가의 상징 거리인 창안제는 정치, 경제, 문화 등 각종 분야에서 대표적인 건축물들과 오랜 역사문화가 혼재된 거리로, 시대의 새로운 조류가 가장 먼저 표현되는 곳이다. 현재 이 거리엔 동팡광장东方广场, 왕푸징王府井, 자금성, 톈안먼 광장, 중남해中南海, 국가대극원国家大剧院, 시단西单 등이 일자로 배열되어 있다. 베이징의 많은 중요한 대표건축물들을 이곳에 집중 배치하기 위해 상당한 대가를 지불하였다.[21]

도시에 대한 전권을 확보한 국가가 자신의 의지를 가장 적나라하게 전개한 시대는 21세기 초라고 해야 할 것이다. 이때 창안제 핵심지대에 들어선 국가대극원과 동팡광장은 부조화의 실패작으로 평가받는다.[22] 중국전통과는 관련 없는 거대한 이 건축들은 높이·넓이·양식 등 거의 모든 면에서 창안제에 있던 기존의 건축물과는 어울리지 않는다. 동팡광장엔 상업건축물들이 인근의 고건축물들과 전혀 조화를 이루지 못한 채 무질서하게 배치되어 있다. 뿐만 아니라 이런 방식의 건설이 인근지대로 확산되어, 베이징의 특색을 잘 보여주는 거리로

---

21) 1950년대에 창안좌문과 창안우문이 철거되었고, 길의 폭은 기존의 넓이에서 점차 50미터 내지 100미터 확장되었다. 당시 사람들이 말한 "스리창제十里长街"는 젠궈먼建国门에서 푸싱먼复兴门까지의 구역을 가리켰는데, 창안제는 동서 양쪽으로 계속 확장되었다. 통저우通州에서 스징산石景山까지 대략 84km가 길어져 "바이리창제百里长街"라고도 불린다. 베이징의 동서를 관통하는 창안제의 가장 기본적인 기능은 역시 교통이다. 그러나 역사적 이유 때문에 창안제는 상당한 정치적 기능도 떠맡고 있다. 국가와 정부의 대형 정치 활동은 항상 이 거리에서 거행된다. 건국 이후, 국가 각대부위원회国家各大部委, 기관단위들은 모두 이 창안제 양측에 건설되었다. 개혁개방 이후 창안제 양측엔 현대화된 아파트와 사무실들이 신속하게 들어섰다.

22) 王博, 앞의 책, 129쪽.

니우제

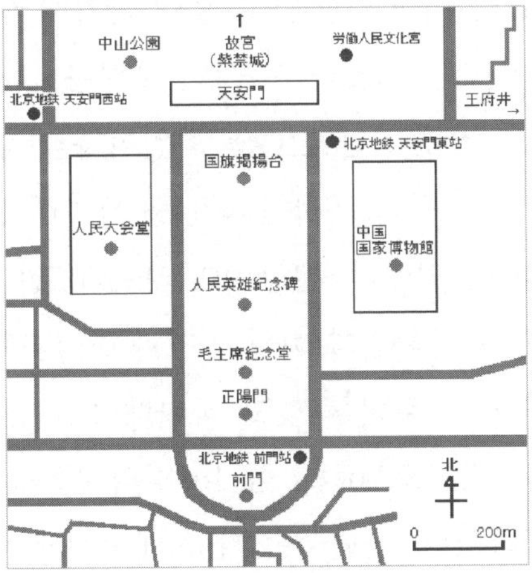

텐안먼 광장 지도

손꼽혔던 니우제牛街 또한 높은 빌딩 숲과 고건축물의 부조화를 경험하고 있다. 상업적 이익과 정치적 의도 때문에 베이징의 고성구역에선 과도한 개발이 진행되고 있으며, 이로 인해 베이징은 역사문화도시라는 지위를 위협받고 있다. 그럼에도 불구하고, 창안제의 대형건축물들에 대한 이러한 비판적 진단 역시 경제적 가치를 우선시하면서 세계화의 물결을 주도하는 중심국가가 되려는 중국정부의 의지가 창안제에 투사되어 실현되고 있는 것에는 반발하지 않는다. 거대한 규모로 과시적인 시각효과를 거두는 21세기 창안제의 건축물들은 중국 정부가 목표로 하는 국가적 위상과 궤를 같이 하고 있는 셈이다.

국가대극원 또한 중국 정부의 의지가 명징하게 드러나는 건축물이다. 프랑스 건축가 폴앙드뢰의 설계가 공모를 거쳐 최종 당선되었지만, 국가대극원 건설 문제는 중국 역사상 전무후무할 정도로 격렬한 찬반논쟁을 불러일으켰다. 국가대극원 설계방안 선발위원회 구성원 11명 중 7명이 폴앙드뢰의 설계에 공개적으로 반대를 표시하였다. 그리고 엄청난 '상소'가 이어졌는데, 그 중엔 국가대극원 국제설계 선발위원회国家大剧院国际设计竟赛评选委员会 주석인 우량용吴良镛, 일급위원회 위원인 주간쯔周干峙, 중국공정원中国工程院 회원이자 건축설계사인 장멘치우张锦秋, 중국공정원 회원인 푸시녠傅熹年 등 국가대극원 평가위원회의 전문가들도 포함되어 있었다. 뿐만 아니라, 2000년 6월엔 허줘시우何祚庥 등 국가대극원 평가위원회 회원 49명과 중국과학원中国科学院, 중국공정원中国工程院 회원은 결의를 맺고 국가대극원 건설에 반대의견을 제기했다. 선보沈勃, 정샤오세郑孝燮 등 108명의 건축전문가들도 건설부에 탄원서를 제출하였다. 탄원서는 각종 대중매체에서 국가대극원의 설계는 "프랑스의 낭만을 톈안먼에 가져온 것"으로 "전통을 버리고 현대를 선택한 것"이라 소개하지만 사실 이 설계는 비과학적인데다가 중국의 현실을 고려하지 않았으며 중국 전통을 무시한 설계라고 비판했다.[23)]

이렇게 수많은 논쟁이 일어난 이유는 건축물과 그 위치가 담지하는 상징성 때문이었다. 국가대극원은 국가의 야심, 희망뿐만 아니라 국가가 국민에게 요구하는 맹목성까지 표상하고 있는 건축물이었고, 이

23) 위의 책, 201쪽.

건축물이 들어선 톈안먼 광장은 시대의 변화와 흐름을 상징하는 공간이었던 것이다.

한편 국가대극원 건설과정은 국가의 조급한 의지가 도시를 일상생활 공간으로 인식하면서 도시와 결연할 수 있는 거주민의 권리를 압도해버린 상황을 잘 보여준다. 1958년 중화인민공화국 건국 10주년을 기념하기 위해, 주은라이周恩来 총리는 국가대극원의 건설을 추진하면서 "인민대회당 서쪽으로 하는 것이 좋겠다"고 말한다. 당시의 계획에 의하면, 국가대극원은 단지 하나의 극장이었을 뿐 현재와 같은 대규모 건축물은 아니었다.[24] 개혁개방 이후 국가 경제가 성장하고 국가 지위가 급속도로 상승하자, 중국 정부는 강대국으로 진입하는 국가의 면모를 과시하기 위해 세계적인 규모의 대극원 건설을 추진하게 되었다.[25] 그리고 『중국국가대극원 건축설계방안 선발문서中国国家大剧院建筑设计方案竞赛文件』를 내세워 국가대극원의 설계 원칙을 명확하게 정립하였다.[26]

---

24) 위의 책, 74쪽. 그러나 당시에도 관중석 규모는 "미국과 영국을 뛰어넘어赶美超英" 세계 제일이 될 것을 요구하였다. 당시 세계에서 가장 큰 극원은 2,700좌석 규모였는데, 중국은 3,000좌석 규모의 국가대극원을 계획하였다. '대약진大跃进'시기의 기세를 몰아서 몇 개월 만에 국가대극원의 설계 방안을 완성했다. 그러나 3년 연속 자연재해가 발생하고 무산계급 문화대혁명无产阶级文化大革命이 일어나자 국가 재력의 한계가 드러나면서 국가대극원의 건설은 자꾸 연기되었다.

25) 문화부는 국가대극원을 건설하기로 하고 관리처를 만든다. 1998년 1월, 중앙정부는 '국가대극원건설영도소조国家大剧院建设领导小组'를 창립하기로 결정하고 동시에 공사의 책임을 맡는 조직 '국가대극원공정업주위원회国家大剧院工程业主委员会'(이하 업주위원회业主委员会로 약칭)를 신설한다. 베이징시, 문화부, 건설부의 사람들로 구성된 업주위원회가 업주의 책임을 맡았다. 같은 해 3월 14일, 업주위원회는 중국호텔中国大饭店에서 국가대극원의 설계 선발 발표회를 갖고, 국가대극원은 반드시 시대정신과 민족풍격을 드러내야 한다고 명확하게 언급하였다. 한 달 뒤, 국내외의 권위적인 건축사 11명으로 구성된 국가대극원 국제설계 선발 평가위원회中国国家大剧院国际设计竞赛评选委员会(이하 평위회评委会로 약칭)가 발족한다. 전체위원은 11명이었는데, 칭화대학교 교수이자 중국과학원과 중국공정원의 회원인 우량용吴良镛이 주석을 담당했다. 위원은 푸시넨傅熹年, 주간쯔周干峙, 장멘치우张锦秋, 쉬엔상류宣祥鎏, 펑이강彭一刚, 허징탕何镜堂, 판주야오潘祖尧(홍콩) 등 7명의 유명한 중국전문가와 아서 에릭슨(캐나다), 芦原义信(일본), 里卡杜·鲍菲尔(스페인) 등 3명의 외국인 전문가로 구성되었다.

국가대극원

심사를 통해 설계자로 채택된 폴앙드뢰는 자신의 설계를 "호수의 신선각湖上仙阁"이라 묘사했다. 그리고 자신의 설계와 관련해, "문화를 보호하는 유일한 방법은 그것을 위기에 처하게 하는 것이고, 서로 인접한 건축을 존중하지만 그들의 방법을 모방하지 않아야 한다"[27]고 설명했다. 폴앙드뢰는 자신에게 가해지는 비판에 맞서는 과정에서, 새로움은 언제나 전통을 타파하고 미래와 변화를 기대한다고 주장했다.[28] 그리고 국가대극원의 둥근 지붕을 통해서 사람들은 베이징을 바라보는 새로운 시각을 발견하게 될 것이라 믿는다고 말했다. 그가

26) 王博, 앞의 책, 76쪽. 그 내용을 보자면, 먼저 건축의 규모, 형식, 색채 등에서 톈안먼 광장의 건축군 및 동쪽의 인민대회당과 조화로울 것, 둘째, 가장 중요한 것으로 건축물의 특색과 문화적 분위기가 수도 베이징의 시대를 뛰어넘는 건축이어야 한다는 것, 셋째, 건축 양식은 반드시 시대정신과 민족의 전통을 체현해야 한다는 것이었다. 그리고 국가대극원의 규모를 확정하였다.

27) 위의 책, 80쪽. "我认为保护一种文化的唯一办法, 就是要把它置于危险境地。" "这是一种尊重相邻建筑而非模仿它们的路子。"

28) 폴앙드뢰 및 그의 옹호자들은 파리의 에펠탑, 시드니의 오페라하우스, 퐁피두 문화센터 등을 예로 들면서 창조적인 설계는 시작 시에는 모두가 반대하지만 건설된 후에는 보물로 여긴다고 반박했다.

주장한 것은 전통과의 결렬 그것이었다.

중국 국내외의 폴앙드뢰 지지자들은 폴앙드뢰의 새로움에 대한 도전을 긍정적으로 받아들이면서 베이징 건축에서 새로운 경지를 열게 되었다고 찬사를 보냈다. 폴앙드뢰 설계의 가장 큰 의미는 과거와는 완전히 다른 건축을 설계하겠다는 도전에 있는데, 이는 전통 건축양식에 익숙한 중국인에게 있어서도 하나의 도전이기에 상당한 매력이 있다고 하였다. 칭화대학의 우환자吴换加 역시 폴앙드뢰 설계방안의 가장 큰 강점은 어느 것도 모방하지 않은 참신함에 있으며, 세계건축사의 모든 정형적인 건축양식과 아무런 관련이 없다고 평했다. 그리고 과거가 아닌 미래를 중시하는 이런 정신이 바로 오늘날 중국의 시대정신이라고 주장했다. 업주위원회의 평가 역시 폴앙드뢰 설계가 지닌 건축양식상의 도전과 참신성에 초점을 두었다. 결국, 폴앙드뢰의 설계는 국가의 의지를 대변하는 것이었다. 베이징에 대한 권리를 독점하게 된 국가는 욕망과 조급증을 돌파하고자 하였고, 폴앙드뢰의 설계는 국가의 그런 노력에 적합한 설계였던 것이다.

국가의 욕망과 조급증은 대변화 속의 베이징인 전체가 겪는 증상이기도 하다. 펑페이근彭培根은 중국인은 전통적인 설계양식에 질려 있으며 인내심을 갖고 전통을 조금씩 개조하기 보다는 완전히 새로운 것을 만들고자 하는데 이런 현상은 중국의 경박하고도 불안한 정서를 반영하고 있다고 설명한다. 그리고 중국인이 서구의 "미래파"에 광신하는 것은 중국인 자신에 대한 인식과 믿음이 부족하기 때문이라고 진단한다.[29)]

국가대극원만큼 격렬하지는 않았지만 CCTV 신사옥[30)] 역시 많은

29) 彭培根, 「城市需要民族的灵魂」, 『南方周末』, 2006年 8月 17日.

30) 베이징 CCTV 신사옥은 세계적인 건축가 램쿨하스가 설계한 건물로 2007년 타임지 선정

냐오차오

논란을 일으킨 건축물이다. 비싼 대가를 지불하면서까지 건축의 미관을 추구해야 할 필요가 있냐는 것이 비판의 요지였다.[31] 우량용吴良镛이 비판론자 중 대표적인 인물이었다. 그는 국외의 많은 건축가가 중국에서 각양각색의 대담한 시도를 하고 있는데, 중국의 구체적 상황을 고려하지 않은 채 국제적인 유행에 따라 떠벌리는 자태의 건축물을 짓고 있다면서, 과학기술을 활용한 전위적 설계는 멋진 느낌은 주지만 사치스러움을 숭상하는 분위기를 조성한다고 비판했다.[32]

결국, 기존의 관계양상을 대체할 만한 새로운 도시 설계 계획과 사상

'세계 10대 기적 건축물'로 꼽힐 정도로 특징적이다. '중국판 개선문'이나 '중국판 피사의 사탑'이라고 하는 사람도 있지만, 대부분은 '큰 바지'라고 부른다. 베이징 도심 CBD에 자리잡은 사옥은 지상 52층 건물과 44층 건물 2개로 이뤄져 있다. 총 건축면적은 49만 5900m^{2}이다. 6도 정도 기울어진 상태라서 피사의 사탑으로 불리기도 한다.

31) 우량용은 "건축 미관을 고려하지 않아서도 안 되지만, 미관을 얻을 수 있는 여러 방식 중의 하나, 그것도 많은 대가를 지불해야만 미관을 얻을 수 있는 방식이라면, 다른 방법을 고려하지 않을 수 없다"고 하였다. 그는 "50억 위안은 엄청난 금액이고, 중국은 현재 50억 위안을 아무렇지도 않게 생각할 정도로 부유하지 않다"고 주장했다.

32) 王博, 「CCTV新楼: 一场浮华的盛宴」, 『环球视野』, 2010年 4月 6日. 베이징대학 위콩젠俞孔坚도 이러한 경박한 시대에 CCTV 신사옥의 건설은 단지 돈을 물쓰듯 하는 시대의 대표적 예일 뿐이라고 비판하였다.

워터큐브

을 구비하지 못한 상태에서 스허위엔을 파괴함으로써 거주민은 도시와의 결속감과 도시를 상상할 권리를 박탈당했고, 국가는 도시에 대한 권리를 독점하게 되었지만 동시에 과시욕망과 조급증을 경험하게 되었다. 이로 인해 국가는 기존의 세계질서 하에서 강대국으로서의 지위를 과시하려 하게 되는데, 이질적인 건축물들은 국가의 이런 위치와 의지를 대변하면서 부조화스러운 모습으로 창안제에 들어서게 되었다고 할 수 있다. 그리고 이 국가대극원과 CCTV 신사옥은 국가의 욕망과 조급증을 베이징 전체에 편재화하는 기제로 기능하고 있는 셈이다.

반면, 중국 전통이나 베이징 지역문화와의 조화를 고려한 건축도 시도되고 있다. 올림픽 주경기장인 냐오차오, 올림픽 수영 경기장인 워터큐브水立方 그리고 중국은행빌딩 등이 대표적이라 할 수 있다. 냐오차오鸟巢[33]는 중국 전통자기인 빙화문자기冰花纹瓷器를 추상적으로

33) 艾未未, 「鸟巢是这个时代野心和理想碰撞的结果」, 『商务周刊』, 2008年 7月 25日. 냐오차오는 2008년 베이징 올림픽대회의 주경기장으로 새둥지 모양과 비슷하다고 해서 냐오차오라 불린다. 설계자는 중국계 미국인 아이웨이웨이艾未未로 그는 냐오차오를 시대의 야심과 이상이 만난 결과물이라고 하였다.

중국은행빌딩 외부와 내부

승화하여 중국건축의 철학을 계승하면서 현대적인 미로 표현했다는 평가를 받고 있다.[34] 냐오차오의 안정적이고 내향적인 미학은 자금성의 미학과 일치하며 중국의 전통문화, 베이징의 지역문화와도 연결될 뿐더러 라오베이징 전체와 조화롭게 연결되어 있다는 것이다. 그리고 창안제의 금융가에 위치한 중국은행빌딩中国银行大楼은 그 구조가 베이징의 전통적인 거주형식인 스허위엔을 현대화한 것이라는 점에서 주목받는 건축물이다. "정원을 만드는造园" 중국 전통 기법을 현대적인 건축공간에 적용한 이 건축물은 중국의 진중함과 함축미, 안정감을 계승하고 있다고 평가받는다.

그러나 중국 전통적 건축 양식을 계승하거나 승화한 건축물들은 중국 전통적 건축 양식의 소멸에 기반해 있다. 중국은행빌딩의 설계자 베이위밍贝聿铭은 스허위엔은 베이징을 대표하는 건축일 뿐만 아니라 중국을 대표하는 건축이므로 반드시 보존해야 한다고 주장하지만,[35] 중국은행빌딩 아래에는 수백 년 역사를 가진 거리인 바이먀오후통白庙胡同, 민펑후통民丰胡同 등이 묻혀 있다. 전통의 계승은 수많은

---

34) 孙晶岩, 「鸟巢: 中国建筑史光辉的一页」, http://www.chinawriter.com.cn/(검색일: 2008. 8. 12).

35) 王军, 『采访本上的城市』, 北京: 生活·读书·新知 三联书店, 2008, 167~180쪽.

스허위엔과 그 통로인 후통 즉 전통적 건축양식의 소멸을 통해 진행되고 있는 셈이다. 게다가, 이런 건축들이 즐비한 창안제의 경관은 혼잡함을 자아낸다. 즉, 전통적인 건축 양식을 계승하고 승화하였다는 평가를 받는 건축물들은 그 양식만 모방하였을 뿐 개별 건축물과 도시 전체의 제유적 연계성, 도시와 거주민의 결속이라는 사회문화적 관계성을 회복하는 데는 이르지 못한다.

최근의 베이징 도시계획은 시민의 생활환경 개선과 도시의 전통적 건축의 보존 사이에서 평형감각을 회복하려는 시도를 하고 있는 것으로 보인다. 핑안다제平安大街 건설을 그 예로 들 수 있다.[36] 이 건설 계획은 도로를 넓히면서도 도로 양옆의 가옥은 전통적 스허위엔의 가옥 양식에 따라 고층으로 짓지 않았고 색조는 베이징 민가 특유의 회색으로 통일했다. 그러나 이에 대한 비판도 만만치 않다. 간단한 복사만을 통해 전통을 계승할 수는 없다는 것이 비판의 핵심이다. 이러한 비판은 건축 양식이나 도시계획이 역사적 문맥이나 사회문화적 연속성, 도시와 거주민의 조화를 고려하지 않는다면 도시와 건축과 인간은 연계성 없이 겉돌 뿐이라는 지적인 셈이다.

도시와 건축물과 인간의 조화가 상실된 시대. 즉 옛 구조는 파괴되었지만 새로운 구조는 형성되지 못한 시대. 옛 것을 모방하여도 그 구조는 회복되지 않으며, 새로운 구조를 외국에서 모방하여도 그 구조는 단편적이고 이질적인 시대. 장이우张颐武가 말하는 현재의 중국도 이러한 중국이다.

> 최근 십여 년 사이, 베이징의 모든 건축은 급속히 변했다. 모든 건축은 위로 향하고, 모두 하늘을 찌를듯하다. 과거의 오랫동안 정체되고 억압된 시기를 거치

36) 贾葭, 「平安大街的秘密」, http://www.cul.sohu.com/(검색일: 2006. 9. 14).

자 모두들 날기를 희망했다. 그래서 도시는 마천루로 가득 찼다. 올림픽에서 이미 모두들 대체로 만족을 얻었지 않은가. 이젠 어떻게 할 것인가? 모두가 문화를 논하는데, 그러나 문화가 무엇인지, 어디에 있는지 모르고 있다.[37]

장이우는 세계화 시대에 베이징의 문화를 어떻게 건립할지, 어떻게 매개물을 찾을지, 자신을 어떻게 위치시킬지를 모른다고 지적하면서, 문화를 부르짖지만 무엇을 요구하는지 모르고 있다고 곤혹스러워 한다.

3. 국가 상징적 공간으로서의 베이징

도시 계획의 구체적 발현태인 특정 건축물이 당대 이데올로기와 도시문화의 상징적인 부호라면, 최근 중국에서 급증한 건축군들이 담지한 정치적 함의와 문화적 의미는 무엇인가? 1950년대와 최근의 공간배치를 비교함으로써 베이징의 위상이 어떤 차원에서 관리되고 어떻게 변화해 왔는지 알아보자.

국가는 정통성과 통치 권력의 위엄을 나타내기 위해 다양한 표상체를 생산하는데 도시는 공간적 표상체 중 핵심에 해당한다. 각종 건축물과 거리, 광장 등의 공간적 배치를 총괄하는 도시계획은 실용적 기능 외에 통치 권위의 상징이란 측면에서도 중요한 기능을 수행한다.[38] 도시는 문화의 표현이고, 건축은 문화의 상징이다. 도시가 지향하고 건축이 표현하는 문화적 함의는 어떤 때는 홀시되기도 하고 어떤 때는 지배적 권위를 행사하기도 한다. 특히 상징적인 건축물들은

37) 张颐武, 「后奥运的空间想象」, http://www.guandian.cn/(검색일: 2010. 5. 30).

38) 김왕배, 앞의 책, 한울, 2000, 145쪽.

창안제

특정한 시대의 문화기억과 상관된다. 당연히 한 시대의 취향이 건축양식과 도시 구성에 영향을 미치지만, 새로운 도시 구상과 건축 양식이 한 시대의 취향 형성에 영향을 미치기도 한다. 그래서 도시의 탈바꿈은 일상 행동양식의 변화뿐만 아니라 이데올로기의 변화를 유도하기 위한 중요한 장치가 될 수 있다.

중화인민공화국 건국 시기, 린후이인과 량스청이 베이징의 고대 건축물과 역사 유물들을 보호하려 노력한 이유도, 이들의 격렬한 반대에도 불구하고 마오쩌둥毛泽东이 신중국의 현대화된 베이징을 건설하기 위해 성곽과 유적을 파괴한 이유도, 도시 설계와 건축양식의 변화가 공간을 통한 정치의 핵심 중 하나이기 때문이었다. 신권력 집단은 건물은 물론이고 도로나 광장 등을 재배치하거나 새롭게 명명함으로써 정권의 위세를 대변하고자 했으며, 유교사회 황제의 권위를 상징하던 톈안먼 광장에 사회주의 정권의 권위를 상징하는 인민영웅기념비를 세움으로써 정치적 정당성을 확보하고자 하였다.[39] 당시 이것은 오래된 베이징의 새로운 지표가 되었다.

인민영웅기념비

톈안먼 광장

쿠마켄고Kengo Kuma는 "모든 사람에게 자신의 '청춘시대'가 있는 것처럼, 모든 국가, 모든 도시에는 자신의 '건축시대'가 있다"면서 지금이 중국의 '건축시대'라고 설명했다.[40] 그의 말대로 지금의 중국은 모든 것이 건설 중인 '건축의 시대'다. 청춘과 건축시대라는 단어는 지금의 베이징 경관을 설명하기에 최적의 표현이다. 베이징 어디에서나 새로운 건축물을 볼 수 있다. 이 건축물들을 총괄하는 새로운 지표가 도시 전체를 급격히 변화시키고 있다. 이 새로운 지표는 새로운 공간의식을 유발하며 자연스럽게 문화상상의 구도 또한 재편해낸다. 주목할 것은 냐오차오, 워터큐브, CCTV 신사옥, 국가대극원 등 상징적

39) 톈안먼 광장은 1949년 10월 1일 사회주의 신중국 수립 선포를 위한 식전 행사를 위해 대대적인 정비를 겪게 된다. 그리고 마오쩌둥은 톈안먼에서 사회주의 중국의 건립을 선포하였다. 이어서 1958년에 인민영웅기념비를 비롯해 동쪽에는 중국혁명과 중국역사박물관이 건립되었고, 서쪽에는 인민대회당이 자리했다. 그 중에서도 인민영웅기념비가 중앙에 위치한 것은 의미심장하다. 곧 근대 이전의 베이징이 유교에 바탕을 둔 통치원리가 반영되어 설계된 것이었다면, 중앙의 새로운 기념비로 인해 톈안먼은 사회주의 정권 수립 이후 새롭게 재편된 공간이 된 것이다. 이렇듯 인민영웅기념비는 봉건사회 황제의 권위가 사회주의 정권하 인민의 권위로 전이되었음을 상징적으로 보여준다고 할 수 있다. 사카모토 히로코, 이강민 역, 「톈안먼 광장: 기억, 내셔널/인터내셔널 히스토리」, 『공간』, 한울, 2007, 232~234쪽 참조.

40) 张颐武, 「"全球都市"与北京的未来」, 『北京规划建设』, 2004年 第4期, 63쪽.

베이징 기차역

중국국가박물관

건축물의 급격한 증가 현상이다. 특히, 냐오차오는 2008년 중국을 상징하는 대표적인 문화부호로 인정받고 있다.

'문혁' 이전 중국을 대표하던 시인 원지에闻捷가 전체 89항으로 이루어진 시 「그리운 베이징我思念北京」[41]을 창작한 것은 1963년이었다. 이 시는 베이징의 문화와 자연 경관을 묘사하는 것으로 시작한다. 시는

"빛과 열정을 비추는 영원한 별", "위대한 공민", "시대의 사병" 등 그 무엇으로도 대체할 수 없는 역사적 지위를 베이징에 부여한다.

베이징은 중국 현대사에서 줄곧 이중적인 의미의 도시였다. 원지에의 시를 빌자면, 베이징은 "중화민족 오천년 역사의 정화"이자 "6억 5천만 전인민의 완강한 의지의 결정체"라는 것이다. 이 표현에 따르면, 베이징은 민족 역사기억의 합법성을 증명하는 구체적이고 실증적인 공간이며 중국 전체의 의지가 결집되고 표상되는 중심적인 공간이다. 따라서 베이징을 수도로 삼은 현대 민족국가 역시 역사적 정당성과 중국 전체의 신뢰를 확보한 존재가 된다. 베이징은 전통적인 제국도시로서의 역할과 중화민국 전반기 수도로서의 역할을 동시에 수행하면서 그 위상을 굳건히 해왔다. 수도의 지위를 상실한 1920, 30년대에서조차 베이징은 현대 민족국가의 문화와 역사를 계승한 핵심적인 문화도시로 기능했다. 이후, 중화인민공화국이 베이징을 수도로 정한 뒤 베이징은 다시 정치적 중심지라는 위치를 회복하였다. 베이징의 수도로서의 지위는 확고부동하고 명실상부하여, 문화의 측면에서는 상징적이고 중심적이었을 뿐만 아니라 정치의 측면에서는 실질적이고 구체적이었다.

베이징을 역사와 새로운 정치·문화의 중심지로 구축하는 데 힘을 싣기 위해, 1958년 8월 중앙정부는 건국 10주년을 기념하면서 인민대회당人民大会堂, 중국혁명과 중국역사박물관中国革命和中国历史博物馆, 민족문화궁民族文化宫, 민족호텔民族饭店, 디아오위타이궈호텔钓鱼台国宾馆, 농업전시관农业展览馆, 노동자체육관工人体育场, 화챠오빌딩华侨大厦, 군사박물관军

41) 闻捷, 「我思念北京」, http://www.yzdsb.com.cn/(검색일: 2009. 9. 2). "아, 베이징아, 베이징!/중화민족 오천 년 역사의 정화/6억 5천만 인민의 강한 의지의 결정체/계급의 수뇌, 당의 핵심/조국 건설의 중추, 인류 평화의 후방지/인민 각성의 시대, 구세계로 진군하는 큰 깃발/깨달은 인민의 마음 속 북두칠성……"

인민대회당

事博物馆, 북경역北京车站 등 10개의 건축물을 건설하고 이를 1950년대의 "10대 건축물"이라 불렀다.[42)]

톈안먼을 중심으로 한 고건축물은 원래 고대 중국의 권위를 상징했지만 현대 중국은 이 고전적 상징물들을 현대 민족국가의 상징적 부호로 전유하고자 했다. 톈안먼 광장이 중심이 되고 자금성이 주변화되는 공간 배치의 의미전환이 이루어졌다. 광장은 역사의 전환을 말해주는 정치공간으로서, 그리고 혁명에 참가했던 인민들의 기억을 저장하고 표상하는 공간으로서 중심에 위치하지 않으면 안 되었던 것이다. 톈안먼은 현대 중국이 고대 중국 역사의 합법적 계승자임을 증명하는 상징적 지표로 추상화되었다. 중국공산당 정권을 성립시킨 혁명 주체를 기리기 위해 1958년 광장의 중심부에 인민영웅 기념비가 신축되었다. 톈안먼 광장의 서쪽엔 무엇보다도 웅대한 의사당인 인민대회당이, 그리고 동쪽에는 혁명의 역사를 시각적으로 표상하고 전시하는

42) 郑明光, 「北京的几个"十大建筑"」, 『北京日报』, 2010年 2月 8日. 1959년 9월 25일 『人民日报』에서 이들 건축물을 "중국 건축사의 최초의 기획"이라고 평하였다.

중국혁명과 중국역사박물관이 건설되었고, 국가중심거리인 창안제에는 국가적인 야경을 연출하는 새로운 거리조명이 설치되었다. 신중국 몇십 년 동안 톈안먼은 고도의 정치적 공간으로 건설되어 역사 계승의 확고한 정좌로 계속해서 새로이 자리매김되었다. 즉, 변화무쌍한 현재의 필요에 의해 톈안먼은 언제나 다시 서술돼야만 했다. 현재는 언제나 톈안먼에 새로운 기능을 요구했다. 현재의 상황적 요구로 인해 톈안먼엔 이질적이기까지 한 수많은 의미가 누적되었고, 결과적으로 이 건축물은 극도로 거대하고 풍부한 함의를 내포하게 되었다. 이처럼, 수많은 의미와 기능의 누적이 톈안먼의 상징성을 증강해나갔다. 현대 민족국가가 톈안먼을 가장 중요한 자아표지로 활용한 이유도 여기에 있다.

원지에의 시는 중국뿐만 아니라 세계 속의 베이징 위치와 의미에 대한 상상과 탐색으로도 이어진다. 시인은 베이징을 중국의 중심, "세계혁명"의 중심지로 묘사하면서 베이징에 대한 상상을 확대한다. 이는 기존의 세계질서에 대한 인식과 베이징의 지위에 관한 상상이 결합된 결과였다. 이 상상력은 현대 민족국가의 심장인 베이징을 기존의 세계질서에 대항하는 제3세계 민족국가의 자주독립과 강렬한 항쟁의 진원지로 표현했다.

인민대회당, 중국혁명과 중국역사박물관 등은 신중국이 베이징을 민족국가의 수도로 상상하기 위해 새로이 건립한 표상체였다. 그러나 베이징 시정부가 이 건축물을 건국의 업적을 기리기 위한 것이라고 소개하는 데서 알 수 있듯, 이 건축물들의 가장 뚜렷한 특징은 정통성 확보에 대한 기여가 아니라 새로운 민족국가의 성격과 미래 지표를 상징한다는 데 있다. 원지에의 시에서 언급했듯이 이 건축물들이 상징하는 것은 기존 세계질서에 대한 제3세계 민족국가의 저항, 그리고

마오쩌둥 기념관 앞의 동상

민족국가의 자주독립 의지와 강렬한 항쟁이었다. 이 상징물들은 역사와 현실을 매개하여 '상상의 공동체'를 구성하는 데 기여했다. 1950년대의 10대 건축물 중 새로이 건설된 건축물들부터 1970년대 말의 마오쩌둥 기념당까지 모두 이 기능에 봉사했다. 이 건축물들의 기능은 톈안먼 등에 새로이 부가된 의미·기능에 기반하여 현대 민족국가의 힘과 권위를 고양하는 것이었다. 민족국가는 지난 백 년 동안 굴욕의 역사를 경험한 민족이 자신의 새 국가를 승인하고 강하게 긍정하기 위한 가시적이고 효과적인 증거물들을 제공하려 했다. 그리고 그 증거물은 기존

마오쩌둥 기념관

의 상징적인 건축물에 새로운 의미를 부가함으로써 그리고 새로운 기능을 담당한 새로운 건축물을 건설함으로써 확보하고자 했다.

현대 민족국가 중국의 심장이라는 지위는 정치적 의지의 변화에 따라 새 심장으로 설계되었으며 이 새로운 설계는 공간 건축적으로 실현되었다. 10대 건축물들은 웅대하고 장엄한 모습과 기상을 극도로 부각하고 있는데, 이는 사회주의 중국이 추구하는 현대성을 전시하기 위한 것이었다. 국가는 정치적 효과를 극대화하기 위해 창안졔의 톈안먼 광장을 중심으로 10대 건축물들을 집중 배치하였다. 새로운 현대 민족국가가 필요로 한 것은 완벽한 고성古城이 아니라 새로운 수도였기에, 고성을 보호해야 한다는 많은 주장은 묵살되었다. 톈안먼 광장과 그 주위에 밀집된 건축물들은 베이징의 현대화를 집약적으로 상징하고 국가의 새 역사 창도 의지를 극대화하여 표상했다. 그리고 이 건축물들의 이데올로기적 가치와 의의는 지금도 유효하다.

1960년대 원지에의 상상은 21세기 초 전혀 다른 내용의 '베이징 당대 10대 건축北京当代十大建筑'으로 대체되었다. '전혀 다른 내용'이란 베이징을 기존의 세계질서에 저항하는 세계혁명의 중심지로 더 이상 상상하지 않고 기존의 세계질서에 편입되어 그 체제하에서 중심지가

베이징 남역

수도박물관 신관

되겠다는 상상을 시작했다는 뜻이다. 2009년에 선정된 '베이징 당대 10대 건축'은 베이징 수도 국제공항 3호 청사首都机场3号航站楼, 냐오차오国家体育场:鸟巢, 국가대극원国家大剧院, 베이징남역北京南站, 워터큐브国家游泳中心:水立方, 수도박물관 신관首都博物馆新馆, 베이징TV센터北京电视中心, 국가도서관 2기国家图书馆 二期, 베이징 신바오리빌딩北京新保利大厦과 국가체육관国家体育馆 등이다.[43] '베이징 당대 10대 건축' 역시 고도의 상징성을 담지하고 있는데, 그것은 새로이 부상한 강대국으로서의 면모이다. 이들 건축물이 과시하는 독특한 새로움은 분명 국가(혹은 베이징) 자신감에서 발로된 것이다. 새로움과 독특함의 의미는 중국(혹은 베이징)이 세계 건축을 주도할 위치에 올라섰음을 자신 있게 공표하는 것 바로 그것이다. 베이징 시민들이 이 특이하고 새로운 건축물을 이해하지 못

43) 孙晓胜, 「鸟巢, 水立方入选北京当代十大建筑」, http://www.sina.com.cn/ 2009年 9月 25日. '베이징 당대 10대 건축'은 2000년부터 2008년까지 건설된 건축물 중에서 선정되었다. 선정된 대부분의 건축물은 2005년 후에 건설된 것으로 그 중 2008년에 건설된 것이 6개이고, 올림픽을 위해 건설된 것이 4개이다.

베이징 수도 국제공항 3호 청사

하고 어리둥절해 하든 말든, 이 건축물들은 베이징의 도시경관을 근본적으로 뒤바꾸어 놓았다.

그리고 '베이징 당대 10대 건축'은 원지에의 희망인 "세계혁명"의 중심지라는 희망의 내용은 삭제한 채, 베이징이 중국의 수도를 넘어 세계적 도시의 반열에 올랐음을 상징적으로 웅변한다. 즉 중국의 세계화와 시장개방의 과정이 새로운 단계로 들어섰다는 것이다. 따라서 그 의미나 상징성의 측면에서, 이 건축물들은 현대 민족국가의 상상력을 담지한 여타 표상체들과는 다르다. '베이징 당대 10대 건축'은 이제 베이징은 중국의 베이징이 아니라 세계의 베이징이 되었으며 이 도시의 거주자는 도시의 시민 혹은 국가의 인민이 아니라 세계의 시민이 되었다는 일종의 선언인 셈이다.

중국 내 정치, 경제, 문화의 급속한 변화 그리고 1990년대 이후 급속도로 진행된 세계화의 물결은 베이징의 경관과 의식, 위치를 급격히 변화시켰다. 이 거센 물살은 21세기에 더욱 더 명확해지기 시작했다. 중국 정부는 베이징을 현대 민족국가의 수도에서 세계도시로 변화시키겠다는 거대한 희망을 역사적 의무로 천명했다. 2004년 베이징시 계획위원회의 조직 하에, 정부기관 및 대학의 도시계획 전문가들이 다시 모여 '베이징 도시공간 발전전략 연구北京城市空间发展战略研究'를 개최하고, 베이징 도시계획을 새롭게 수정했다.

> 제1단계에서는 전면적으로 수도의 각 부분의 항목을 추진하고, 전국적으로 기본적인 현대화를 실현하도록 노력하여 현대화된 국제도시의 기본 구조를 수립한다. 제2단계인 2020년 전후에는 베이징의 현대화를 대대적으로 제고하고, 뚜렷한 특징을 가진 국제도시로서의 지위를 확립한다. 제3단계인 2050년 전후에는 경제, 사회, 생태환경 등이 조화롭고 지속적으로 발전하는 도시가 되도록 건설하여 세계도시의 진열에 진입한다.[44]

1980년대와 1990년대를 경험한 중국의 수도 베이징에 21세기의 세계화 상상이 더해졌다. 세계화와 시장 개방 그리고 중산층의 부상으로 인해 베이징 문화 상상에는 거대한 단절이 발생했다. 21세기 세계화 상상은 1960년대의 원지에가 집중적으로 상상했던 80·90년대 베이징, "세계혁명"의 중심지로서의 베이징과는 심각한 갈등을 겪는 것이었으며, 베이징의 일상과 가치관에 근본적인 변화를 요구하는 것이었다.

지금 베이징을 지배하고 있는 것은 세계화와 상업화이다. 세계 일

---

44) 黄荔, 「世界城市——北京城市发展新主题: 访北京市城市规划设计研究院原院长柯焕章」, 『城市管理与科技』, 2010年 第2期, 61쪽. "按照国家实现现代化建设战略目标的总体部署, 第一阶段, 全面推进首都各项工作, 努力在全国率先基本实现现代化, 构建现代国际城市的基本构架; 第二阶段, 到2020年左右, 力争全面实现现代化, 确立具有鲜明特色的现代国际城市的地位; 第三阶段, 到2050年左右, 建成成为经济, 社会, 生态全面协调可持续发展的城市, 进入世界城市行列。"

류 설계사가 운집해 있는 지금의 베이징은 전세계 건축설계 시공기술의 화려한 시험장이 되었다. 세계적인 도시의 상상력·다국적성과 지역성이 교합된 양식의 새로운 건축물들이 베이징에 들어서고 있다. 냐오차오 올림픽 주경기장이나 국가대극원 같은 상징적 건축물뿐만 아니라 상업적 건축물들까지 더 이상 중국의 전통적 건축양식을 답습하지 않는다. 세계화의 부호와 지역성의 부호를 혼합하려는 상상력은 민족성을 초월한 건축양식을 요구했다. 나아가 창안제에 들어선 각양각색의 새로운 건축물들은 민족국가의 표상체였던 기존의 건축물들과 묘하게 공존하면서 도시의 모습을 새롭게 탈바꿈시키고 있다. 가장 직접적이고 가시적인 변화는 소비적 경관과 상업적 유혹의 확대이다. 이러한 변화는 도시에 새로운 활기와 상상력·개방성을 불어넣고 있는데, 도시 공간과 건축물은 이런 변화의 기폭제였다.

많은 문학작품이 이런 상상과 변화상에 주목하면서 긍정과 거부라는 상반된 반응을 보였다. 소설가 취우화동邱华东의 『화아화花儿花』는 베이징의 신흥 고급주택지 량마허亮马河 일대를 묘사하면서, "이곳엔 바쁘고 번화하고 아름다운 신세계가 펼쳐진다"[45]며 새로운 활력으로 가득 찬 공간이라 경탄한다. 아름다운 신세계의 출현이란 새로운 사회 공간과 문화의 생산을 가리킨다. 이 새로운 사회 공간과 문화에 대해 쑨지엔민孙健敏의 『천당진두天堂尽头』는 다소 비판적이다.[46] 이 소설은 현재의 베이징을 "황금색 천당金色天堂"이라는 오락장으로 묘사한다. "황금색 천당"은 자본주의 활력의 원인인 자본과 소비의 역량을 상징한다. "황금색 천당"이 무표정하고 냉정한 얼굴로 약속하는 세계화의 모든 장점은 "황금색 천당" 내부에 있다는 것이다. 동시에 이

45) 邱华东, 『花儿花』, 北京: 作家出版社, 2002, 30쪽. "构成了一个繁忙和繁华的美丽新世界。"
46) 孙健敏, 『天堂尽头』, 北京: 时代文艺出版社, 2002.

약속은 "황금색 천당"에 의해 버려지게 되면 영원히 역사 밖으로 밀려날 것이라는 위협으로 느껴진다. 그리고 "황금색 천당"은 어디에나 편재하면서 강력한 힘을 발휘하는 미궁처럼 느껴진다는 것이다. 쓘지엔민의 『천당진두』은 지금의 베이징을 세계화와 시장화가 지배하고 있는 공간으로 묘사한다. 소비적이고 다중심적이고 활기 넘치는 세계적인 도시라는 상상이 수도 베이징을 배경으로 펼쳐지고 있다.

국가가 베이징을 인식하고 상상하는 주된 태도는 지역으로서의 베이징이 아니라 국가 수도로서의 베이징이었다. 문화·정치의 수도로서의 베이징은 민족국가를 결집시키고 대표하는 공간이었기에, 정치적인 상상과 기획이 건축물과 도시 설계에 대한 집중 관리를 통해 중첩적으로 실천되는 공간이었다. 신중국은 10대 건축물을 지정함으로써 정치적 이데올로기를 공간화해 나갔다. 이후 신중국은 수도로서의 베이징을 세계도시로 상상하기 시작했다. 수도로서의 상상을 압도한 세계도시로서의 상상은 베이징의 지위와 위치를 이전과는 다른 층위에서 인식하도록 만들었다. 자본과 경제 중심의 가치관이 생산력과 정치 중심의 가치관을 압도함에 따라 베이징 상상의 내용은 이전의 "세계혁명"의 중심지에서 자본과 소비의 중심지로 바뀌었다.

여기서의 베이징은 국가나 세계자본과의 구상적 관계라는 관점으로 기획되고 관리되는 공간이다. 그리고 이런 방식의 상상과 태도는 도시 설계와 건축물에서 실현되었고, 이 표상체들은 베이징의 일상을 급속도로 변화시켰다.

4. 대중매체 속에서 재구성되는 베이징

베이징의 현재는 건축의 시대인 동시에 불안의 시대·일종의 무중력의 시대이다. 스허위엔이 파괴되면서 베이징 거주민들은 도시에 대한 결속감, 도시에 대한 상상적 권리를 상실했고, 거대 건축이 건설되면서 베이징의 지역문화는 소실되어 갔다. 따라서 자신들의 생각과 반응을 표현할 공간도 지역문화도 잃어가는 베이징 거주민들은 대중매체를 통해 베이징의 장소정체성을 획득하고자 하였다. 이러한 문화텍스트는 베이징 거주민의 태도를 크게 두 가지 양상으로 그려낸다.

하나는 현실 속의 베이징과는 달리 과거 역사 속에서 이상향 베이징을 소환하여 상상적으로 재구성하는 경향이다. 1980년대 대중매체 속 베이징의 주 무대는 소시민이 거주하는 작은 규모의 스허위엔이었지만, 21세기 대중문화가 무수히 그려내는 스허위엔은 청나라 황실이나 귀족·부호가 거주하는 대규모 스허위엔이다. 즉 21세기 대중문화는 베이징이 황성의 도시였음을 계속해서 부각하고 환기한다. 그리고 중국 전통문화와 베이징 지역문화, 경극 등을 소재로 하여 스허위엔의 화려하고 풍부한 일상과 문화생활을 보여줌으로써 라오베이징의 정체성과 베이징의 지역성을 문화적 차원에서 회복하고자 한다.

소설가이자 철학자이자 언어학자인 린위탕林语堂의 문학은 언제나 향촌 미학이나 전원 시학을 기점 혹은 귀속처로 삼았다. 그가 그리는 베이징은 전원도시였고, 문화도시와 이상적 도시의 상징이었으며 동서고금에 걸쳐 세계적인 도시였다. 린위탕은 베이징을 "미식가의 낙원", "구매자의 천당", "빈부가 공존하는" 도시, "고전과 현대가 융합된" 도시, "모든 사람들이 함께 호흡할 수 있는 땅이며, 농촌의 고요함과 도시의 편안함과 아름다움이 있는 이상적인 도시"라고 묘사했

소설 『경화연운』

드라마 <경화연운>

다.[47] 그의 시선 속에서 자연경관과 제왕기상, 그리고 전통과 현대는 이상적으로 결합된다. 여기서 시간은 제거되거나 초월되어 비역사적이고 보편적 의미의 도시 이미지만이 남게 된다.

린위탕의 베이징 상상을 해석하는 데 있어 핵심적인 텍스트는 소설 『경화연운京华烟云』[48]이다. 베이징과 현대 중국의 역사변천을 서술하고 있는 『경화연운』은 베이징을 이상적인 도시로 그린다. 드라마로 각색되기도 한 이 텍스트는 야오姚씨 집안과 증曾씨 집안의 스허위엔을 중심으로 베이징 전통문화와 일상을 묘사하여 베이징인의 호응을 얻었다. 주인공 야오무란姚木兰의 스허위엔을 세밀하게 그린 부분을 보자. "대문엔 당당하고 성대한 기세는 없이 다만 검은 칠을 한 작은

47) 林语堂, 「说北平」, 『林语堂散文经典全编』 4卷, 北京: 九洲图书出版社, 1997, 409~413쪽.

48) 林语堂, 张振玉译, 『京华烟云』, 北京: 作家出版社, 1995. 이 소설은 린위탕이 1938년에서 1939년 사이 영문으로 창작하여 미국에서 출판한 작품인데, 영문명은 『*Moment in Peking*』이었다. 1970년대에 타이완에서 번역되었고 중국에서는 1980년대에 번역 출판되었다.

문만 있었다. 문 중앙에는 붉은 원이 있었고 오동나무 그늘이 문 앞에 드리워져 있었다."[49] 지금의 베이징과 비교하자면, 야오姚의 스허위엔은 성城 중의 성으로 볼 수 있다. 반면 당시 관리였던 증원푸曾文璞의 호화저택은 독립된 자족적인 공간으로, 대문은 화려하고 기세등등하며 내부공간은 복잡하다. 광대한 집에는 인공산, 연못, 큰 화분의 석류나무가 있다. "증曾 씨 관저는 정원이 네 개나 있을 정도로 넓고 깊다. 정방 건물의 동쪽에는 느릅나무가 교차하면서 만들어놓은 그늘 밑으로 좁고 긴 길이 있고, 구불구불하여 산책할 수도 있는 회랑은 중정을 거쳐 서쪽의 고요한 정원으로 이어진다."[50] 린위탕이 그려내는 이상적인 도시는 일상과 공간이 조화롭게 결합된 베이징이며, 이 이상적인 베이징은 스허위엔에서 출발한다. 대중문화는 린위탕이 묘사하는 이상적인 도시로 문화적 탈출을 시도함으로써 현재의 불가해한 변화와 거주민 개인의 소외 경험을 치유하고자 했다. 그 구체적인 방식은 개인·가정과 도시 전체의 조화로운 결합을 가능케 하는 공간 즉 스허위엔 복원이었다. 린위탕의 이런 자세는 지금 중국 문화담론에서 상당한 설득력을 가지는데, 린위탕의 베이징을 재현하려는 유사한 시도가 대중매체에서 반복되고 있다.

베이징 거주민 개인이 현재의 혼란을 극복하는 또 다른 방식은 현재의 혼란을 긍정적인 것으로 이해하고 수용하는 태도이다. 드라마로도 상영된 티에닝铁凝의 중편소설 「영원은 얼마나 먼가永远有多远」[51]를 그

49) 위의 책, 135쪽. "大门口儿并没有堂皇壮观的气派, 只不过一个小小的黑漆门, 正中一个红圆心, 梧同的树荫罩盖着门前。"

50) 위의 책, 102쪽. "曾公馆宅第宽大, 有四层院子深, 在正院儿的东侧, 有一条榆树交荫的狭长小径, 还有若干迂回曲折供散步的走廊通往正院儿西边的幽深的庭院。"

51) 티에닝의 소설 「영원은 얼마나 먼가永远有多远」는 1999년에 발표되었고, 2000년에 드라마로 만들어져 상영되었다.

소설 『영원은 얼마나 먼가』

드라마 <영원은 얼마나 먼가>

예로 들 수 있다. 이 텍스트에는 두 개의 베이징이 등장하는데, 후통胡同이 상징하는 라오베이징과 번화가 스두世都가 보여주는 신베이징이 그것이다. 이 두 공간은 등장인물들을 통해 형상화된다. 주인공 바이다싱百大省은 순수하고 사심 없고 어수룩하다. 인의라는 단어로 설명되는 그녀의 성품은 후통의 성격이기도 하다. 그녀가 좌절을 겪는 과정은 현대화, 세계화의 미명 속에서 후통과 그 정신문화가 점차 사라져 가는 과정과 겹친다. 작가 티에닝은 스허위엔과 라오베이징은 전통적인 가치관으로 여성성을 제약하여 여성 자신을 표현하지 못하도록 규제하는 공간으로 그리며, 또 다른 인물인 시단샤오리우西单小六는 전통적인 도덕관념이나 가치관에 속박되지도 않고 주변 사람들의 시선을 의식하지도 않는 인물로 그려낸다. 시단샤오리우는 전통적인 성별 이데올로기에서 규정한 양성 관계나 여성성에 대한 관념을 전복시키는, 안하무인식의 교만과 요염함을 지닌 신베이징 문화의 전형이다.

그런데 바이다싱은 시단샤오리우와 대등한 대립관계를 이루지 못하고 시단샤오리우를 선망한다. 후통의 어머니와 할머니는 시단샤오리우를 비하하고 비난하면서 후통에서 추방하지만, 그녀는 자신보다 훨씬 젊은 남편과 함께 베이징 번화가에 자리한 이국적인 분위기의 바bar 사장으로 돌아온다. 후통과의 결별은 상실이나 추방당함이 아니라 탈출이나 성공, 자유가 되어 버린다. 그녀를 추방한 후통(라오베이징)과는 달리, 바(신베이징)는 그녀의 능력을 발휘할 수 있는 기회의 공간, 자유의 공간이다. "충만한 자신감"까지 더해진 그녀는 후통을 대표하는 바이다싱의 눈에 진정으로 자신의 삶을 즐기는 신베이징의 산아로 비친다. 그녀에 대한 바이다싱의 선망은 곧바로 신베이징에 대한 기대로 이어진다. 이들에게 있어 현재의 신베이징은 단지 물질적인 풍요나 현대화된 도시만을 의미하는 것이 아니다. 신베이징의 궁극적인 가치는 그것의 정신이 자유주의라는 데 있다는 것이다. 여성을 억압하던 구질서가 붕괴되면서 발생한 빈 공간은 여성의 내적 욕망을 인정하고 발휘할 수 있는 공간이자 여성으로서의 자신감을 회복할 수 있는 공간이 된 것이다.

전통적인 건축양식인 스허위엔은 도시와 개인·가족의 결속을 가능케 하는 매개체였다. 이런 스허위엔이 파괴·소멸되어 갔지만 스허위엔을 대체할 새로운 매개 공간 양식이 정립되지 않음에 따라, 베이징의 거주민 개인은 소외를 경험하게 되었다. 소외에서 탈출할 공간적 양식을 구비하지 못한 상황에서, 대중매체를 통해 문화의 상상력은 두 가지 방식의 탈출구를 제시했다. 하나는 이상적인 과거 즉 스허위엔으로 회귀하는 것이고, 또 하나는 현재의 혼란스러운 공간을 긍정적으로 재해석하는 것이다.

이러한 문화적 대응은 하나의 사실과 하나의 가능성을 보여준다. 사실이란, 두 가지 방식을 제시한 문화적 상상력은 공간적 토대를 갖지 못했다는 것이다. 국가가 공간 재편 권리를 독점함에 따라 거주민 개인과 도시가 상호영향 관계로써 결합될 가능성은 거의 없게 되었다. 즉, 개인이 선택할 수 있는 것은 자신과는 무관하게 변화하고 있는 도시를 거부하거나 수용하는 것뿐이라는 사실이다. 그리고 가능성이란 건축양식과 도시설계가 변화함에 따라 베이징 거주민 개인의 삶의 양상이 바뀌듯이, 개인의 삶의 태도 변화가 건축양식과 도시설계의 변화에 보이지 않는 토대를 제공할 수도 있다는 것이다. 이는 향후의 과제가 될 것이다.

5. 세계도시 베이징

우리가 일상적으로 살아가는 시간과 공간은 사회제도나 실천들로부터 분리되어 존재하는 것이 아니라 사회관계에 의해 변화되고 생성되는 산물이다. "총체사는 거대한 지정학적 전략으로부터 작은 거주 전략에 이르기까지 공간에 대한 기술이어야 한다", 그리고 "공간은 권력의 행사 과정에서 가장 본질적인 요소가 된다"[52]는 푸코의 지적 역시, 우리에게 익숙해져 있는 어떤 진리(담론)나 특정 시설의 설치 및 공간 구조가 바로 권력에 저항하는 개체(신체)들을 보다 효과적으로 길들이는 데 이바지하는 도구임을 상기시켜준다. 공간 구조 및 공간 조직은 권력이 작동하는 방식을 반영하고 구체화한다. 이 장에서는 국가 혹은 사회적 영역에 의해 공간이 어떻게 구성되는가라는 이른바 공간의 사회적 구성에 초점을 두고 베이징의 공간재편 과정을

52) 전종환 외, 『인문지리학의 시선』, 논형, 2008, 292~293쪽.

살펴보았다.

중국은 베이징의 국가 중심거리인 창안제에 국가 상징적 건물을 건설함으로써 시대의 변화를 이끌어갔다. 신중국 이후 베이징의 기본 구조인 스허위엔이 파괴됨으로써 거주민의 일상과 기억뿐만 아니라 도시와의 긴밀한 연결에 대한 거주민들의 상상적인 믿음까지 파괴되었다. 국가는 이러한 파괴 위에 이질적인 건축물들을 건설함으로써 국가가 주도하는 정치문화와 새로운 질서를 만들어갔다. 도시와의 결속감이 상실된 후, 문화적 상상력에 기반한 과거 회귀 현상과 공간 변화의 수용과 인정 현상이 공존하고 있다.

베이징의 도시 계획에 대한 최근 논의는 세계도시를 중심으로 이루어지고 있다. 2009년 12월에 열린 중국 베이징 시위원회 10회 7차 회의에서 올림픽을 치르면서 국제적인 도시로 성장한 베이징은 이미 세계도시로서의 조건이 성숙되었다고 평가하면서 이를 추진하기로 결정한 이후[53] 2010, 2011년엔 이와 관련된 논의가 활발해지고 있다.[54]

세계도시에 대한 많은 연구들은 세계도시의 형성을 이해함에 있어서, '글로벌주의'적 시각이나 경제결정론으로부터 많은 영향을 받음으로 인해, 세계도시 형성과정의 역사적 특수성, 지리적 다양성에 대한 제대로 된 해석과 설명을 제시하지 못하는 문제를 지니고 있다.[55]

---

53) 陈剑, 「建设世界城市: 北京面临的挑战和对策」, 『北京社会科学』, 2010年 第3期, 4쪽.

54) 陈剑, 「关于北京建设世界城市, 提升首都软实力的分析与思考」, 『北京市经济管理干部学院学报』, 2010年 第2期; 陈剑, 「北京面临的挑战和对策」, 『北京社会科学』, 2010年 第3期; 黄荔, 「世界城市: 北京城市发展新主题——访北京市城市规划设计研究院原院长柯焕章」, 『城市管理与科技』, 2010年 第2期; 宋洁尘·宋养琰, 「北京: 北京建设世界城市需正确处理五大关系」, 『前线』, 2010年 第3期; 赵伟, 「北京世界城市建设中的地域文化元素」, 『北京规划建设』, 2011年 第1期.

55) 박배균, 「세계도시 형성의 다규모적 과정에 대한 연구: '공간 선택적 세계화'와 쿠알라룸푸르의 세계도시화」, 『도시공간의 형성 원리와 도시민의 삶』, 도서출판 메이데이, 2009, 195쪽.

그러나 중국의 수도 베이징의 경우, 국가적 차원에서 이루어지는 정치, 사회적 정책이 세계도시의 형성에 중요한 영향을 미친다. 세계도시의 등장은 국가 발전의 또 다른 상징물이기에 도시를 국가와 떼어놓은 채 생각할 수는 없다. 게다가 세계화가 국민국가의 소멸을 가져올 것이라는 글로벌주의적 입장과는 달리, 최근의 많은 연구들은 사회, 경제, 정치적 활동들이 여전히 국민국가를 중심으로 이루어지고 있고, 오히려 국가가 세계화를 촉진하고 만들어내는 과정에 적극적으로 참여하고 있다고 주장한다. 세계도시의 형성에서 국가의 역할은 여전히 매우 중요하다. 중국은 베이징을 지역문화를 중시하는 세계도시로 건설하자는 논의를 활발히 진행하고 있다.

도시들은 다양한 조건들 속에서 다양한 방식으로 세계화를 경험한다. 따라서 세계화 과정 속에서 도시의 모습이 도시에 사는 거주민의 의사와 상관없이 특정의 획일적인 방향으로 변화하는 것은 타당하다고 할 수 없다. 도시에 거주하는 거주민을 포함해 다양한 행위자들과 사회적 관계망들이 끊임없이 상호작용해야 한다. 중국(베이징)이 타자화된 베이징 거주민과 다양한 사회 집단이 도시의 동등한 주체임을 도시 계획의 방식으로 인정하면서 대화를 나눌지는 앞으로 지켜볼 일이다.

참고문헌

강상중 엮음, 이강민 역, 『공간』, 한울, 2007.

김왕배, 『도시, 공간, 생활세계: 계급과 국가 권력의 텍스트 해석』, 한울, 2000.

김준우, 『국가와 도시』, 전남대학교출판부 2007.

박배균 외, 『도시공간의 형성 원리와 도시민의 삶』, 도서출판 메이데이, 2009.

손세관, 『넓게 본 중국의 주택』 下, 열화당, 2002.

이진경, 『근대적 주거공간의 탄생』, 휴머니스트, 2002.

전종환 외, 『인문지리학의 시선』, 논형, 2008.

주 융, 김양수 역, 『베이징을 걷다: 중국 800년 수도의 신비를 찾아』, 미래인, 2008.

앤소니 킹, 이무용 역, 『도시문화와 세계체제』, 시각과언어, 1999.

데이비드 하비, 임동근·박훈태·박준 역, 『신자유주의 세계화의 공간들』, 문화과학사, 2010.

王 博, 『北京: 一座失去建筑哲学的城市』, 沈阳: 辽宁科学技术出版社, 2009.

王 军, 『采访本上的城市』, 北京: 生活·读书·新知 三联书店, 2008.

梁思成 等, 『各家眼中的北京城』, 北京: 文化艺术出版社, 2007.

林徽因, 「平郊建筑杂录」, 『林徽因讲建筑』, 北京: 九州出版社, 2005.

梁思成·陈占祥, 『梁陈方案与北京』, 沈阳: 辽宁教育出版社, 2005.

侯仁之, 『侯仁之讲北京』, 北京: 北京出版社, 2005.

邱华东, 『花儿花』, 北京: 作家出版社, 2002.

孙健敏, 『天堂尽头』, 北京: 时代文艺出版社, 2002.

赵 园, 『城与人』, 北京: 北京大学出版社, 2002.

林语堂, 『林语堂散文经典全编』 4卷, 北京: 九洲图书出版社, 1997.

林　洙,『建筑师梁思成』, 天津: 天津科学技术出版社, 1996.
林语堂, 张振玉译,『京华烟云』, 北京: 作家出版社, 1995.
赵　伟,「北京世界城市建设中的地域文化元素」,『北京规划建设』第1期, 北京: 北京城市规划设计研究院, 2011.
陈　剑,「建设世界城市: 北京面临的挑战和对策」,『北京社会科学』第3期, 北京: 北京市社会科学院, 2010.
简博秀, 周志龙,「全球化, 全球城市和中国都市发展战略」,『台湾社会研究季刊』第47期, 2002.
艾未未,「鸟巢是这个时代野心和理想碰撞的结果」,『商务周刊』, 2008年 7月 25日.
张颐武,「后奥运的空间想象」, http://www.guandian.cn/(검색일: 2010. 5. 30).
孙晶岩,「鸟巢: 中国建筑史光辉的一页」, http://book.sina.com.cn/(검색일: 2008. 7. 24).
贾　葭,「平安大街的秘密」, http://cul.sohu.com/(검색일: 2006. 9. 14).

2장

사회주의 시기 베이징의 기억·공간·일상

1. '문혁' 시기 베이징의 기억, 공간, 일상

베이징은 한 나라의 수도로서 강력한 국가권력을 구현하는 장이다. 중국 공산당 정권은 자신들의 사회주의 권력의 상징으로서 베이징의 성곽 파괴, 따위엔大院과 톈안먼天安门광장 건설 등 베이징을 새롭게 개조하고 건설했다. 그러나 신중국에서 베이징이 갖는 정치적 의의와 문화적 가치를 톈안먼광장만큼 잘 말해주는 곳은 없다.

톈안먼광장은 사회주의 정권 수립 이후 새롭게 재편된 공간이다. 신중국 즉 중화인민공화국은 1949년 10월 1일 건국기념행사를 거행하기 위해 톈안먼광장을 대대적으로 정비했다. 그리고 톈안먼에서 마오쩌둥은 사회주의 중국의 건립을 선포했다. 이어서 1958년, 신중국 성립 10주년을 기념하기 위해 광장은 다시 대규모로 개축되어 오늘날의 모습이 되었다. 광장 북쪽에는 톈안먼 앞을 동서로 가로지르는 동·

서 창안제长安街가 만들어졌다. 아울러 중국혁명박물관, 중국역사박물관과 인민대회당을 광장의 동서 양측에 건립하고, 인민영웅 기념비를 중앙에 세웠다.[1] 권력의 작동방식과 방향은 공간적 실천을 통해 극명하게 표상되었다.

고도의 면모를 지니고 있던 베이징 지역문화는 신중국 건립 후에 강한 충격을 받았다. 1949년 이후 공산당 혁명간부들은 베이징에 입성하면서 주택문제를 해결하기 위해 베이징 곳곳에 군부대 숙사인 따위엔大院을 건설했다. 따위엔의 건립으로 베이징 문화는 현저한 변화를 맞게 되었는데, 신베이징의 호방한 기개와 열정은 신속하게 베이징의 중요한 위치를 점유하게 되었고 라오베이징은 뒤로 물러나게 되었다. 베이징은 지난날의 전통문화를 유지하고자 노력했지만 쇠퇴를 막을 수는 없었다. 신중국 건립 이후, 중국의 사회적, 정치적 지위는 따위엔에 거주하는 간부와 지식인 등의 신베이징인 차지가 되었다. 그들은 베이징의 가장 중요하고 활동적인 계층으로서 베이징 도시문화의 새로운 주인공이 되었다. 건국 이후부터 오늘에 이르기까지 베이징의 주류문화는 신베이징의 문화인 따위엔 문화이다.

「베이징오락신보北京娱乐信报」는 『베이징민속대전北京民俗大全』 주편인 짜오수赵书의 인터뷰 내용을 보도했다.

> 민속문화 속의 베이징 거주편을 보면, 일반인들은 후통 문화가 가장 우세할 것이라고 생각했으나 조사에 의하면 따위엔 문화가 가장 우세했다. 예를 들어 외교부 따위엔, 중앙정치부·해군 따위엔, 베이징대학·칭화대학 따위엔 등이 지금의 주류문화였다. 두 번째는 따자위엔[2] 문화로 베이징 시민이 그 주체였다.[3]

---

1) 양둥핑, 장영권 역, 『중국의 두 얼굴: 영원한 라이벌 베이징 VS 상하이 두 도시 이야기』, 펜타그램, 2008, 121~123쪽.

1950년대 처음으로 따위엔이 건설되면서부터 지금까지 따위엔 문화는 베이징 문화의 주류를 형성하고 있다. 따위엔 문화는 라오베이징 전통문화와는 확연히 다른, 이데올로기의 영향을 깊게 받은 혁명문화다. 따위엔에 거주하는 간부와 지식인은 신중국 정치·경제·문화의 실제 권력자로 신정권과의 관계가 긴밀했고 신제도하의 새로운 생활방식을 체현했다.

라오老베이징인들이 거주하는 후통胡同 문화와는 다른 따위엔 문화가 형성되기 시작했다. 이는 후통 문화가 만든 '경미京味'소설과는 다른 '신경미新京味'소설이 형성되는 배경이 되었다. 따위엔에서 성장한 '신경미'소설가 왕쑤오王朔는 『백수건달顽主』, 『노는 것보다 신나는 것은 없다玩的就是心跳』, 『반은 화염 반은 바닷물一半是火焰一半是海水』, 『사나운 짐승들动物凶猛』, 『나를 사람으로 보지 마라千万别把我当人』 등으로 문단의 주목을 받았는데, 이 소설들은 베이징의 주변인 집단 즉 '백수건달顽主'의 생활과 심리를 묘사한 것이었다.

후통 문화에 집중한 라오서와는 달리 왕쑤오는 베이징 따위엔 청년들의 생존방식을 묘사함으로써 지식인과 정치중심 담론을 조소하고 풍자했다. 왕쑤오의 '신경미' 작품은 내용과 형식면에서 베이징 청년들의 반전통적인 생활방식과 관념을 그려냈지만 '노경미老京味' 소설의 문화비판 정신과는 다를지라도 베이징어로 베이징인과 베이징의 세상사를 쓰는 '경미京味'적인 요소를 지니고 있었다.

---

2) 귀족과 부호가 살던 스허위엔은 1949년 중화인민공화국 성립 후 서민들에게 분배되면서 따자위엔大杂院으로 변한다. 원래 한 가족이 거주하던 스허위엔은 여러 가구들에게 분배되면서 다세대 주택 형식의 따자위엔으로 변하게 된다.

3) 胡劲华, 「北京民俗大全已收集四十万字, "大院文化"成主流」, 『北京娱乐信报』, 2004.2.21. "民俗文化里的北京民居篇, 在一般人心中以为胡同文化应排第一。而根据调查, 排在第一应该是大院文化, 比如外交部大院, 总政, 海军大院, 北大, 清华等大院, 这些是现在的主流; 第二是杂院文化, 以北京市民为主体……。"

베이징 언어에는 혁명적 색채가 가득 차 있다고 생각한 왕쑤오는 주류 이데올로기적 색채가 강한 혁명담론을 해체하고자 하였다. 그러나 왕쑤오 자신의 언어 역시 혁명적 색채가 강했다. 그는 세속적인 문화 유랑자의 형상을 만들어냄으로써 영웅주의를 해체하고 혁명담론에 맞서 저항하고자 했다.

왕쑤오의 소설에서 베이징은 중요한 인식대상으로 부각되지 않는다. 그러나 정치적 금기를 해체하는 글쓰기는 정치와 긴밀한 관계를 맺고 있는 베이징 따위엔에 그가 오랫동안 생활했기에 가능한 것이었다. 「사나운 짐승들动物凶猛」[4](1991)은 문혁시기의 베이징과 특정한 도시집단 즉 어른의 외지 근무로 관리가 소홀해진 군부대 따위엔 청소년들의 집단생활을 그렸다. 그들은 수업을 빼먹고, 패싸움을 벌이고, 여자친구를 사귀는 등 특정한 시기가 만들어낸 틈새에서 기존에 없던 자유를 누린다. 「사나운 짐승들」은 문혁시기의 베이징을 시대적 배경으로 삼음으로써, 정치적인 요소를 더 이상 조소와 패러디의 대상이 아닌 회고식의 기억과 도시와의 관계성이라는 범주에서 다룰 수 있게

작가 왕쑤오

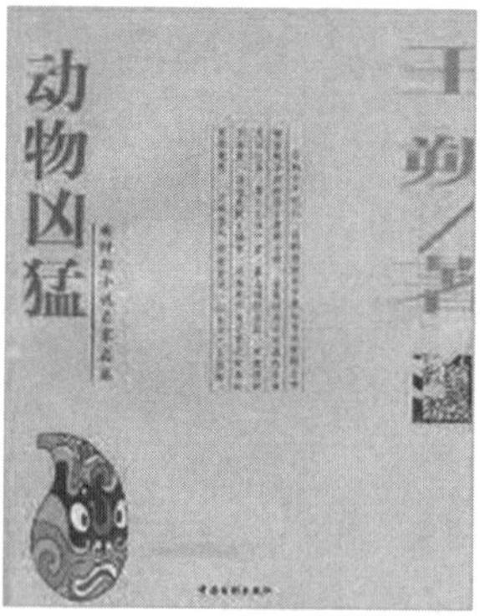

『사나운 짐승들』

4) 王朔, 「动物凶猛」, 『收获』, 1991年 第5期.

되었다. 소설의 시작부분에서 볼 수 있듯이 개인의 기억과 도시형상은 긴밀히 연결되어 있다.

왕쑤오는 소설에서 자신이 거짓말하고 있음을 끊임없이 언급하고 허구의 이야기를 변조하고 있음을 밝히면서 이런 내용이 진실인지 거짓인지를 알 수 없다고 토로한다. 그렇지만 이 소설은 보기 드문 방식으로 1970년대 베이징의 실제 장소들에 대해 서술했다. 도시와 장소를 진실하게 재현한 이 허구는 그 시대 특유의 정신을 잘 표현하고 있다.

〈햇빛 쏟아지던 날들阳光灿烂的日子〉(1995)[5]에서도 개인의 기억과 도시의 형태는 겹쳐져 있다. 베이징에 대한 회고식의 글쓰기가 없다면 개인의 기억도 구체적 근거를 잃어버리게 될 것이다. 당시 베이징에 대한 생동감 넘친 묘사가 없었다면 이미 고정된 문혁에 대한 새로운 글쓰기를 할 수 없었을 것이다. 회고적 시각을 통해 묘사되는 것은 문혁시기 사람들에게 익숙한 장소들이며, 더욱 중요하게는 사회주의 중심도시 베이징의 도시공간과 일상생활의 세부모습이다.

「사나운 짐승들」과 그것을 영화화한 〈햇빛 쏟아지던 날들〉은 많은 연구자들이 다룬 작품이다.[6] 그러나 기존의 연구들은 왕쑤오 작품에서 따위엔이 차지하는 의미에 대해서는 언급하고 있지만 당시 사회주의시기 수도 베이징의 공간배치가 가지는 의미에 대해서는 충분히 주목하지 않았다. 왕쑤오가 소설에서 언급한 베이징의 중심공간인 창안졔의 텐안먼광장 일대는 중국에서 중요한 의미를 지니는 공간이다. 이곳은 베이징 올림픽 개최를 앞두고 국가대극원国家大剧院이 들어선

---

5) 姜文, 「阳光灿烂的日子」, 1994, 夏雨 주연.

6) 최재용, 「王朔소설연구」, 서울대학교 석사논문, 2005; 최문영, 「王朔의 「动物匈猛」 일고찰」, 『중국학논총』 22집, 2007.

곳이기도 하다. 사회주의시기 중국이 톈안먼광장을 건립함으로써 사회주의 중국을 선포하였다면, 국가대극원의 건립은 중국의 세계화를 선언한 것이라 할 수 있다. 즉 수도 베이징을 세계화 시대의 명실상부한 국제도시로 재정립하겠다는 의지를 표명한 것이다. 그런 만큼 중국에서 수도 베이징의 공간배치는 중요한 의미를 가진다.

이 장에서는 사회주의시기 베이징의 정치적 공간배치와 이를 통한 일상의 통제방식을 살펴볼 것이다. 그리고 위 두 텍스트에서, 혁명담론에 대한 전복과 해체의 서술방식을 읽어내면서 기억을 통한 개인역사 서술로서의 문혁쓰기에 대해서 알아보고자 한다.

2. 공간 배치로 본 베이징의 정치화와 세속화

경관landscape이란 눈을 통해 감각적으로 들어오는 풍경이나 경치와는 다른 개념의 용어다. 경관 생산자가 누구였는가에 대한 고려가 우선이고 다음으로 그가 사용했던 코드들, 즉 도로망, 건축물, 광장 등 다양한 도시 경관 요소들의 의미를 파악해야 할 것이다. 르페브르 역시 "공간은 사회적 생산물이다"는 언명에서 출발해 이 같은 맥락에서 공간을 분석하고 있다.[7] 이런 관점에서 볼 때, 1970년대 중화인민공화국은 베이징 도시공간 배치와 도시 건설에서 정치화를 추구하였다고 할 수 있다. 이러한 공간의 정치를 통해 사회주의 국가 수도의 기본적인 도시 구조, 공간형식과 문화적 이미지를 완성하고자 하였다.

「사나운 짐승들」은 이를 성실하게 묘사하고 있다. 1970년대 중반의

7) 이진경, 『근대적 주거공간의 탄생』, 그린비, 2007, 42~43쪽.

톈안먼 앞을 가로지르는 1번 버스 노선

어느 여름날, 15세 소년 마샤오쥔马小军은 당시 유행하던 군복을 입고 베이징 동성东城구역의 군인 따위엔 단지 입구에서 자전거를 타고 미란米兰이라는 여자를 뒤쫓는다. 그는 먼저 베이징 기차역 입구에 가서 여자가 탄 1번 버스를 따라서 창안제长安街 서쪽을 향해 달린다. 베이징 호텔을 지나, 톈안먼광장에서 휘날리는 국기와 그 앞에서 기념사진을 찍는 사람들을 본다. 그리고 소설은 디엔바오电报빌딩, 시단西单을 지나 공회工会빌딩 정류장에 내린 여자를 마샤오쥔이 자전거를 타고 뒤따르는 것을 묘사한다. 그들은 서쪽의 무스디木樨地대교 방향으로 가다가 싼리허로三里河路에서 북쪽으로 방향을 바꾼 뒤 위옌탄玉渊潭공원 입구, 중국과학원 건물 아래의 이기부二机部, 재정부와 중국인민은행 본점을 차례로 거쳐 그녀가 거주하는 건물 앞에 거의 동시에 도착한다.[8)]

「사나운 짐승들」의 자전거 주행 장면은 1970년대 중반 베이징의 실제 공간을 충실히 재현해내고 있다. 40년 가까이 지난 지금의 베이

8) 王朔, 「动物凶猛」, 『王朔文集』, 北京: 华艺出版社, 1996, 329~330쪽.

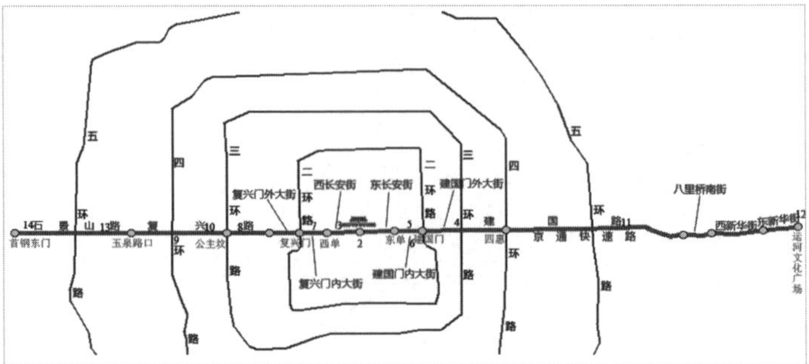

창안졔 지도

창안졔

징 도시 경관은 당시의 모습 대부분을 지워버렸다. 그러나 이 장면에서 언급된 베이징 도시 공간의 구조와 권위는 오늘날에도 여전히 그 위세를 유지하고 있다. 이곳은 중국 정치권력의 중심지역이자 중국의 상상적 모태이기도 하다.

중국 정치의 중심지역을 주행하는 중학생 마샤오쥔을 통해 소설은 특정 시기 중국 수도 베이징의 핵심지역을 전시한다. 도시 구조로 보자면, 마샤오쥔이 미란을 뒤따르는 경로는 1970년대 베이징의 가장 중요한 정치구역에 해당한다. 이 구역은 명·청시대 이후 줄곧 중국 전통사회의 권력중심 공간이었을 뿐만 아니라 중화인민공화국 성립 이래 수도 도시계획을 통해서 정치구조물을 중점적으로 배치한 공간이기도 하다. “국가는 정통성과 통치의 위엄을 나타내기 위해 다양한 표현체를 생산한다. 실록이나 법령집, 역사서 등은 물론이고 도시의 공간적 표현체들을 통해 국가는 그 통치권력을 상징하고자 한다. 건축물과 거리, 광장이나 망루 등의 공간적 배열을 총괄하는 도시계획은 기능적 요인 외에 통치권위를 상징하기 위해 실행되었다.”9)

국가의식의 실행공간인 톈안먼광장, 국가 권력중심의 실체인 중난하이中南海에서 동서로 이어지는 창안졔 주변의 건축물들은 국가 상층부가 권력의 등급과 특성을 고려하여 배치한 것이다. 이 구역은 1950년대에 확정된 베이징 도시계획과 건축의 기본원칙이 재현된 공간이다. 중국인민공화국은 정치중심지인 수도 베이징의 공간배치를 통해서 권력을 전시하는 전략을 취한다. 베이징의 성스러운 도시 이데올로기는 특수한 권력공간을 통해 표상된다. 이로써 베이징은 국가 수도라는 정치적 기능을 담당하면서 상상의 이데올로기 속에서 신성한 의미를 부여받으며 자연히 국가의 신성함은 더욱 강화된다.

붉은 담장 너머는 중국 정치의 중심인 중난하이이다

9) 김왕배, 『도시, 공간, 생활세계: 계급과 국가 권력의 텍스트 해석』, 한울, 2000, 145쪽.

신중국 건립 후 국가의 각종 주요권력 기관들, 즉 국가 핵심 권력기관, 군부대, 기념성 건축물, 문화기관, 학교 및 중점 국영기업 등은 모두 베이징에 자신의 따위엔을 소유하고 있었다. 베이징 서부 푸싱먼 주변 및 싼리허三里河, 허핑리和平里 구역은 톈안먼광장을 중심으로 건립된 수도의 주요 정치공간이었는데 국가 상층부 내의 권력 등급에 따라 그 위치와 면적이 차별적으로 정해졌다. 그 중 군부대 따위엔은 일, 생활, 교육(학교), 오락시설(극장이나 운동장)이 모두 갖추어진 종합적인 장소였다. 따위엔은 높은 담장으로 둘러싸인, 경비가 엄중한 마을 성격의 자급자족 공간이었다. 이 시기의 군부대 따위엔은 국가 상층구조의 핵심부분으로서 국가 권력공간의 축소형이었다.

왕쑤오는 전형적인 따위엔 자제였다. 그는 「무지자무외无知者无畏」에서 언급했다.

> 나는 어릴 때부터 푸싱먼 주변에서 살았다. 그 지역을 '신베이징'이라 불렀다. …… 고도의 분위기가 충만한 풍습과 문화전통은 나에게서 완전히 사라져 버렸다. 나의 생각, 행동, 사유방식은 물론 언어습관까지 신문화의 영향을 더 많이 받았다. 이 문화를 '혁명문화'라 하기로 한다.10)

따위엔 자제라는 신분이 왕쑤오 작품의 근본적인 특징을 근원적으로 결정했다. 그는 한편으로는 따위엔에 대한 추억을 묘사하면서 한편으로는 따위엔의 정치문화를 조소하고 풍자했다. 왕쑤오는 「사나운 짐승들」에서 조소와 풍자를 통해 당시의 주류문화를 해체하고자

---

10) 王朔, 『无知者无畏』, 沈阳: 春风文艺出版社, 2000, 111쪽. "我小时候住在复兴门外, 那一大片地方干脆就叫'新北京' …… 那种带有满足色彩的古都习俗, 文化传统到我这儿齐根斩了。我的心态, 作派, 思维方式包括语言习惯毋宁说更受一种新文化的影响。暂且权称这文化叫'革命文化'罢。"

영화 〈햇빛 쏟아지던 날들〉

시도했다. 이 소설을 각색하여 영화 〈햇빛 쏟아지던 날들〉(1994)을 만든 지앙원姜文 감독 역시 또 다른 군부대 따위엔 출신이었다.

소설 속의 마샤오쥔은 권력을 이용하기도 하지만 기본적으로는 권력을 풍자하고 조소하는 태도를 취했다. 그는 그 시대 도시 생활의 비밀을 가장 잘 이해할 뿐 아니라 도시공간을 재구성하기까지 했다. 그는 산책(유랑)의 방식으로 베이징을 재구성하고 베이징의 지역특징을 묘사했다. 수도의 신성한 형상을 해체하여 정치성의 베이징을 도시 세속생활 속에서 재편성했다. 당시는 '비림비공批林批孔' 등 전국적인 규모의 정치운동이 이미 텅 빈 이름으로만 남아있던 시기였다.

「사나운 짐승들」에서 마샤오쥔과 그의 무리들은 창안제 주변에서 담배를 피며, 톈안먼광장에서 시위를 하고 돌아오는 동학들을 무시하듯 바라볼 뿐이다. 자기가 좋아하는 여성을 미행하고 겁탈하기 위해 마샤오쥔이 가로지르는 공간은 톈안먼광장이라는 국가의 신성한 공간

<햇빛 쏟아지던 날들>의 미란과 마샤오쥔

이며 그가 돌아오기 위해 다시 거슬러 관통하는 공간 역시 바로 이 국가의 신성한 공간이다. 그가 강제로 범하는 것은 여성만이 아니다. 마샤오쥔의 이러한 행동은 1970년대 베이징 정치중심적 도시경관의 신성성과 충돌을 일으킨다.

왕쑤오는 이 소설에서 베이징의 신화화 과정을 서술하진 않았지만, 여성을 뒤쫓는 행위를 통해서 베이징의 도시 경관을 재현했다. 그리고 중화인민공화국의 수도에서 성장한 베이징 청소년의 파렴치한 행동은 신화가 된 베이징 이데올로기를 해체하는 행위로 당시 고도로 조직화된 권력에 대한 저항을 보여주었다. 문혁시기 정치적 의도에 의해 신성화된 베이징은 여전히 사람들이 생활하는 세속적인 공간이었고, 신화를 해체하려는 시도는 여전히 계속되고 있었다.

3. 1970년대 베이징의 일상사: 배치된 일상과 이를 위반하는 일상

나는 시골출신 사람들이 부럽다. 그들의 기억 속에는 언제나 잊으려야 잊을 수 없는 고향이 있다. 설령 그 고향이 가난과 배고픔에 찌든 척박한 산간벽지일

> 지라도 그들은 원할 때면 언제라도 마음의 공허를 메울 수 있는 자신의 고향을 떠올리며 삶의 위안을 얻을 수 있을 것이다. 나는 아주 어릴 적에 고향을 떠나 이 대도시로 이주해왔다. 그리고 단 한 번도 이곳을 떠나 본 적이 없기 때문에 이 도시를 고향으로 여긴다. 이 도시의 모든 것은 순식간에 변해 버렸다. 집이며 거리 그리고 사람들의 복장과 화제는 오늘날에 이르러 이미 완전히 변해서 우리들의 기준으로 볼 때 매우 새롭고 세련된 도시가 되었다. 흔적도 없이 모든 것이 깨끗하게 사라졌다.[11)]

고향과 도시의 중첩은 개인과 도시 간의 명확한 귀속관계를 표현한다. 도시가 중요한 서술대상인 이유는 그곳이 개인의 활동장소이자 기억의 토대이기 때문이다. 회고적 시각을 통해 서술되는 것은 사회주의 중심도시 베이징 일상생활의 세부모습이다. 사회주의시기 베이징의 도시공간은 특수한 정치기억의 역사장면을 뚜렷하게 그려낸다. 예를 들면 외부경관은 말할 것도 없고 내부의 가구 배치까지도 엇비슷한 군부대 따위엔을 담아낸다. 그리고 당시 베이징에서 유명한 장소였던 모스크식당은 〈햇빛 쏟아지던 날들〉에서 아주 뚜렷하게 묘사된다. 상산하향으로 텅 빈 베이징 거리, 패싸움, 인터내셔널가, 모든 사람들이 대사까지 다 외울 정도로 〈1918년의 레닌列宁在1918〉과 혁명발레극 〈홍색낭자군红色郎子军〉 등을 관람하던 노천극장, 그리고 친구들과 밤새워 부르던 〈모스크바 교외의 저녁莫斯科郊外的晚上〉 등을 이 영

11) 王朔, 「动物凶猛」, 248쪽. "我羡慕那些来自乡村的人, 在他们的记忆里总有一个回味无穷的故乡, 尽管这故乡其实可能是个贫穷凋敝毫无诗意的僻壤, 但只要他们乐意, 便可以尽情地遐想自己丢失殆尽的某些东西仍可靠地寄存在那个一无所知的故乡, 从而自我原宥和自我慰藉。我很小便离开出生地, 来到这个大城市, 从此再也没有离开过, 我把这个城市认做故乡。这个城市一切都是在迅速变化着——房屋, 街道以及人们的穿着和话题, 时至今日, 它已完全改观, 成为一个崭新, 按我们的标准挺时髦的城市。没有遗迹, 一切都被剥夺得干干净净。"

영화 〈1918년의 레닌〉

영화 〈청춘지가〉, 〈홍색낭자군〉

화는 충실히 재현하고 있다. 당시 내부검열이라는 명목으로 군간부들이 시청했던 틴토라스의 〈칼리큘라〉, 그리고 당시 많은 사람이 읽고 영향받은 「등에牛虻」, 「강철은 어떻게 단련되는가钢铁是怎样练成的」와 「청춘의 노래青春之歌」 등의 문학작품이 영화에서 언급되고 있다. 소설 「사나운 짐승들」과 영화 〈햇빛 쏟아지던 날들〉은 빠른 변화로 인해 이젠 그 흔적을 찾을 수 없는 사회주의시기 베이징의 도시공간과 일상을 재현하고 있다.

르페브르에 따르면, "공간은 주어진 것이 아니라 사회적으로 생산되는 것"이다.[12] 공간은 중립적인 범주이거나 객관적이고 순진한 영역이 아니라 사회적인 구성물로서 사회적이고 물질적인 실천을 통해 구성된다는 것이다. 르페브르의 도시는 공간, 일상생활, 자본주의적 사회관계의 재생산이라는 세 가지의 상호 관련된 개념으로 구성되어 있다. 즉 도시는 생산관계가 사람들의 일상적 경험 내에서 재생산되는 전반적인 공간맥락이다. 자본주의적 사회관계는 일상적 공간 이용을 통해 재생산된다. 왜냐하면 공간 자체가 자본에 의해 장악되어 있고 자본의 논리에 종속되어 있기 때문이다. 도시공간에 대한 르페브르의 논리를 사회주의시기 베이징을 분석하는 데 적용해보면, 사회주의적 권력관계 역시 일상적 공간 이용을 통해서 재생산됨을 알 수 있다. 왜냐하면 공간은 권력에 장악되어 있고 권력의 논리에 종속되어 있기 때문이다. 이때 지배계급은 공간을 통제하기 위해 국가권력을 활용한다. 사회주의 국가의 주요 과업 가운데 하나는 국가권력을 통해서 공간을 통제하고 일상을 지배하는 것이다. 이렇게 보면 사회주의 계급투쟁은 공간 지배력을 획득하기 위한 '장소의 정치'라고도 할 수 있을 것이다.

이와 같이 공간과 공간조직은 다양한 이해관계와 계급투쟁을 반영하여 만들어지기 때문에 공간의 생산과정은 곧 권력구조를 재배치하는 과정이다.[13] 공간이 정치적인 것은 바로 이러한 권력의 이해관계

12) Henri Lefebvre, *The Production of Space*, trans. Donald Nicholson-Smith, Oxford: Blackwell, 1991, p. 33; 최효찬, 「일상의 억압기제 연구: 자본주의 도시 공간에 대한 문화정치학적 접근」, 연세대학교 박사논문, 2006, 54쪽에서 재인용.

13) 이무용, 『공간의 문화정치학』, 논형, 2005, 41쪽.

때문이다. 공간의 정치화는 비정치적인 공간이론을 비판하는 데서 출발하며, 공간형태가 정치적으로 창출되고 정치적 기능을 수행한다는 인식에 근거한다. “공간은 정치적이다. 공간은 이데올로기나 정치와 무관한 과학적 대상이 아니다. 그것은 항상 정치적이며 전략적이었다. …… 우리가 보기에 공간은 동질하게 보이고, 순수한 형태로 완전히 객관적인 것처럼 보이지만, 그것은 사회적 산물이다. 공간의 생산은 특정 상품의 생산과 유사하다.”[14)]

「사나운 짐승들」은 사회주의시기 베이징 따위엔을 묘사함으로써 공간의 정치화를 통한 일상의 통제를 가늠할 수 있게 해준다. 이 소설에서 타인의 가정, 즉 베이징 따위엔 공간배치와 일상을 자유롭게 엿볼 수 있는 이유는 마싸오췬의 별난 취미 덕분이다.

> 그러나 나는 자물쇠를 열 뿐 도둑은 아니었음을 맹세한다. …… 그 때 사람들은 모두 가난했고 지금은 없어서는 안 되는 가전용품은 들어보지도 못했다.…… 내가 자주 가는 곳은 학교 앞 국가기관의 일반간부들이 사는 단지였다. 그들의 집에는 국가가 분배해 준 나무가구 외에는 그 흔한 소파조차 없었다. 그 중 기관장 정도의 직책으로 추측되는 가정이 가장 부유해 보였다. 유일하게 그 집에만 나무 케이스로 된 소련제 흑백TV가 있었다. 나는 정말 그 TV를 가지고 나갈까 하고 생각했지만 곧 “이건 범죄다”는 생각이 들어 그만 두었다. 나는 분명히 말할 수 있다. 당시에는 정치사상이 의심스러운 몇몇 간부를 제외하고 탐관오리가 드물었다. 건물은 5층의 회색 벽돌로 외관이 모두 똑같았다. 내부 역시 나무침대, 책상, 옷장, 책장 등의 배열에 별다른 차이가 없었다. …… 모두가 일을 나간 시간, 건물은 언제나 텅 비어 있었다. …… 나는 그들에게 잡히지 않을 자신이 있었다. 당시 사람들은

---

14) Henri Lefebvre, “Reflections on the politics of space”, in R. Peer(ed), *Radical Geography*, Chicago: Maaroufa Press, 1977, p. 341; 최효찬, 앞의 논문, 54쪽에서 재인용.

따위엔의 추억을 그린 드라마
〈따위엔의 자녀大院子女〉(2007)

근무시간에 잘 이탈하지도 않았을 뿐더러 물건을 잃어버리는 일도 없었기에 사람들이 별다른 주의도 기울이지 않았기 때문이다.[15]

공간을 통한 지배는 일상생활과 그 너머의 근원적이고 편재적인 사회적 권력의 원천이다. 베이징 군부대 따위엔의 일상생활은 군대화

15) 王朔, 「动物凶猛」, 252~253쪽. "我发誓我仅仅是开锁并不是做贼……那时候人们都没有钱, 那些现在被认为是必不可少的家用电器当时闻所未闻。我常去光顾的学校前的那片楼区大都居住着国家机关的一般干部, 家里多是公家发的木器家具, 连沙发都难得一见。我印象里最阔气的一家, 大概是个司长, 家里有一台老式的苏联产的黑白电视机, 那种木壳子的。我的确想了一下将其搬走, 随即便产生了一个念头: 这是犯罪啊! 我可以作证, 当时除了有一些政治品质可疑的干部, 贪官污吏凤毛麟角。那些楼房从外表看都是一模一样的, 五层, 灰砖砌就; 内部陈设也大同小异, 木床, 三屉桌和大衣柜, 书架……上班时间, 那些楼房常常整幢空无一人……我有把握不会被人擒住, 那时人们在上班时间从不溜号, 而且因为几乎不丢失什么东西, 也没引起人们的警惕。"

내지 반半군대화된 집단적 경향이 뚜렷했다. 일터와 사적 공간이 일체화된 따위엔이라는 공간은 인간관계를 친밀하게도 했지만 일상생활을 감시하는 체제였다고 할 수 있다. 사회주의 중국은 따위엔이라는 집단생활 공간의 배치를 통해서 일상생활을 관리하고 지배했다. "국가는 보다 광범위하게 체제의 존속을 위해 일상생활 영역을 관리하고 조직한다. 국가가 생활세계를 조직화하는 방법은 일상생활 영역에 대한 관리적 지배를 통해 그 도구적 합리성을 증대시키고, 생활영역을 '정치화'하는 것이다."[16] 사회주의시기는 이러한 생활영역의 정치화를 통해서 의식의 정치화, 즉 정신혁명을 이루고자 하였다.

> 어려서부터 베이징 군부대 따위엔에서 성장한 왕쑤오는 군인 간부의 자제로 당시의 '홍오류红五类'에 속한다. 특별히 계급출신을 중요시하던 시기였기에 말할 필요도 없이 그들에게는 찬란한 미래가 보장되어 있었다. 연령이 몇 살 적어서 열렬한 '홍위병红卫兵' 대열에 참여할 수는 없었지만 어쨌든 마오쩌둥의 '문혁' 노선 아래 배양된 '홍소병红小兵'이었다. 그렇기에 그들은 그 시대의 영웅주의로 충만하였고 장래에 혁명사업에서 큰 역할을 할 것을 갈망하였다.[17]

왕쑤오는 마오쩌둥시대 무산계급 혁명전통 교육을 전수받았고 마

16) 김왕배, 앞의 책, 100~101쪽.

17) 王一川 主编, 「想象的革命: 王朔与"王朔主义"」, 『京味文学第三代』, 北京: 北京大学出版社, 2006, 37쪽. "从小生长在北京城部队大院的王朔, 是部队干部子弟, 属于当时的'红五类'. 在那个特别看重阶级身份的岁月里, 不用说, 这样的子弟本是有着灿烂的前程的。由于年龄小几岁而没能赶上轰轰烈烈的'红卫兵'时代, 但毕竟也算是在毛主席'文革'路线熏陶下成长的'红小兵', 充满着那个时代的'英雄梦', 渴望将来在革命中大有作为。"
문혁시기의 홍위병은 대학생과 중학생으로 구성되어 문혁운동에 직접 참가한 조반조직 및 그 성원을 말한다. 반면 홍위병을 모방하여 편성된 홍소병은 초등학생으로 구성되어 직접 문혁운동에 참가하지는 않지만 같은 혁명이념에 영향을 받은 조반조직과 그 성원을 말한다. 양자의 구별 기준은 문혁에 직접 참가하는가 아니면 상상의 방식으로 참가하는가에 있다. 홍위병은 직접적으로 주자파를 타도하고, 패싸움, 상산하향 등의 운동을 주도했지만, 홍소병은 연령의 제한으로 당시 운동의 대열에 참가할 수 없었다.

오쩌둥 혁명사업의 계승자가 되는 것을 이상으로 삼았다. 그는 수년 후에도 그 시절의 혁명전통 교육과 당시 자신의 심리에 대해 뚜렷이 기억하고 있었다.

> 어려서부터 나를 흥분시킨 것은 모두 세계적으로 위대한 일이었지 나 자신과는 상관없는 일이었다. 우연히 짝사랑에 잠시 빠지거나 어느 여자아이를 좋아하거나 했지만 성사되지는 않았다. 상대방이 나에게 별 흥미가 없으니 그냥 그렇게 끝났다. 우리들은 더욱 위대한 일을 해야만 했다.[18]

왕쑤오는 자기 세대는 '더욱 위대한 일을 해야만 한다'는 것을 뚜렷하게 의식하고 있었다고 말한다. 오늘날의 청소년들로는 도저히 이해할 수 없는 혁명적 각성과 이상은 바로 그 시대의 혁명전통 교육 및 전반적인 사회분위기가 조성한 것이었다. 계속해서 왕쑤오는 "그 시대의 환경이 자신의 운명에 관심을 가지지 못하도록 하였고" "마오쩌둥 식의 교육은 사람에게 정신적 승화를 강조하고, 개인의 고난에 대해서 홀시"하도록 하였다고 언급한다.[19]

> 당시 나는 체면을 구기지 않을 정도로만 학교에 나갔다. …… 내 미래는 이미 결정되어 있었기 때문이다. 중학을 졸업하자마자 군에 입대해 앞가슴에 주머니가 네 개 달린 제복을 입은 군간부가 되는 것이 나의 유일한 꿈이었다. …… 나는 침대에서 누워 이제는 하도 많이 뒤적여 너덜너덜해진 『청춘의 노래青春之歌』라는

18) 王朔, 「我是王朔」, 『王朔最新作品集』, 桂林: 漓江出版社, 2000, 127쪽. "从小让我激动的事都是世界上的大事, 没有什么自己的事。偶尔一会儿单相思, 喜欢上哪个女孩, 老没戏, 人家老不看你, 也就算了. 我们还有更伟大的事要做。"

19) 위의 글, 126쪽. "那个时代环境迫使你不能关注自己的命运。毛泽东式的教育使人产生一种精神升华, 很少关注个人的困境。"

소설 『청춘의 노래』, 『강철은 어떻게 단련되는가』, 『등에』

책을 펼쳤다. 그 책은 당시 우리들 사이에서 은밀히 필독도서로 정해진 책으로 한 자산계급 집안의 소녀가 혁명전사로 성장하는 이야기였다. 사람들은 그 소설이 진실하고 필연적이라고 여겨 그 소설에 열광했다. 비슷한 책으로 『강철은 어떻게 단련되는가钢铁是怎样练成的』와 『등에牛虻』 등이 있었다. 소설 속 혁명전사의 두려움 없는 용기에 나는 매우 감동했다. …… 내가 처음으로 갖게 된 혁명에 대한 낭만과 위험, 고난의 생애에 관한 동경은 이 소설들에서 나온 것이 분명했다.[20]

「사나운 짐승들」에서 왕쑤오는 몇 차례나 청소년 마샤오쥔의 상상을 묘사한다.

유일한 상상은 바로 중소전쟁이 발발하는 것이었다. 나는 세계대전에 참가하

---

20) 王朔, 「动物凶猛」, 1996, 251, 261쪽. "那时我只是为了不过分丢脸才上上课。我一点不担心自己的前程, 这前程已经决定: 中学毕业后我将入伍, 在军队中当一名四个兜的排级军官, 这就是我的全部梦想 …… 我躺在床上看一本已经人翻得很破的『青春之歌』。这本书在当时被私下认为适合年轻人阅读, 书中讲述的一个资产阶级少女成为革命者的故事, 在人们的疯狂尚未达到歇斯底里的程度之前, 曾被认为是一种真实和必然。类似的书还有『钢铁是怎样练成的』, 『牛虻』……但我最初的革命浪漫主义和对危险, 动荡生涯的向往, 确是因他们而激发。

> 게 되기를 간절히 희망했다. 나는 인민해방군의 무쇠주먹이 미소 양국의 전쟁기계를 박살낼 것을 믿어 의심치 않았다. 이렇게 나는 전 세계가 주목하는 전쟁영웅이 되기를 꿈꾸었다. 나는 세계인민의 해방을 위해 피할 수 없는 책임감을 가지기 시작했다.[21)]

중학생인 마샤오쥔은 자신을 전쟁의 주인공, 전쟁에서 큰 공을 세우는 영웅으로 상상한다. 왕이추안王一川은 왕쑤오를 두고, 홍위병 출신의 작가들이 가지는 문혁에 대한 조소나 회의가 혼종된 복잡한 감정과는 달리 문혁의 정치운동에 직접적으로 참가하지는 않았기에 혁명의 방관자로서 문혁을 상상하거나 모방하는 상상의 혁명자였다고 설명한다. 나아가 그는 왕쑤오는 홍위병과 조반파와 달리 '무두武斗'의 투쟁에 휩쓸리지 않았고 그 후 상산하향 지식청년의 힘든 생활도 겪지 않았기에 일종의 상대적인 안정감을 가지고 혁명 그 자체에 대한 낭만적 공상, 상상, 더욱 장구한 혁명적 투지를 가질 수 있었다고 지적했다.[22)] 하지만 이러한 베이징의 혁명 영웅주의도 일상의 세속적 감정에 굴복한다.

> 위대한 마오쩌둥 주석과 그의 친밀한 전우들의 사진을 제외하고, 그것은 내 생전 처음으로 보는 실제와 같은 컬러사진이었다. …… 그날 저녁, 나는 이미 외부세계와의 정상적인 반응을 상실한 채 시선이 닿는 곳마다 그녀의 모습을 떠올렸고, 모든 상상력은 그녀의 모습이 주는 여러 가지 암시에 총동원되었다.[23)]

---

21) 위의 글, 251쪽. "唯一可称得上是幻想的, 便是中苏开战。我热切地盼望卷入一场世界大战, 我毫不怀疑人民解放军的铁拳会把苏美两国的战争机器砸得粉碎, 而我将会出落为一名举世瞩目的战争英雄。"

22) 王一川, 「想象的革命」, 『京味文学第三代』, 北京: 北京大学出版社, 2006, 36~41쪽.

23) 王朔, 「动物凶猛」, 255쪽. "除了伟大领袖毛主席和他最亲密的战友们, 那是我有生以来第一次见到的具有逼真效果的彩色照片。…… 那个黄昏, 我已然丧失了对外部世界的正常反

왕쑤오는 사회주의 혁명 교육이 형성한 자기 세대의 정신사를 보여주는 한편 이를 위반하는 일상의 모습도 보여줌으로써 혁명담론에 저항하고 이를 해체한다.

영화 〈햇빛 쏟아지던 날들〉에서도 이러한 양면성을 발견할 수 있다. 따위엔의 노천극장에서 〈1918년의 레닌〉과 발레극 〈홍색낭자군〉이라는 혁명영화가 상영될 때 내부의 극장에서는 공산당 간부들이 틴토라스 감독의 〈칼리큘라〉를 감상하고 있다. 관람 도중 미성년자인 청소년들이 보고 있다는 것을 알고서 관리자는 이 영화는 내부 비판용 영화[24]이며 독성이 강하기에 아이들은 봐서는 안 된다는 것을 재삼 강조한다. 당시 권력층이 인민에게는 공산주의 이념을 재교육하기 위해 혁명영화를 관람하게 하면서 자신들은 '독성이 강한' 영화를 감상하고 있다는 것을 보여줌으로써 당시의 공산당 간부를 풍자하는 것이다. 따위엔이라는 정치적 공간을 통해서 생활영역을 정치화하고자 하였지만 사실상 따위엔의 분열상을 묘사하여 공간과 일상의 정치담론의 해체를 증명한다.

소설 「사나운 짐승들」은 혼란스럽지만 자유롭고, 폭력적이지만 낭만적인 과거를 형성해내면서 '문혁'에 대한 또 다른 글쓰기를 감행한다. 왕쑤오는 전반부에서 훌륭히 형상화한 과거의 아름다움을 후반부에서 파괴하고 만다. 작품의 후반부에는 폭력과 저질스러움만 남아 있다. 과거의 진실을 회복해내려고 시도하지만 그 시도는 허망하게 좌절된다. 이 좌절은 문학을 부정하고 지식인을 부정하고 자기 자신

应, 视野有多大, 她的形象便有多大; 想象力有多丰富, 她的神情就有多少种暗示。"

24) 문혁시기에는 공산당 간부들이 서구의 문예사조를 비판하기 위해, 서구 모더니즘 문예이론과 작품을 내부 비판용으로 번역 출판하였다. 인민에게는 서구문화와 자본주의의 위험성을 강조하면서 금지시켰지만 간부들은 접근이 가능하였다. 따위엔에서 성장한 공산당 간부 자제 역시 당시에 번역된 서구문화를 접할 수 있었다.

을 부정·조롱하면서 혁명전통과 혁명담론에 대한 저항과 해체를 시도하는 왕쑤오의 문학세계를 보여준다.

4. 개인의 기억으로 쓴 문혁

1990년대 이후 베이징에 대건설붐이 일어나게 되면서 베이징 문화의 상징이었던 후통胡同, 스허위엔四合园, 따자위엔大杂院 등은 사라졌고 그 건축공간이 지녔던 문화적 기억 또한 사라져갔다. 현실의 이러한 변화로 인해 베이징에 대한 노스탤지어 글쓰기가 성행하게 되었다. 1990년대 이후 도시 베이징의 문화적 기억을 찾는 글쓰기 행위는 여러 가지 형태로 출현하였다. '황성皇城'으로서의 베이징을 그린 작품으로는 몰락한 청 황족에 대한 이야기인 예광친叶广芩의 『차이상즈采桑子』를 들 수 있으며, 라오베이징 문화의 후통 정신을 그린 대표작으로는 티에닝铁凝의 『영원은 얼마나 먼가永远有多远』를 들 수 있다. 이들 작품은 일인칭 서술형식을 취함으로써 도시의 기억과 개인의 기억을 융합하는데, 이로 인해 베이징은 고향의 의미를 지니게 되었다.

이 장의 텍스트인 소설 「사나운 짐승들」과 이를 영화로 만든 〈햇빛 쏟아지던 날들〉 역시 개인의 기억과 도시의 공간 정치적 의미의 중첩 현상을 보여준다. 개인/도시라는 이중의 회고적 시각으로 말미암아 베이징은 1980년대의 '경미京味'소설에서와 유사하게 전원화된 고향이라는 성격을 구성하게 되었다. 그러나 「사나운 짐승들」의 소박하고 안정되고 자연스러운 느낌은 '경미'소설처럼 전통문화에서 나온 것이 아니라 공유된 정치기억과 역사경험에서 기인한 것이었다.

이 소설과 영화에서 특권집단의 청춘의 기억은 문혁에 대한 고정된

지앙원 감독

지앙원은 〈햇빛 쏟아지던 날들〉에 자신의 기억을 담았다.
자신의 어린 시절과 청춘기를 닮은 배우와 함께.

상상을 깨뜨리는 것에서 출발한다. 이 소설과 영화는 눈물과 상처의 기억으로 가득 찬 기존의 정치적인 거대역사 기억이 아닌 문혁의 또 다른 기억을 표현해냈다. 그리고 1990년대 베이징의 모습도 보여주었다. 그 베이징은 당시 영화들이 상투적으로 형상화했던 정지된 시간의 낙후된 농촌이 더 이상 아니었다. 영화는 감독 지앙원의 독백으로 시작한다.

> 베이징은 정말 빨리 변한다. 20여 년의 시간으로 이미 현대도시로 변해버렸다. 나는 그 속에서 어떠한 기억도 찾아낼 수가 없다.

〈햇빛 쏟아지던 날들〉은 빠르게 변화하여 이전의 흔적을 찾을 수 없는 사회주의 시기 베이징의 도시공간을 재현한다. 영화 〈햇빛 쏟아지던 날들〉은 '문혁'에 대한 주류담론과 모든 사람이 상식처럼 가지고 있던 의식, 즉 '문혁은 역사의 재난이다'는 생각을 전복한다. 이 영화에 동감하는 마샤오쥔과 왕쑤오와 같은 세대들은 권위적 담론에 의해 줄곧 억눌려 있던 그들 청춘시절의 기억을 되찾을 수 있었다. 〈햇빛 쏟아지던 날들〉은 그들로 하여금 표류하던 기억들을 드러내고 표현하도록 문을 연 셈이다. 영화 〈햇빛 쏟아지던 날들〉의 의의는 정부 중심의 역사서술에서 탈피하여 개인적 역사서술을 시도했다는 데 있다. 개인 '기억'의 중요성은 기억 그 자체가 어떤 내재적 가치를 지니냐에 있는 것이 아니라, 이러한 기억이 국가사회로부터 상대적으로 독립성을 유지한다는 점에 있다. 참혹한 역사의 공간인 '문혁'은 베이징 거리의 소년들에 의해 '햇빛 찬란한 날들'로 재평가된다.

소설과 달리 영화에서는 소년의 시선과 어른의 시선이 서로 교차되면서 전개된다. 이야기의 기본적인 줄거리는 소년의 시선을 따라 마샤오쥔의 성장을 그린다. 한편 영화에는 서사를 주도하는 또 하나의 시선 즉 어른이 된 마싸오쥔의 시선이 있다. 이 두 개의 시선은 영화 속에서 일치하기도 하고 충돌하기도 한다. 두 시각이 합치되는 때는 어른의 시선이 소년의 시선에 동의할 때이거나 어른의 시선에 대한 소년 시선의 대항이 효과가 있을 때이다. 영화는 시선의 이러한 부단한 충돌과 조화를 통해서 문혁에 대한 복잡한 서술을 진행한다.

정치권력은 문혁을 민족의 재난이라 평가했는데, 이것은 문혁에 대한 반성과 비판을 그 내용으로 한다. 영화에서는 어른의 시선이 이런 관점을 담당한다. 동시에 영화는 소년 마샤오쥔의 시선을 통해서 감성적이고 낭만적이고 자유로운 문혁을 보여준다. 작가는 소년의 시선과 어른의 시선을 교차함으로써 문혁에 대한 작가의 양가적 평가와 감성적 이해를 전달한다. 감성적 미화와 이성적 비판은 모순되지만 서로 융합되어 있다.

영화 주제적 측면에서 볼 때 문혁 시기는 '햇빛 쏟아지던 날들'에 해당한다. 그러나 어른의 시선이 소년의 시선에 개입함으로써 영화에는 어른의 우울한 세계가 주로 반영된다. 소년 마샤오쥔의 자유로운 상황과는 반대로 어른의 문혁 시기는 침울하다. 마샤오쥔 외할아버지의 신분 때문에 마샤오쥔 부모의 결혼은 조직으로부터 인정받지 못한다. 이 때문에 군인인 아버지는 승진의 기회도 박탈당하게 되고 엄마는 교사직을 그만두게 된다. 그리고 외할아버지는 정치적인 압력을 견디지 못하고 결국 자살하고 만다. 영화는 생활에 대한 마샤오쥔 엄마의 저주와 욕설로 문혁에 대한 어른의 태도를 표현하는데, 문혁은 많은 가정에 재난과 불행을 초래했고 그들 운명에 전환과 비극을 조성했다는 것이다.

영화의 후반부에서 어른이 된 마샤오쥔은 자신의 이야기가 사실이 아니라고 말한다. 어떤 부분은 자신이 희망하는 상상인데, 사실 이것은 어른의 시선에 대한 소년 시선의 저항이라고 할 수 있다. 반면 어른 시선으로 소년의 영웅주의를 폭로하고 해체하기도 하는데 이러한 해체는 '문혁'에 대한 작가의 다양하고 복잡한 평가를 드러낸다.

감독 지앙원은 어느 인터뷰에서 말했다.

> 그때의 하늘은 지금보다도 푸르렀고, 지금보다도 더 하얀 구름, 지금보다도 더 뜨거웠던 햇빛이 있었다. 그 시절은 비가 내리지 않았고 우기도 없었다. 그때의 모든 것은 그렇게 아름답고 그립게 느껴진다. 나는 이런 느낌에 따라 이 영화를 찍었다.

그래서 〈햇빛 쏟아지던 날들〉의 화면은 아주 밝고 투명하다. 영화는 문혁 시기를 '햇빛 찬란한 날들'로 서술하였는데, 이것은 문혁을 재난으로 간단하게 청산하려던 주류담론과는 맞지 않는 것이었다. 그래서 영화를 만드는 과정에서 정부의 탄압을 겪기도 하였다. 주류담론에서는 문혁을 '머나먼 과거'로 집단기억의 깊은 곳으로 철저하게 은폐하려 하였으나, 「사나운 짐승들」과 〈햇빛 쏟아지던 날들〉이 보여준 개인의 기억은 주류 이데올로기와 거리를 두는 비판의 태도를 가짐으로써 새로운 문혁쓰기를 가능하게 했다.

참고문헌

김왕배, 『도시, 공간, 생활세계: 계급과 국가 권력의 텍스트 해석』, 한울, 2000.
손소라, 「햇빛 찬란한 날들」, 고려대학교 석사논문, 2002.
이무용, 『공간의 문화정치학』, 논형, 2005.
이진경, 『노마디즘』, 휴머니스트 2002.
조관희, 『세계의 수도 베이징』, 창비, 2008.
최문영, 「王朔의 「动物匈猛」 일고찰」, 『중국학논총』 22, 2007.
최재용, 「王朔소설연구」, 서울대학교 석사논문, 2005.
최효찬, 「일상의 억압기제 연구: 자본주의 도시 공간에 대한 문화정치학적 접근」, 연세대학교 박사논문, 2006.
주 융, 김양수 역, 『베이징을 걷다』, 미래인, 2008.
데이비드 하비, 구동회·박영민 역, 『포스트모더니티의 조건』, 한울, 2009.
王 朔, 「动物凶猛」, 『王朔文集』, 北京: 华艺出版社, 1996.
王 朔, 『王朔最新作品集』, 桂林: 漓江出版社, 2000.
王一川, 『京味文学第三代』, 北京: 北京大学出版社, 2006.
王 军, 『城记』, 北京: 生活·读书·新知 三联书店, 2003.
陈平原·王德威 编, 『北京: 都市想象与文化记忆』, 北京: 北京大学出版社, 2005.
赵 园, 『北京: 城与人』, 北京: 北京大學出版社, 2002.
赵慧娟, 『文革记忆与成长书写』, 山东大学硕士学位论文, 2007.
李建周, 『身份焦虑与文本误读: 兼及王朔小说与“先锋小说”的差异性』, 『当代文坛』, 2009年 第1期.
程永新·桂琳, 「谈王朔」, 『文艺争鸣』, 2007年 第12期.
郭勉愈, 「大院与北京文化」, 北京师范大学学报(社会科学版), 2005年 第4期.
刘心武, 「“军队大院”的孩子们」, 『读书』, 1995年 第8期.
陈晓明, 「王朔现象与当代民间社会」, 『文艺争鸣』, 1993年 第1期.

3장

기억을 통한 후통의 생산

1. 후통의 현실

베이징 특유의 건축공간인 후통胡同은 중국 북방지역 전통 건축인 스허위엔四合院과 핑팡平房들을 잇는 넓고 좁은 골목을 가리킨다.[1] 후통은 스허위엔과 핑팡의 화재 예방과 통풍을 위한 시설인 동시에 이 건축물들을 외부와 연결하는 통로였다. 후통과 스허위엔은 동전의 양면처럼 서로의 존재를 전제로 하는 하나의 유기체였다. 후통과 스허위엔은 라오베이징의 기본 구조·기본 세포였기에 라오베이징 문화를 후통문화 혹은 스허위엔문화라 한다. 일반적으로 후통문화라 할 땐

1) 과거 베이징에는 수천, 수만 개의 크고 작은 스허위엔이 서로 긴밀하게 이어져 있고, 마주보거나 또는 일렬로 질서 있게 조성되어 있었다. 스허위엔에 출입의 편의를 위해 반드시 통로가 필요했는데 이 통로를 후통이라 하였다. 刘宁波·常人春, 『古都北京的民俗与旅游』, 北京: 旅游教育出版社, 1996, 6쪽. “北京过去由千百万大大小小的四合院背靠背, 面对面, 平排并列有序地组成, 为了出入方便, 每排院落间必要留出通道, 这就是胡同。”

스허위엔과 후통을 통칭한다.

후통과 스허위엔은 원대元代[2]에서부터 명대를 거쳐 청대에 이르기까지 꾸준히 증가하다가 문화대혁명시기에 위기를 맞았다. 그러나 후통문화 쇠퇴의 결정적 원인은 걷잡을 수 없는 도시 현대화였다. 개혁개방 이후 도시 현대화가 가속화되었고, 좁은 후통과 폐쇄적인 양식의 스허위엔은 철퇴를 맞기 시작했다. 특히 1990년대 이후, 부동산업의 발달과 밀어붙이기식의 개발로 후통과 스허위엔이 철거되었고 현대식 빌딩이 그곳을 대신하게 되었다.[3]

많은 지식인과 학자들이 정부의 밀어붙이기식 철거와 재개발작업으로 고도 베이징 후통의 경관과 인문적 자원이 상실되어 간다고 비판했다. 2002년 10월 2일에는 셰천셩谢辰生, 뤄쩌원罗哲文, 우량용吴良镛 등 25명의 전문가, 학자 들이 「긴급 호소: 베이징 문화명승 보호(관련) 긴급보고紧急呼吁: 北京历史文化名城保护告急」를 정부에 제출했다. 2003년 말 베이징 개조계획이 잠시 중단되었을 때, 베이징 도시계획위원회는 「후통보호 계획연구胡同保护规划研究」라는 프로젝트를 제출하고 조직을 결성하여 후통과 스허위엔 보호라는 입장에서 연구를 진행했다. 그러나 올림픽 개막을 앞둔 2006~2007년, 정부는 거주민의 생활환경을 개선한다는 명분을 내세워 구청旧城 4개 지역의 후통 정리작업을 실시했다.[4]

---

2) 후통이란 단어는 元대 熊梦祥의 『析津志』에 衖通으로 처음 등장하는데, 지금과 발음은 같지만 모양은 달랐다. 衖通은 몽고어의 음역으로 '우물'이란 뜻이다. 刘保全 主编, 『北京胡同』, 北京: 中国旅游出版社, 2008, 12~14쪽.

3) 베이징 라오청老城구역의 후통 수는 1949년 3,250개, 1990년 2,257개, 2003년에 1,571개, 2007년 1,243개로 줄어들었다. 2003년 이후 매년 80개의 후통이 사라졌다. 남아 있는 스허위엔마저도 따자위엔大杂院으로 변모하면서, 수리나 보호는커녕 과도한 거주자와 경비의 부족으로 인해 더욱 훼손되고 퇴락해갔다. 贾海樾, 「北京旧城胡同保护规划工作任重而道远」, 『北京规划建设』, 北京: 北京城市规划设计研究院, 2009.6, 87쪽.

4) 시청西城구역의 칭펑庆丰후통, 시스西四 1가一条에서 8가八条, 동청东城구역의 동스东四 1가头条에서 9가九条, 난뤄구샹南锣鼓巷 등이 이에 포함된다. 위의 논문, 88쪽 참조.

동스제의 거리 표시

동스졔 후통

동스졔 주민들

이처럼, 후통은 베이징의 경미문화를 대표하면서 급격한 부침을 거듭했음에도 중국 내에서 후통과 스허위엔의 변화에 대한 연구는 활발한 편이 아니다. 최근 들어 후통과 스허위엔에 관한 저서가 많이 출간되었지만, 대부분은 감상적·회고적 성격의 대중서나 이국성을 강조하는 관광안내서의 성격을 벗어나지 못하고 있다. 후통 관광에 대한 연구 역시 정양郑杨의 「역사구역을 새로운 시장기제로 논함: 베이징 후통여행 실증연구论历史地段有序更新的市场机制: 北京胡同旅游实证研究」[5]를 비롯해 4, 5편 정도로 아주 빈약한 편이다.[6]

---

5) 郑杨, 「论历史地段有序更新的市场机制: 北京胡同旅游实证研究」, 『北京规划建设』, 北京: 北京城市规划设计研究院, 1998.2.

6) 이밖에, 자본주의 경제학 이론을 원용하여 후통 관광을 분석한 黃雋의 「"胡同游"成长分析」, 『旅游学刊』, 2005年 第1期; 한국인 崔京昊의 『北京胡同的社会文化变迁与旅游开发』, 北京, 民族出版社, 2005; 曹吉星, 「北京胡同旅游调查研究: 以什刹海地区胡同游为例」, 北

이 장에서는 베이징 후통의 변화 양상과 후통 변화를 유도하는 주체들의 관계 양상을 살펴보고, 후통이라는 특정 지역의 로컬리티locality 형성 요인과 성격을 이해하고자 한다. 후통이라는 특정 지역의 역동성과 고정성이 교호하는 양상을 이해하는 데 로컬리티는 유용한 시각을 제공할 것이다. 로컬리티는 제도나 문화생산물·고형물 등에 작용하는 여러 힘들의 위계를 끊임없이 변화시키려는 역동성과, 위계적 관계·역사적 장소성을 유지하려는 고정성이 갈등·경쟁하고 나름의 조화를 기획하는 일종의 장이기 때문이다. 장소정체성은 지역의 성격을 고정하는 경향이 있고 근원과 절대적 인자에 대한 탐색을 요구하지만, 로컬리티는 각 분야의 제도나 신기한 관습·문화생산물을 통해 획득되거나 증명되는 고형물·고정체가 아니다.

장소정체성의 공간적 재현은 항상 기원 및 원본과 가까워져야 한다는 요구에 직면하는데, 이는 누구의 기억이 재현되어야 하는가라는 문제를 둘러싸고 사회적 투쟁이 벌어지기 마련임을 뜻한다.[7] 더구나 중국 정부와 토지개발업체, 후통 관광업체가 추진하는 도시 현대화와 전통문화 전시라는 정책은 공존과 모순의 이중적 관계에 있다고 할 수 있다. 이 이중적 전략관계가 충돌하고 배합되는 양상과 과정 그리고 지역 내부인을 포함한 각종 주체들의 다양한 대응은 후통의 로컬리티를 형성하는 데 결정적으로 작용한다. 따라서 후통을 로컬리티의 관점에서 바라보는 작업은 적지 않은 시사점을 던져줄 것이다.

후통에 대한 다양한 시선과 기억들을 생산하고 관리하는 주체들의

京: 中央民族大学硕士学位论文, 2009 등이 있다.

7) 정호기, 「기억의 정치와 공간적 재현: 한국에서의 민주화 운동을 중심으로」, 전남대학교 박사논문, 2002, 6쪽 참조.

관계 양상과 지배력 구현 양상을 살펴봄으로써 후통(담론)의 중층적 성격과 로컬리티 형성 요인의 복합성을 규명하고 타자화와 탈중심화 성격을 탐색해보자.

2. 후통관광과 국가기억

본격적인 도시 건설 붐이 일어나기 전인 1990년대 초반, 후통과 스허위엔은 베이징 총면적의 3분의 1을 차지하고 있었고 베이징 인구 중 절반 정도가 후통의 스허위엔과 핑팡에 거주하고 있었다.[8] 도시 현대화 계획에 따라 이미 철거가 상당히 진행되고 있었지만, 후통과 스허위엔은 대다수 베이징인들에게 있어 여전히 일상생활 공간, 보편적인 거주지였던 것이다. 이러한 후통과 스허위엔을 관광 상품화하는 "후통관광胡同游"을 기획한 사람은 사진작가 쉬융徐勇이었다.[9] 그는 외국인 관광객들이 중국의 전통문화와 서민들의 생활에 관심을 갖고 있음을 알게 되었다. "후통을 관광하면서 베이징 생활을 경험하자"는 구호를 내건 "후통관광"은 외국인 관광객에게 큰 인기를 얻었다.

"후통관광"은 외국인 관광객의 국제관광 목록에 후통이 등재됨으로써 일상생활 공간인 후통과 스허위엔에 새로운 성격이 추가됨을 의미했다. 외국인 관광객의 입장에서 볼 때, 자신이 사는 사회에는 없고 중국에 존재한다고 믿어지는 의미와 진정성을 추구하기 위한 이국취

8) 崔京昊, 앞의 책, 119쪽.

9) 사진작가 쉬융徐勇은 후통 사진집 『胡同101像』을 출판한 후, 외국인 관광객의 큰 호응과 기대에 힘입어 1993년 "후통관광胡同遊"이라는 여행사를 창업하게 된다. 베이징 동청东城의 스차하이什刹海, 허우하이后海, 구러우鼓楼 등을 후통관광 대상구역으로 삼았다.

후통호텔

후통관광

멀리 보이는 종러우와 고러우

향의 의사순례 노선에 후통이 포함된 것이다. 원시적이고 훼손되지 않은 진정성을 추구하는 국제관광객은 중국 정부나 관광업체가 제공하는 전면무대front-stage가 아닌 현지인들의 실제 삶이 진행되는 고유한 후면무대back-stage를 추구한다.[10] 중국 정부나 중국 관광업체가 유인요소로 적극 제시하는 전면무대의 관광매력물[11] 그리고 유인요소에서 제외되어 은폐된 후면무대 사이의 간격이 클수록, 진정성을 추구하는 외국인 관광객은 후자를 진정한 고유성의 공간으로 인식하면서 이국성을 강하게 느낀다.[12]

---

10) G. J. 애쉬워드·A. G. J. 디트보스트, 박석희 역, 『관광과 공간변형』, 일신사, 2000, 117~120쪽 참조.

11) 톈안먼, 자금성, 이화원, 만리장성 등과 같이 대중관광객을 적극적으로 유인하는 관광매력물들을 가리킨다.

스차하이

중국 정부가 후통관광을 통해 얻고자 하는 것은 기본적으로 두 가지이다. 관광을 통한 지역 경제 발전, 그리고 중화정체성과 중화주의의 확인이 그것이다.[13]

그러나 후면무대인 후통은 이러한 목적 성취에 장애물로 간주되었다. "가장 중국적인 것이 가장 세계적인 것이다"는 구호를 내걸었지만, "가장 세계적인 것"은 현대화의 다른 이름이었고 현대화에 최적으로 봉사하는 중국적인 것이 "가장 중국적인 것"으로 선택되었다. 이때, 후통은 중국 정부가 관리하는 "가장 중국적인 것"에 포함되지 않는 후면무대, 도시를 현대화하기 위해 철거하거나 개발해야 할 타자였다. 중국 정부가 전시하고자 하는 "가장 중국적인 것"과 외국인 관광객이 기대하는 중국의 진정성은 동일한 것이 아닌 셈이었다.

이러한 충돌 양상에 대해 중국 정부가 취하는 태도는 이중적이다. 도시 현대화를 급격히 추진하고 있는 중국 정부는통을 낙후와 퇴락의 공간으로 간주하여 철거와 재개발을 실시하는 한편, 후통을 가장 중

12) 후통을 방문하는 외국인 관광객의 대다수는 미국인과 유럽인이다. 그들은 대체로 후통 관광을 적극적이고 긍정적으로 평가한다. 崔京昊, 앞의 책, 121쪽 참조.

13) 한민, 「중국관광의 최전선: 창출되는 지역문화」, 야마시타 신지 엮음, 황달기 역, 『관광인류학의 이해』, 일신사, 2001, 243쪽.

인딩챠오(스치하이에 있는 다리)

난뤄궈샹 지도

난뤄궈샹

국적인 것과 뿌리 깊고 내밀한 역사를 증명하는 후공간으로 인식하는 외국인 관광객의 시선을 차용하여 관광상품화하기도 한다. 외국인 관광객의 호기심을 자극하는 후통은 지배와 종속의 관광경제 구조[14] 내에서 중국의 위치 즉 저개발과 타자라는 위치를 확인하는 공간인 동시에, 외국인 관광객의 문화적 호기심을 충족시키는 무대화된 진정성staged authenticity[15]의 공간, 국민국가 중국을 형성하는 장소신화적

14) Dann Graham M. S. and Erik Cohen, "Sociology and Tourism", Annals of Tourism Research 18(1), 1991, p. 162 참조.

15) 딘 맥커넬, 오상훈 역, 『관광객: 신유한계급론』, 일신사, 1994, 120~133쪽 참조.

공간으로 기능한다.

후통의 재개발 현황은 후통을 대하는 중국 정부의 모순과 갈등을 여실히 보여준다. 관광지 후통은 외국인 관광객이 기대하는 모습과 중국 정부가 전시하고자 하는 모습을 교합한 공간이다. 중국 정부가 생산하는 관광지 후통은 외국인 관광객에게 위협이나 불안으로 간주되지 않을 정도의 차이를 보유한 공간 즉 안전과 예측가능성을 보장하는 현대화된 공간인 동시에 외국인 관광객의 문화적 호기심을 충족시킬 정도의 차이를 보유한 공간이다. 후통의 성격 중 관광지라는 공공장소에 적합하지 않은 성격은 제거하는 한편 긍정적 이미지를 제공하는 성격은 정교하게 가시화하는 이런 보여주기 전략은 외국인 관광객의 기대지평을 충족시키고 중국 정부의 모순·갈등을 해소하기 위해 채택한 타협책인 셈이다.[16)]

중국 정부의 타협책은 후통에 대한 기억투쟁을 야기한다. 재개발된 후통은 과거 그대로의 후통이 아니라 새롭게 개조된 후통이다.[17)] 후통 개조에 있어 가장 지배적인 기억은 국가의 기억이다.[18)] 후통을 '지금 여기'의 생활공간으로 기억하는 주체인 후통지역과 거주민들은 중국 정부와 관광업체, 토지개발업체에 의해 와해되었다. 지역기억의 해체와 국가기억의 지배는 두 방향으로 진행되었는데, 하나는 서민의

---

16) 그 예로 스차하이什刹海와 최근 개발된 따스란大柵欄을 들 수 있다. 이때 후통이라는 차이의 공간은 점점 깨끗해지고 통제된 '고립된 모험insulated adventure'의 공간이 된다. 외국인 대중관광객들이 후통을 집단적으로 방문하여 경험하는 것은 패키지의 형태로 출시된 '안전한 충격'이다.

17) 曹吉星, 앞의 논문, 49쪽.

18) 이 글에서는 국가기억, 지역기억, 개인기억이 엄격히 분할된 채 각각의 내용이나 범위만을 배타적으로 독점한다고 보지 않는다. 이질적이고 비균등적인 수많은 개인기억 중 상황과 조건에 따라 특정한 개인기억이 지역기억이나 국가기억으로 간취되며, 마찬가지로 다층적으로 복합적인 지역기억 중 특정 기억이 이데올로기적 효과 등을 위해 국가기억으로 간취된다.

생활공간이라는 기억을 귀족의 대저택 경험으로 대체하는 것이다.[19] 수많은 후통을 품고 있는 스차하이는 베이징 서민의 휴식공간이기도 했음에도 불구하고, 인력거는 귀족과 과거 고위관료의 대저택을 기준으로 운행된다. 외국인 관광객들은 관광안내책자에 흔히 등장하는 인력거에 탑승하는 경험을 대저택 관광과 연결지을 수밖에 없다. '전국중요문물 보호건축물全國重点文物保护單位'로 지정된 송칭링宋庆龄고가 등의 대저택은 국가기억의 표상이다. 이런 재현체를 통해 스차하이는 중국의 수많은 관리들이 거주했던 귀족문화 분위기의 공간이라는 기억을 각인한다.[20] 스차하이와 가까운 거리에 있는 난뤄구상南锣鼓巷이 제공하는 기억 또한 이와 유사하다. 이곳은 원元나라때부터 전국의 물자를 베이징으로 수송했던 운하의 종착지 항구로, 하역꾼들이 살던 수많은 핑팡平房과 따자위엔의 후통을 거느리고 있었다. 그러나 현재 관광지 난뤄구샹의 후통들은 그 폭이 비교적 넓으며 양옆으론 거대한 규모의 대저택이 즐비해 있다. 외국인 관광객이 기대한 중국 서민의 일상생활이 중국 상류층의 생활공간으로 대체되면서, 중국 정부가 기대하는 뿌리 깊고 찬란한 전통문화의 과시가 실현된다. 지역이 지녔던 다양한 성격 중 중국 정부의 기대에 부합하는 요소를 선택적으로 전시함으로써, 지역기억 중 국가기억에 상충되는 것은 삭제된다.

지역기억을 해체하고 국가기억을 정당화하는 두 번째 방법은 후통에 살던 거주민을 도시 외곽으로 분산 이주시킨 후, 그 빈 공간을 국가기억의 재현체로 재편하는 것이다. 이때 재현되는 국가기억은 현대화

---

19) 드브레에 의하면, 재현한다는 것은 부재 중인 것을 눈앞에 갖다 놓는다는 것이다. 따라서 그렇게 하는 것은 단지 머리에 떠오르게 하는 것만이 아니라 대체시키는 것이다. R. Debray, 정진국 역, 『이미지의 삶과 죽음』, 시각과언어, 1994, 40쪽.

20) 이러한 기억은 외국인 관광객뿐만 아니라 중국 국내 관광객에게도 유효하다. 曹吉星, 앞의 논문, 24쪽.

송칭링 고가

따스란의 문화거리

된 도시 이미지이다. 외국인 관광객이 많이 방문하는 대표 관광지 부근의 후통이 주로 이에 해당하는데, 그 예를 따스란大柵欄에서 찾을 수 있다. 2008년 올림픽을 앞두고 따스란에서는 전면적인 개발이 진행되었다. 기존의 후통은 철거되고 직선의 광대한 도로와 회색 벽돌과 홍등의 국내외 유명 브랜드 상점들이 들어섰다. 중국 전통 건축양식의 몇몇 상징들을 모방함으로써 외국인 관광객의 이국취향을 충족시키는 동시에, 외국인에게 익숙한 상품을 진열함으로써 낙후된 야만의 이미지를 벗고 중국의 현대화 정도를 과시한다.

후통을 귀족문화 공간으로 간주·공표하고 현대적인 공간으로 재구해내는 국가기억이 관광지 후통을 압도하고 있다. 최근 들어 이 두 방법은 선별적으로 이루어지는 것이 아니라 중심적 지위의 구현이라는 측면에서 동시적으로 채택되는 경향, 즉 현재와 과거의 동시간성[21] 경향을 보인다. 과거의 귀족문화는 중국의 낙후된 이미지가 아니라 직선과 소비의 현대적 공간과 긴밀하게 결합한다. 크고 깨끗한 스허위엔이 줄지어선 난뤄구샹의 후통들에서도 볼 수 있듯, 이 공간들은 마오쩌둥毛泽东, 즉 사회주의시기를 상품화한 물품과 각국

21) G. Deleuze, 김재인 역, 『베르그송주의』, 문학과지성사, 1996, 77~83쪽 참조.

올림픽민박

의 외래 상품 등 각종 이질적인 것들이 집결해 있는 직선과 소비의 공간이다.

2008년 베이징올림픽은 국가의 이 같은 전략을 재확인해준다. 베이징시는 "올림픽민박奥运人家"을 추진하여, 국내외 관광객이 스허위엔에 거주하면서 라오베이징의 민속전통을 느끼도록 했다. "올림픽민박"에는 역사적 가치와 품격을 지닌 스허위엔이 선정되었는데, 이는 중국의 유서깊은 귀족문화와 현대의 스포츠 상품·관광상품이 결합된 것이었다.[22] 올림픽 이후에 "올림픽민박"이 "후통민박胡同人家"이라는 관광 상품으로 바뀌면서, "후통관광"의 내용과 방식은 "가장 중국적인 것"과 "가장 현대적인 것"의 결합을 구현하는 것이 되었다.

"가장 세계적인 것" 즉 가장 현대적인 것과 "가장 중국적인 것"의 결합은 후통관광의 노선화라는 공간적 실천spatial practice[23]에서도 확

22) 2008년 3월에 「올림픽민박의 기준과 심사奥运人家标准与评定」이 정식으로 발표된다. 이런 가정 중에는 스허위엔이 상당한 비중을 차지하였다. "올림픽민박"에서 비교적 많이 조명받은 곳은 南管房, 大金丝胡同의 스허위엔이었다.

23) Lefebvre, *The Production of Space*, Oxford: Blackwell, 1991, pp. 38~39 참조.

구러우의 북공연

용허궁

인할 수 있다. 그 한 예를 스차하이-종구러우-난뤄구샹-궈즈린国子监-용허궁雍和宫으로 이어지는 경로에서 찾을 수 있다. 이 관광 노선은 도보로 일주할 수 있는 정도의 거리지만 예부터 유명한 명승지였던 만큼 첨단의 현대성은 다소 결여되어 있다고 할 수 있다. 그래서 당국은 난뤄구샹과 궈즈린 사이에 있는 팡지아후통房家胡同을 현대예술의 거리로 조성함으로써 기존 관광노선의 성격을 유지하면서도 첨단의 현대성이라는 새로운 성격을 첨가하고자 하고 있다. 옛 공장 기숙사

궈즈지엔거리

공자묘

를 관광객을 위한 숙소로 개조하는 한편 그옆에 현대무용 공연장과 서구식 카페와 바 등을 입주시켰다. 여타의 영토화된 국민국가처럼, 중국 또한 지역의 다양성을 국민정체성이라는 스펙 트럼에 효과적으로 통합시킬 뿐만 아니라 스펙트럼을 위해 다양성을 창조하고 있는 셈이다.[24] 후통 개발은 지역기억의 와해, 국가기억의 재현, 외국인 관광객의 이국취향 등의 결합을 통해 진행되고 있다.

---

24) 닝 왕, 이진형·최석호 옮김, 『관광과 근대성』, 일신사, 2004, 205쪽 참조. 이런 점에서, 거주민들이 주체적으로 개발하고 있다는 동스东四 후통 1가에서 10가까지는 국가기억이 아니라 지역기억을 상대적으로 더욱 많이 재현하는 공간이 될 가능성이 높아 보인다. 그러나 아직 개발이 진행 중이라는 점, 비교적 중류층과 상류층이 많이 거주하고 있다는 점 등 때문에 이 책에서는 다루지 않는다.

라오서가 교직생활을 했던 팡지아후통

옛 공장 기숙사를 호텔로 개조한 팡지아후통 46호

3. 문화텍스트 속의 기억 생산

왕쩡치汪曾祺는 「후통의 문화胡同文化」에서 스허위엔 문화의 소멸을 안타까워했다.

베이징의 후통은 쇠퇴하고 몰락하고 있다. 소수의 저택이 버티고 있는 것을 제외하면, 거주하던 집의 대부분은 이미 파손되었고 어떤 집의 대들보는 내려앉은 채 오랜 세월 땅에 뒹굴고 있다. 어떤 스허위엔의 문 밖에는 이미 그 원형을

왕쩡치

상실한 말뚝, 노둣돌이 잃어버린 번영을 기록하고 있다. 이젠 물을 길을 수 없는 우물의 모서리에서 떼어내, 모서리를 둥글게 갈아 만든 바둑판이 옛일을 추모하게 한다.[25]

"쇠퇴"와 "몰락"이 회고의 자세를 유도하며 애상의 감정을 유발한다. 그리고 역설적이게도, 과거 베이징 문화에 대한 이런 회고적이고 애상적인 감정이 이미 소실되었거나 지금 막 사라지고 있는 스허위엔 공간과 문화를 문학작품 속에서 부활시키고 재구성하는 출발점이 되고 있다.

주거환경은 문화의 산물이다. 지역별로 독특한 주거 형식·양식은 한두 가지의 원인에 기인한 것이 아니라 자연환경이나 사회·문화적

25) 汪曾祺, 「胡同文化」, 『汪曾祺全集』 第6卷, 北京: 北京师范大学出版社, 1998, 21쪽. "北京的胡同在衰败, 没落。除了少数'宅门'还在那里挺着, 大部分民居的房屋都已经很残破, 有的地基柱础甚至已经下沉, 只有多半载还露在地面上。有些四合院门外还保存已失原形的拴马桩, 上马石, 记录着失去的荣华。有打不上水来的井眼磨圆了棱角的石头棋盘, 供人凭吊。"

요인 등 다양한 요소가 복합적이고 중층적으로 작용한 결과이다. 특히 베이징은 오랜 세월 중국의 수도로서 중국인의 철학과 세계관을 뚜렷하게 반영한 도시이다. 베이징의 주택에는 중국인의 세계관과 종교관 그리고 그들의 사회구조와 가족구조가 그대로 반영되어 있고, 세세하게는 개인의 일상생활이 투영되어 있다. 베이징의 전통 가옥구조인 스허위엔은 중국의 고전적인 가정윤리를 형상화한 구조물이다.

귀족과 부호가 살던 스허위엔은 1949년 중화인민공화국 성립 후 서민들에게 분배되면서 따자위엔大杂院으로 변화됐다. 그리고 사회주의 혁명에 참가한 많은 공산당 간부와 지식인의 베이징 입성으로 주거지가 부족해지자 군대, 연구기관, 대학을 중심으로 따위엔大院이 건설되었다. 이곳에 거주하게 된 이들은 중화인민공화국의 주축인 공산당 간부와 지식인들 즉 신베이징인이었다. 따자위엔과 따위엔이 확대되는 만큼 스허위엔은 쇠락해갔다.

공간은 정치적이고 이데올로기적이다. 공간은 자연적인 풍경이나 물리적 조건이라기보다는 오히려 각종 이데올로기에 더 많은 영향을 받는다. 각 시대마다 공간에 대한 인식은 각기 다른데 중화인민공화국의 역사 또한 마찬가지였다. 베이징은 일찍부터 황성의 도시였고 지금도 중화인민공화국의 권력 중심지이다. 중화인민공화국은 역사의 전환기마다 베이징 공간에 특수한 낙인을 찍어 놓았는데, 그 건축물들이 표현하는 사회적 심리와 이데올로기는 각기 달랐다. 신중국 성립 후엔 사회인민이 주인이라는 평등주의 이념의 권력구조가 베이징을 공간적으로 재배치했다. 그 결과물이 따자위엔大杂院과 따위엔大院이었다.

1990년대 중반 이후 베이징 도시 건설은 본격화되었다. 올림픽 개최 등을 거치면서 베이징은 엄청난 변화를 겪었고 지금도 급격한 변화의 와중에 있다. 급격한 현대화의 과정은 과거에 대한 향수와 복원을 동반했다. 1990대 후반에 이르러 문학계에서도 후통과 스허위엔을 품었던 베이징을 회고하는 시각이 등장했다. 베이징 도시계획으로 말미암아 급격히 소실되어가는 후통과 스허위엔에 대한 추억을 그리는 작품들이 등장하기 시작한 것이다. 베이징에 대한 회고적 시각은 스허위엔을 통해야만 했다.

그러나 이 추억은 현재 베이징 후통 거주자들의 것이 아니다. 토박이 라오베이징인은 후통의 철거로 도시 외곽으로 강제 이주되거나 생활이 편리한 아파트로 이주해갔으며, 지금의 후통엔 주로 외지인들이 거주하고 있기 때문이다. 이런 상황은 시청률 70%를 넘기면서 인기를 모은 TV드라마 〈수다쟁이 장따민의 행복한 생활贫嘴张大民的幸福生活〉[26]에 잘 그려져 있다. 드라마는 주인공 장따민이 좁은 방 문제로 고생하다가 따자위엔에서 아파트로 이사가는 것으로 끝을 맺는다.

1990년대 후반에 새로운 경향의 문화텍스트들 즉 후통과 스허위엔을 아련한 향수로 감지하는 데서 만족하지 않고 문화·예술적으로 새로이 복원해내는 문화창작물들이 생산되었다. 그 이후부터 최근까지 수많은 문화텍스트 속에서, 베이징은 국제도시로서뿐만 아니라 예전 귀족과 부호들의 생활 거주지였던 스허위엔을 공간배경으로 하여 화려하고 찬란한 문화유산을 가진 이미지로 등장한다.

중국의 작가들이 기억하고 복원해 내는 1980년대 후통과 스허위엔의 모습에 주목해보자. 1980년대는 사회주의 역사와 중국식 자본주의·현대화가 교차하는 분기점이었다. 베이징 귀족문화를 파괴하고 부호의 몰락·평민화를 통해 베이징의 황실문화와 서민문화를 융합시

26) 이 드라마는 원작자인 류헝刘恒의 동명 소설『수다쟁이 장따민의 행복한 생활贫嘴张大民的幸福生活』을 각색한 것이다. 刘恒,「贫嘴张大民的幸福生活」,『北京文学』10, 1997.

TV드라마 〈갈망〉

켜 버렸던 사회주의의 역사에서, 1980년대는 아직도 후통과 스허위엔의 문화가 여운으로 남아 있는 마지막 시기였으며 전통문화를 복원하려는 노력이 전개되었던 시기였다.

베이징 도시공간을 대표해왔지만 이제는 여운으로만 남은 그곳을 지켜온 3대 이상 거주자 토박이 라오베이징인은 어떤 일상을 살아왔으며, 이들과 이 공간을 문화생산물로 복원해낸 1990년대 이후의 문화생산물들은 이들의 문화를 베이징 문화에서 어떤 위치로 소환하고 있는가. 1980년대 스허위엔과 후통을 그린 대표적인 문화생산물로는 〈갈망渴望〉(1990), 〈영원은 얼마나 먼가永远有多远〉(2001) 등을 들 수 있다. 1980년대를 배경으로 당시 최고의 시청률을 기록했던 TV드라마 〈갈망〉의 주인공 류후이팡刘慧芳의 현숙함과 선량함은 당시 많은 시청자들을 감동시켰다. 1990년대 말 발표된 티에닝铁凝의 소설 「영원은 얼마나 먼가」를 TV드라마로 개작한 〈영원은 얼마나 먼가〉(2001)의 주인공 바이다싱百大省도 현대인이 보기에는 어리숙하다 할 정도로 선량한 인물이다. 이들 문화텍스트들은 류후이팡과 바이다싱 등 여성 주인공의 성격을 통해 후통과 따자위엔에 거주하는 베이징인의 온후함, 선량함을 그려냈다.

1980년대에도 경미문화를 소설에 재현하고자 하는 덩여우메이邓友梅, 천젠공陈建功, 류신우刘心武 등의 작가들이 있었다. 베이징 전통문화를 재현한 덩여우메이와 1980년대 사회문화경관을 묘사했다는 류신우의 『종구러우钟鼓楼』[27]를 통해 1980년대 후통 문화로 돌아가 보자.

1) 경미문학의 후통 생산

후통, 스허위엔이 밀어붙이기식의 개발로 인해 역사의 폐허로 변해버린 후 기억을 통한 후통 글쓰기가 점차 성행하게 되었다. 후통과 스허위엔에 대한 회고는 지난날에 대한 단순한 그리움이 아니라 문화계승이라는 의미도 갖고 있었다. 다소 길더라도, 후통과 스허위엔을 회고하는 경미문학의 기본적인 성격과 배경에 대해 먼저 알아보자.

1980년대 '경미문학京味文学'[28]은 현대화 진행과정에서 부상한 '문화

27) 刘心武, 『钟鼓楼』, 北京: 人民文学出版社, 2009. 제2회 茅盾文学奖 수상.

28) 경미문학이란 대체적으로 베이징 서민의 일상생활·민간풍습을 표현한 글쓰기 형태이다. "경미문학은 고도 베이징의 지역문화 경관의 문학이나 문예활동을 돌아보는 것이다. 이 문학은 고도 베이징에 국한되고, 현대의 쇠락되는 시기에 베이징의 구체적인 풍속 인정을 빌려 회고의 방식으로 지역문화경관을 체험하는 것이다"는 왕이추안王一川의 설명 또한 '경미'의 이런 성격을 지적한 것이다(王一川, 「京味文学: 绝响中的换味」, 『北京社会科学』 6, 2006, 3쪽). 그러나 이 용어의 개념은 유동적이어서, 각기 다른 문화적 상황에서 각기 다른 의미로 쓰이기도 한다. 기본적으로는 1920~30년대 라오서의 『루오투어 시앙쯔骆驼祥子』 등을 대표로 하는 문학으로, 고전에서 현대로 변화하는 와중의 베이징 후통 문화경관을 주요 소재로 택했다. 라오서는 언어, 형상과 풍격 방면에서 현대 경미문학의 기반을 정립하였다고 할 수 있다. 1980년대 경미소설의 대표작가인 린진란林斤澜, 덩여우메이邓友梅, 류샤오탕刘绍棠, 류신우刘心武 등은 베이징 현대화 진행 중에 주변으로 밀려난 민속문화를 중점적으로 표현하였다. 王一川, 「与影视共舞的20世纪90年代的北京文学: 兼

열', '뿌리찾기寻根' 문학사조와 밀접한 관계가 있었다. '문화열'이 주목한 것은 중국(전통)문화와 서구(현대)문화 간의 차이와 대비였다. '뿌리찾기 문학'은 중국문화와 문학의 '뿌리'에 대한 탐색, 전통문화에 대한 성찰과 사고는 현대화의 필수조건이라고 생각했다. 문화열, 뿌리찾기 문학 등의 주류담론은 도시 현대화를 숭고하고 궁극적인 목적으로 인식하고 있었으며, 이 목적을 성취하기 위한 방법을 전통문화 복원과 그 성찰에서 찾았던 것이다. 이들은 목적 달성에 효율적인 수단 즉 현대성을 담지하기에 용이한 전통문화에 특히 주목했다. 그러나 경미소설가들은 전통문화의 복원을 도시 현대화와 연결짓지 않았다. 오히려, 그들은 미래를 불확실하고 불투명한 시간으로 받아들이고 있었다. 그래서 불확실한 미지의 미래 대신 전통문화를 회복함으로써 미래를 기획할 힘을 얻고자 했다.

현대화와 대비되는 중국의 전통문화는 어떻게 재구성되었는가. 1980년대 실제의 현실과 달리 재구된 후통, 스허위엔의 지역문화와 풍습을 주로 다룬 베이징 경미소설이 성행하게 되었다. 1980년대 초반 왕쩡치汪曾祺 등의 경미소설 작가들은 사회의 과도한 정치화 현상에 불만을 제기하고 이에 저항하기 위해 민족전통으로 돌아가자고 주장하면서 베이징 전통문화에 주목하였다.[29] 왕쩡치, 덩여우메이邓友梅 등의 경미소설은 베이징을 혁명정치 담론이 구성한 정치적 형상에서는 벗어나게 했다. 그러나 베이징 전통문화에 대한 대다수 경미작가들의 인식은 상상적 층위에 머물러 있었기에, 이들 소설이 상상으로 재구성한 '전통적인' 공간 베이징은 현실의 현대화 진행과는 괴리된 것이었다. 그들이 묘사하려는 대상은 더 이상 현실세계에 속하지 않거나

论京味文学第四波」, 『北京社会科学』, 北京: 北京市社会科学院, 2003年 第1期, 92쪽.
29) 汪曾祺, 「我的创作生涯」, 『汪曾祺全集』 第六卷, 北京: 北京师范大学出版社, 1998, 496쪽.

막 사라지는 문화의 기억이었다. 주류문학이 현대화와 연결되는 전통에 집중하였다면, 경미소설은 후통, 스허위엔의 일상과 문화·풍습을 주로 다루었다.

문혁이 끝난 후 1980년대에는 베이징 문화전통을 부활하려는 움직임이 강했다. 베이징 전통문화에 대한 1980년대 경미문학의 관심은 이런 시대문화적 추세와 연결되어 있었다. 1980년대 초반 중국 정부는 〈베이징도시건설 총체적 기획방안北京城市建设总体规划方案〉을 추진하고 베이징시의 성격을 '전국의 정치중심과 문화중심'으로 설정하였다. 그리고 이를 위한 4개의 방침을 지시하였는데 그 중에는 문화고도로서의 위상을 계승하고 발양한다는 항목이 포함되어 있었다. 이 기획의 의도는 지난 역사의 잘못을 시정하자는 것이었다. 문화대혁명시기 역사유적에 대한 전무후무한 파괴와 신건축물의 건설로 인해 베이징의 구시가지는 황폐화의 위기에 처해 있었다. 이에 베이징시는 베이징 도시기획에서 구시가지, 문화유적, 그리고 그 주변환경 등 구시가지를 전반적으로 보호 강화하기 위한 방침을 제시한 것이었다.[30)]

경미작가들은 이런 경향에 크게 고무되었다. 베이징 문화를 서술해왔던 경미소설 작가들은 베이징의 주택과 그 구조를 아주 세세하게 묘사했다. 후통과 스허위엔은 베이징 일상생활에서 가장 평범하고 생

30) 胡德平, 「党中央, 国务院对北京建设方针的两次指示」, 『南方周末』, 2010年 4月 15日。http://www.hybsl.cn/ybsxyj/shengpingyusixiang/2010-04-15/19834.html 참고. 1980년 중앙서기처中央书记处는 수도 건설에 대한 4개의 항목을 제시하였다. 1. 베이징은 전국의 정치 중심이고 국제교류의 중심이다. 2. 베이징을 사회질서, 사회치안, 사회풍기와 도덕적 기풍 면에서 중국과 전 세계적으로 가장 우수한 도시로 건설한다. 3. 베이징을 전국에서 과학, 문화, 기술이 가장 발달되고 교육수준이 가장 높은 일류 도시, 세계에서 문화가 가장 발달된 도시로 건설한다. 4. 베이징이 경제적으로 번영하여, 편리하고 안정된 생활을 유지하게 한다. 관광산업을 집중적으로 발달시키고 서비스업, 식품업, 경공업과 전자업을 발전시킨다. 1982년에는 베이징 시계획위원회의 주최 하에 〈베이징 도시건설 총체적 기획방안北京城市建设总体规划方案〉을 편성하고 1982년 12월 국무원에 정식으로 보고하는데 1983년 7월 중공중앙, 국무원은 이 안건을 비준한다. 1980년대의 베이징 도시 계획은 이런 기획 아래 전개되었다.

동적인 생활장면을 표현하기에 적합한 장소였기 때문이다. 20세기 초반 라오서老舍는 '경미소설'을 개척하여 향토 중국의 기억을 작품으로 남겼고, 1970년대 말부터 1980년대 중반까지 덩여우메이邓友梅, 천젠공陈建功은 반세기에 걸친 격동의 역사가 이 고도에 가져온 변화를 그렸다. 덩여우메이와 천젠공이 라오베이징의 풍속의 재현에 중점을 두었다면 류신우는 현실 베이징의 상황과 공간의 변화 양상에 주목하였다. 이는 류신우의 공간 인식이 특별했음을 의미한다. 그는 "후통은 내 생명이 그리워하는 공간이자 내 영혼을 격동케 하는 원천"[31]이라고 말한다. 류신우는 8살에 전 가족이 스추안四川에서 베이징으로 이주한 후 베이징을 떠난 적이 없다. 그는 소설의 형식으로 이 도시의 변천사를 기술하고 해석했다.[32]

자오위안은 『베이징: 도시와 사람北京: 城与人』에서 1990년대 이전 경미문학의 중요한 특징 중 하나로 "문화의 전시"를 꼽았다. 확실히 베이징 사람은 자신들의 문화에 우월의식을 갖고 있었다. 경미문학이 전시하는 문화는 제왕의 문물 고적이나 평민의 문화와 생활예술, 특히 "심미적인 세속생활"[33]이었다. 그들의 소설은 근본적으로 베이징 서민의 일상생활에 초점을 맞추고 있었다. 라오서와 덩여우메이가 묘사한 베이징은 대부분 협소하고 혼란스러운 후통, 낡고 비좁은 따자위엔과 그곳에서 생활하는 몰락한 귀족, 후통에서 한가롭게 거주하는 노인이나 아버지 등으로 채워졌다. 덩여우메이는 경미적 성격이 농후한 소설 『화설도연정話說陶然亭』, 『심방 "화아한"寻访"画儿韩"』, 『나우那五』,

---

31) 刘心武, 『人在胡同第几槐』, 中国文联出版公司, 2009, 2쪽. "胡同既是我生命依恋的空间, 也是我心灵悸动的源泉。"

32) 杨晗, 『论刘心武小说中的时间与空间』, 首都师范大学 硕士论文, 2009, 22쪽. "刘心武自从8岁随全家从四川来到北京就再也没有离开过这座城市。他在小说中以自己的方式阅读着这座城市的变迁。"

33) 赵园, 앞의 책, 19쪽, 104쪽.

덩여우메이

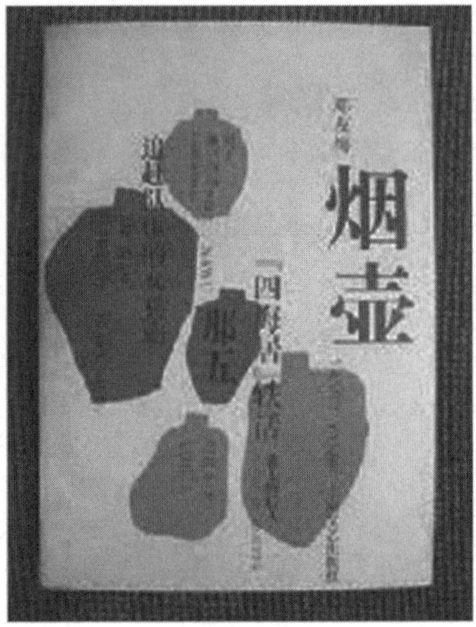

『담배합』

『담배합烟壶』,[34] 『“사해거” 일사“四海居”轶事』, 『수오치의 후대索七的后人』 등에서, 전통소설의 기법을 사용하여 민족성과 지역성을 의식적으로 전시했다. 덩여우메이 소설의 ‘경미’가 보여주는 특징은 베이징의 세속적 이야기, 역사적 사건, 생활 풍속, 인물의 형상 등을 묘사함으로써 베이징의 풍속화를 그린다는 데 있었다. 그들이 그려낸 것은 베이징 서민사회의 풍속사로 베이징 보통 시민의 후통문화이다. 라오서는 일찍이 자신은 “무식쟁이老粗儿”와 사귀는 것을 좋아한다고까지 하였다.

> 긴 머리의 시인, 양장한 여성, 골프를 치는 남성과 여성, 언어와 문자를 가지고 노는 학자는 모두 나와 인연이 없다. 마음에 들지 않는다. 나는 어릴 때부터 봐왔던 무식쟁이의 말씨와 거동에 오히려 익숙하다.[35]

---

34) 담배합: 코담배를 넣는 작은 단지.

35) 老舍, 「习惯」, 『人间世』 第11期. “长发的诗人, 洋装的女郎, 打微高尔夫的男性女性, 咬言咂字的学者, 满跟我没缘。看不惯。老粗儿的言谈举止是咱自幼听惯看惯的。”

덩여우메이는 거리를 나가면 온갖 종류의 사람과 친구가 된다고 하였다. 라오서와 덩여우메이는 상류사회에 속하지 않았고 그들이 표현한 것은 소박한 평민의 생활이었다. 소설은 노인과 사연 많은 과거를 지녔던 사람을 위주로 했는데, 당연히 이런 사람은 전통 베이징 문화와 깊은 관련이 있었다. 찻집이나 묘회庙会는 베이징 사람들에게 가장 사회적인 오락거리와 대중적인 소일거리가 넘쳐나는 장소였다. 라오서는 그곳에서 베이징 시민문화의 각 측면을 깊게 체험하면서 창작의 영감을 얻었다. 그는 자신이 알고 있던 하층인물, 예를 들어 하급관리, 실업가, 가짜 서양인, 내시, 농민, 소상인, 예술인, 스파이 등의 무리를 『찻집茶馆』에 전부 등장시켰다. 라오서 소설의 인물들이 진실성을 확보할 수 있었던 이유도 여기에 있다.

덩여우메이의 『나우那五』, 『담배합烟壶』 등은 이런 라오서에게서 영향 받은 것이었다. 만주족인 라오서가 만주족에 대해 잘 아는 것은 당연할 수 있지만, 군인 출신이었던 덩여우메이가 만주족에 대해 잘 아는 데는 또 다른 이유가 있었다. 왕정치의 설명은 그 이유를 이해하는 데 도움을 준다.

> 덩여우메이의 특징은 역사적 사건과 한담을 즐겨 듣는다는 것이다. 30여 년 전 내가 덩여우메이를 알게 되었을 때 그는 군대의 혁명 간부이자 당원이었다. 그는 젊었지만 청대 만주족 귀족의 후예들이나 몰락한 황족들과 함께 어울렸다. 당시 어떤 이는 이를 못마땅하게 여겼다. 그러나 누가 뭐라고 해도 덩여우메이는 평소 자기식대로 했다. …… 이 때문에 라오베이징인들은 자신이 알고 있는 역사적 사실이나 일화, 여론과 풍습을 덩요우메이에게 소상하게 들려주었다. 그는 들은 이야기에다 상상을 덧보태 80년 전의 라오베이징을 그의 마음 속에서 되살려낼 수 있었다.[36]

라오서

『사세동당四世同堂』

동일한 내용이라도 라오서와 덩여우메이가 이를 다루는 태도는 달랐다. 라오서는 동시대의 독자들에게는 설명이 필요 없는 지금 눈앞의 경험적 사실을 묘사하면 되었지만, 덩여우메이는 지난 과거의 역사적 사실에 대한 지식을 통해 이에 접근할 수밖에 없었다. 『담배합』을 창작할 때 덩여우메이에게 있어 '담배합'은 지식으로 축적된 역사적 사실이자 심미적 취향의 대상이었다. 그러나 라오서에겐 이런 취향이 없었다.

중하층 만주족 출신인 라오서는 『찻집茶馆』과 『정홍기하正红旗下』에서 만주족 제도와 상층의 귀족생활을 신랄하게 풍자하고 비판했다. 1980년대 덩여우메이도 라오서와 유사하게 비판적 태도를 보였다. 그러나 근본적으로 덩여우메이는 만주족 귀족생활과 골동품에 대한 애호로 인해 그들의 생활을 흥미 있는 관심거리로 다루었다. 덩여우메이

36) 汪曾棋, 「漫评〈烟壶〉」, 『文艺报』, 1984年 第4期.

의 『담배합』은 담배합에 대한 청말 귀족의 예술적 기호를 표현했다. 덩여우메이는 담배합의 규격, 원료, 종류에서부터 조형, 문호전통, 판매까지 세세하게 이야기하고, 베이징 공예 전통과 풍속을 소개했다.

명말 이래 코담배가 유행하면서 우리나라 장인들은 민족 공예전통을 접목하여 코담배를 넣는 작은 단지의 제조 예술을 크게 발전시켰다. 코담배 단지가 별로 중요하지 않다고 무시하지 마라. 엄지손가락만큼이나 작아서 술을 담글 수도 없고 밥을 담을 수도 없지만, 이 작은 단지는 옥돌을 다듬고 금줄로 상감하고 각종 무늬를 부조하여 자기로 구운 데다, 조각을 하고 그림을 그리고 경태람 등 온갖 공예기술을 총망라해 빚은 중국 공예예술의 기이한 꽃이자 농축된 결정체이다. 백 년 동안 흩어지고 파괴되고 많은 진품도 사라졌지만, 오늘날 코담배 단지 세계를 구경하고자 한다면 여전히 너무 많아서 다 볼 수가 없고 훌륭한 것은 이루 다 헤아릴 수조차 없다. 원료에 따라 구분을 하자면 금속단지, 석기단지, 유리단지, 도기단지, 자기단지, 죽단지, 목단지, 운모단지, 술잔단지, 상아단지, 바다코끼리의 송곳니단지, 야자의 껍질로 만든 단지, 조롱박단지, 콩팥, 상어껍질 등으로 …… 크게 분류한다 해도 너무 많아서 일일이 다 열거할 수조차 없다. 만약 세밀하게 분류한다면 그 종류는 더 증가할 것이다 …… 코담배 단지는 비록 작지만 민족의 문화전통, 심리적 특성, 심미적인 습관과 유행, 기술의 수준과 시대의 모습을 담고 있다.[37]

---

37) "自明末以来, 由于鼻烟的流行, 我国匠人结合自己民族工艺传统, 大大的发展了鼻烟壶的制造艺术。您别小看鼻烟壶这东西大不过把握, 小则如拇指, 装不得酒, 盛不得饭, 可是它把玉石琢磨, 金丝镶嵌, 雕漆, 烧瓷, 雕塑, 绘画, 景泰监, 古月轩各色工艺技术都集于一身, 成了中国工艺美术的一朵奇葩, 成了中国工艺技术一个浓缩的结晶。尽管经过百年的流散, 毁坏, 很多珍品丧失了, 今天我们若涉足到烟壶世界里观光, 仍然会目不暇给, 美不胜收。原料来分, 有金属壶, 石器壶, 玉器壶, 料器壶, 陶器壶, 瓷器壶, 竹器壶, 木器壶, 云母壶, 觚器壶, 象牙壶, 虬角壶, 椰壳壶, 葫芦壶, 此外还有珍珠, 腰子, 鲨鱼皮 …… 按其大类已是举不胜举了。…… 烟壶虽小, 却渗透着一个民族的文化传统, 心理特征, 审美习尚, 技艺水平和时代风貌。"

『나우』에서는 시작 부분부터 만주족의 '풍습'을 진하게 느낄 수 있다.

"집은 세워진 지 오래 되지 않았고, 궁중의 내무부에서 틀림없이 값을 치를 것이다." 나우那五의 조부는 내무부에서 의례를 담당했고 그의 아버지 푸다예福大爷가 집을 판 돈으로 몇 년을 충분히 살 수 있었다. 푸다예는 일곱 살이 되면서 "칼을 차고 건청궁乾清宫을 지키는 오품 시위로 임명되었다." 푸다예는 닭 죽이는 것조차 차마 보지 못하는데 어떻게 칼을 찰 수 있겠는가? 신해혁명이 그를 도왔다. 그가 칼을 찰 수 있는 나이가 되기도 전에 청조는 무너졌다.[38)]

이 구절은 간단명료하지만 나우의 신분, 청조 특유의 관료관직 세습제도 그리고 말세 귀족의 궁핍한 생활상을 함축적으로 보여준다. 또한, 소설 『나우』는 민족적 언어양식을 확립하였다고 할 수 있다. 텍스트의 도처에서 민족적 언어양식을 확인할 수 있다. 마음이 인자하고 얼굴이 부드러운 윈云할머니는 곤궁해진 나우에 관한 소식을 듣게 되자 의남매 오빠더러 나우를 찾도록 한다. 소설은 이 부분에 대해서 이렇게 쓰고 있다.

…… 후에 어느 여관에서 그를 찾았을 때 입성은 그런대로 괜찮은 편이었다. 집사는 그를 찾은 이유를 설명하면 나우가 눈물을 흘리며 감사하게 받아들일 것으로 생각했다. 누가 알았겠는가. 나우는 웃음을 거두고 속수무책인 모양이었다. …… 그러다 그는 말했다. "당신의 집에 가서 사는 것도 괜찮겠지만 그러나 어떻게 존대해야 할지? 우리 집안에서는 첩을 할머니라고 부르지 않는다!"[39)]

---

38) 『中国当代作家选集丛书·邓友梅』, 北京: 人民文学出版社, 1996, 104쪽. "房新画不古, 必是内务付。" "那五的祖父做过内务府的堂倌, 所以到他爸爸福大爷卖府的时候, 那卖房子的钱还足够折腾几年。福大爷刚七岁就受封为"乾清宫五品挎刀侍卫。"" "他连杀鸡都不敢看, 怎敢挎刀? 辛亥革命成全了他。没等他到挎刀的年纪, 就把大清朝推翻了。"

인용문의 "속수무책인 모양嘬牙花子"이라는 단어는 베이징 방언으로 그 의미는 "어찌할 바를 모르다形容束手无策的样子"이다. "어찌할 바를 모르다" 보다 표현력이 뛰어난 이 단어를 사용함으로써 곧 죽어도 체면을 중시하는 나우의 성격을 생동감 있게 묘사했다.

라오서는 만주족 출신의 미천한 평민을 주로 그렸다. 그들은 빈한하지만 근면하게 생활하려는 의지를 지닌 인물들이다. 『정홍기하』의 아버지는 총명하고 능력이 있고 손재주가 있으며 성실하고 존경할 만한 인물이다. 예광친叶广芩이 그린 만주족도 난세에 집안은 망하고 실의에 빠지지만 고통을 이겨내고 뚜렷한 의식으로 삶을 견뎌낸다. 그러나 덩여우메이 작품에 등장하는 만주족과 만주 귀족의 후예는 전연 딴판이다. 덩여우메이는 현실을 직시하지도 못하고 성실하게 살지도 못하는 나우를 높은 곳에서 내려다보면서 어떠한 연민이나 동정심도 없이 냉정하게 그려낸다.

『나우』는 골동품 상점인 박고당博古堂, 자라난紫罗兰화보사, 청음清音찻집 등의 생활 경관을 보여준다. 이 풍속화와 생활 경관에는 고도 베이징의 역사 문화 정취가 배여 있다. 덩여우메이의 『나우』는 현대문화의 시선으로 역사 속의 베이징과 구시대 베이징의 문화 심리를 고찰하고 소외된 전통문화를 발굴하여 민족문화 정신을 재건하고자 한다. 이 작품의 가치는 오래된 베이징 문화의 현대적 가치를 발견하고 모색하는 데 있다. 당대 경미소설과 라오서 경미소설은 동일한 문화적 논리에 기반하지만, 이 부분에서 둘 사이에 존재하는 뚜렷한 차이를 엿볼 수 있다. 『담배합』, 『나우』, 『수오치의 후대索七的后人』의 만청 귀족에

39) 위의 책, 107쪽. "后来总算在打磨厂一家客店找到了他, 穿的也还体面。过大夫说明来意, 本以为那五会感激涕零的。谁知, 那五把笑容收了, 直嘬牙花子 …… 他说: "到您那儿住倒是行, 可怎么个称呼法儿呢? 我们家不兴管姨太太称呼奶奶!"

대한 묘사에는 중국 민족의 문화 심리가 투사되어 있다. 따라서 이 둘 작품은 중국 문화의 성격과 역사의 변화상을 잘 보여준다.

베이징은 중국의 오래된 민족 전통문화를 보존하고 있는 가장 전형적인 고도이다. 라오서는 베이징의 여러 성격을 전시하는 동시에 민족 전통문화에 내재된 문제를 다층적으로 분석하고 비판했다. 이에 반해 덩여우메이의 문화 분석 시각은 독특하다.

> 소설 창작은 마라톤 경주와 같다. 내가 고민하는 것은 나의 문학을 어떤 방향으로 밀고가느냐이다. 내가 쓰고 싶은 것은 다른 사람에겐 없고 나에게만 있는 어떤 것이다.[40]

그는 베이징의 민간문화 중에서도 특히 몰락한 만청귀족의 생활문화를 탐구 대상으로 삼았다. 담배합은 중국예술품 중에서 그다지 가치가 없는 것으로 여겨져 이를 연구하는 사람도 드물다. 그러나 덩여우메이는 이런 평범한 사물에 오히려 한 민족의 문화수준, 심리적 특성, 심미적 습관과 시대 분위기가 내재되어 있다고 생각했다. 그는 이런 독특한 문화 시각으로 봉건사회 말기에 고도로 발전된 기형적인 문화 그리고 이런 문화를 배양해낸 특수 시민계층을 발굴해낸다. 시화诗画를 논하고 고금古琴을 즐기고 골동품을 논하고 창京剧을 몇 소절 하는 등 이 계층은 자신들만의 독특한 문화를 즐겼다. 따라서 그는 담배합만이 아니라 서화, 골동품, 공예품, 심지어 차문화도 민족의 문화적 특징을 잘 반영하고 있다고 보았다. 덩여우메이가 베이징인의 생활방식에서 가장 먼저 주목한 것은 생활 환경, 특히 거주지 환경인

40) 邓友梅,「我为什么写『那五』」,『中篇小说选刊』, 1982年 第4期. “写东西好比是马拉松赛跑, 我考虑在文学的冲刺上怎样冲出去, 我要写, 就必须找一找哪些东西别人没有而我有。”

스허위엔이었다. 『담배합』, 『나우』의 거주양식은 모두 스허위엔을 기본구조로 한 것이었다.

스허위엔은 후통에 면해 배열되는데 대문은 주택의 동남쪽에 배치되어 있다. 스허위엔에는 조벽照壁, 영벽影壁, 수화문垂华门이 있어서 외부세계와 거리를 두었다.41) 이 건축물은 아주 삼엄하고 폐쇄적이다. 생활환경의 폐쇄성과 긴밀히 연결되는 것은 생활범위의 협소함이다. 안전을 추구하는 심리로 인해 베이징인은 방어와 보호 능력을 발전시켰다. 그들은 단지 가족 구성원이나 광의의 가족, 친구, 이웃 등 일정한 범위 내의 사람들과만 왕래하였고 이 범위 밖의 사람과는 관계를 맺지 않았다. 덩여우메이는 여기에 착안하여 베이징인의 문화심리를 분석했다.

『담배합』에서 곤궁한 청대 만주 귀족의 자제八旗子弟로 등장하는 우서바오乌世保는 하인이었던 쉬후안장徐换章 때문에 감옥에 들어간다. 그는 간수가 코담배를 피는 것을 눈이 빠지게 바라본다. 자기는 한순간도 담배를 끊을 수 없는 사람이지만 간수에게 담배를 동냥할 위인이 못된다. 『"사해거" 일화』, 『쌍묘도双猫图』에서 만주 귀족의 후예인 진주시엔金竹轩은 평소 어느 누구와도 교류가 없다. 이웃에 사는 캉샤오춘康孝纯과는 얼굴을 마주치는 기회조차 적다. 어느날, 물건 값을 치루지 못하던 진주시엔을 위해 캉샤오춘이 대신 돈을 지불하는 일이 발생한다. 이후 이에 대한 감사와 보은으로 진주시엔은 반우파 운동시

41) 손세관, 앞의 책, 56~80쪽. 후통에 면하는 벽, 주택의 외부 담장을 조벽照壁이라고 한다. 조벽은 주택을 둘러싸는 담장이지만 속된 외부세계로부터 내부의 복을 지킨다는 상징적 의미를 동시에 갖는다. 대문을 들어서면 좁고 긴 마당인 앞마당이 있고, 여기서 북쪽 벽면 즉 대문을 들어서면 영벽影壁이 있다. 이 벽은 외부세계와 가족의 생활공간을 구분하는 장치인 동시에 주택의 실질적인 얼굴이 되는 중요한 벽면이다. 영벽의 중앙에 있는 문이 수화문垂华门인데 주택의 외부와 내부를 확실하게 구획하는 문으로써 외부인은 허락 없이 이 문을 들어서지 못한다.

비판을 받던 캉샤오춘을 위해 변호를 한다. 그러나 그뿐, 그들은 더 이상 왕래하지 않는다. 덩여우메이는 진주시엔을 통해서 베이징의 폐쇄적인 역사와 현실의 흔적을 담아내고 베이징인의 문화심리를 표현하고자 하였다.

라오서와 비교해 볼 때, 덩여우메이의 경미소설은 비판성을 상실했으며 그리움의 감정이 그 빈 곳을 차지했다. 덩여우메이의 경미소설이 보여주는 라오베이징에 대한 상상은 풍부하고도 복잡한 민간문화와 전통 생활방식에 대한 기억이라 할 수 있다. 그러나 이런 상상적 기억은 소실되었거나 곧 소실될 역사와 같은 운명에 처하게 되었다. 따라서 베이징 전통문화에 대한 그의 글쓰기는 애도가적 성격을 지닐 수밖에 없었다.

1980년대 경미문학의 특징은 정치적 색채를 띠지 않고 문화적 의미가 풍부한 방언과 토속어를 사용하여 정치적 언어를 비판했다는 데 있다. 이런 특성이 워낙 강해서 베이징 방언을 사용하지 않으면 '경미

천졘공

『즐거움을 찾아서』

소설'의 범주에 포함될 수 없었다. 1980년대 경미소설가는 방언인 베이징화나 비표준어로 베이징 하층 시민을 표현하고 서술했다. 천젠공陈建功의 『루루바후통辘轳把胡同』은 시작부터 "간칭敢情!"이라는 베이징 방언에 대한 발음과 사용법에 대해 설명할 정도다. 그리고 『즐거움을 찾아서找乐子』는 "즐거움을 찾아서"에 대한 소개로 시작하며, 덩여우메이의 『나우』는 속어나 설서说书 문체 등 언어가 구성하는 베이징 형상의 중요성에 주목한다. 이렇게 베이징 방언을 사용한 이유는 베이징 문화를 사실적으로 기록하기 위해서가 아니라 문학 외적 상황 즉 문화 선택과 문화 상상 때문이었다.

경미소설이 표현하는 대상은 특정한 도시집단, 그 중에서도 노인과 '구식' 인물이다. 덩여우메이의 소설 『심방 "화아한"』, 『화설도연정』은 노인을 주인공으로 하며, 『나우』, 『담배합』은 이미 퇴락한 만주귀족 자제들을 묘사한다. 이런 노인과 구식인물들은 지금 막 퇴락하고 있는 생활방식이나 직업과 연결되어 있는데 예를 들어 새를 기르거나 경극을 하거나 글자나 그림을 감정하는 골동품상 등이 그것이다. 소설이 이런 '구식' 물품이나 생활방식에 보이는 관심은 과도할 정도다. 예를 들어 『담배합』은 소설의 주요 대상이 되어버릴 정도로 담배합과 도자기에 대한 묘사에 집착하고 있다. 전통 생활방식, 문화 취향과 밀접한 관계에 있기에, 노인과 구식 인물들은 이런 문화의 화신으로 그려진다. 1980년대 경미소설은 노인과 구식인물을 곧 사라질 최후의 문화 양식이나 화석으로 묘사했다.

1980년대 경미소설은 라오베이징에 대한 상상을 구체적으로 형상화하였다. 그러나 잔잔하고 함축적인 안정성을 갖춘 라오서의 소설과는 달리, 이 작품들은 공통적으로 정신적 긴장감을 안고 있었다. 이 소설들에는 베이징 문화의 고유한 언어, 건축공간, 민간풍속과 문물 지식 등의 전시 그리고 문화 애도식의 회고와 함께, 이에 대한 비판의식 또한 공존하고 있었기 때문이다. 하지만 비판의식은 점차 위축되고, 지역문화에 대한 흥취와 동정식의 서술이 주류를 이루게 되었다. 신시기 경미소설의 첫 번째 작품인 덩여우메이의『심방 "화아한"』이란 제목 자체가 이런 경향을 함축적으로 표현하고 있다. 골동품 감별사인 환쟁이 한씨가 존경 받는 이유는 그의 뛰어난 기술 때문만이 아니다. 축적된 문화 양식으로 형성된 그의 인격이 더 큰 원인이 되고 있다. 덩여우메이 소설에는『나우』에서처럼 조소를 띤 서술도 있지만,『담배합』에서와 같이 장인의 고수해 온 인격에 대한 찬미도 있다.

전통에 대한 미련은 전통에 대한 연민을 표현하지만 현대를 향한 유혹도 거절하지 못한다. 이러한 모순이 문화열과 뿌리찾기 문학의 문화 논리 속에 내재해 있다. 전통이 현대로 전환되는 과정에서, 전통은 항상 보수, 우매, 봉건 등의 성격과 연결되면서 현대 문명에 의해 도태되는 경향을 보인다. 그러나 현대화와 전통문화의 관계는 문명과 우매의 이원적 대립으로 단순화될 수는 없다. 현대성은 전통문화의 생활방식, 행위 논리와 정신적 가치가 퇴락해가는 것에 대한 상실감과 아쉬움을 내포하기도 한다. "경미소설"이 구성하려는 베이징 형상은 라오베이징에 대한 상상이며, 풍부한 민간문화와 전통 생활방식에 대한 기억이다. 이런 형상은 소실되었거나 지금 막 사라지고 있는 역사적 과정과 배치된다. 1980년대 경미소설은 과거의 전설, 생활방식과 정신적 신념에 대한 일종의 문화 애도가이다.

1980년대 경미문학은 주류문학의 정치성에 저항하려는 의도에서 전통문화를 복원하고자 했지만, 결과적으로는 주류담론에 포섭될 수밖에 없는 작품을 생산하였다. 따라서 그들의 문화적 파급력은 미미하였고 생명력도 길지 못했다. 결국 주류 비주류를 막론하고, 스허위엔과 후통에 대한 기억은 실제 중국 전통의 상징인 동시에 특정한 문화논리에 입각하여 의도적으로 배제되고 강조된 상상적 재현체였다. 1980년대 경미소설은 상상적이고 이질적인 기억들이 국가적·지역적 차원에서 선택적으로 부상하고 포섭되는 과정을 보여준다.

2) 1980년대 후통의 경관과 류신우의 『종구러우』

『여의如意』, 『입체교차교立体交叉桥』, 『종구러우钟鼓楼』 등의 작품을 쓴 류신우劉心武에 대한 당시 대표적인 평가는 "라오서 이후 진짜 살아있는 개성이 풍부한 '베이징 특색'의 '소시민'을 다시 묘사하였다"[42]는 것이었다. 『여의』가 후통과 스허위엔의 보통 사람들의 인간미를 집중적으로 표현하였다면, 『입체교차교』는 후통, 스허위엔 생활의 사소한 일상에 대해 묘사하였다.

『종구러우钟鼓楼』는 류신우 문학에서 이정표적인 작품으로, 종러우钟楼와 구러우鼓楼 부근의 후통, 스허위엔을 배경으로 문화상상 속의 베이징 지역문화와 민속풍습을 소개하였다. 작가는 이러한 내용이 베이징 사람의 민족풍습 습관과 전통문화의 역사를 이해하는 데 중요한 의미가 있다고 여겼다.[43] 라오베이징 전통문화에 대한 류신우의 이같은 뚜렷한 인식이 이 작품을 관통하고 있다. "의식적으로 한편의 장편소설을 통해서 소시민의 집성지를 해부함으로써 베이징 시민계층의 생활경관과 문화경관을 드러내고자 했다"[44]는 평가에서 알 수 있듯,

---

42) 刘卓, 『市井风情录: 小巷文学』, 沈阳: 辽宁大学出版社, 2000, 97쪽. "在老舍之后, 北京又有了一个用地道的'京腔儿'描绘一个个血肉丰满, 个性鲜明的北京市民的'小人物'。"

43) 刘心武, 「钟鼓楼」, 192쪽. "有意通过一部长篇, 解剖一个小市民的丛生地, 以此展现京都市民阶层的生态景观和文化景观。"

44) 刘卓, 앞의 책, 200쪽.

류신우

다른 작품과는 달리 이 작품은 베이징 후통과 스허위엔 문화를 역사의 변천 속에서 고찰하는 높은 역사의식을 보여준다. 고대 베이징에서 시간을 알렸던 종구러우 부근의 민속문화 중 특히 결혼 풍습을 묘사하고 일상생활을 재구성해냈다. 류신우 작품의 베이징인은 후통에 대해 깊은 감정을 갖고 있는데, 후통, 스허위엔의 건축양식은 라오베이징인의 생활방식을 반영하면서 오래된 중국문화의 찬란함을 전시하는 문화유산으로 회고된다.

1980년대 초반 베이징의 시정생활을 묘사한 장편소설 『종구러우』는 채 하루도 되지 않는 시간을 다루지만 역사에 대한 깊고도 남다른 인식을 보여준다. 예를 보자. 차 심부름하는 것이 직업인 부모를 두었다는 이유로 루시춘路喜纯은 주변으로부터 무시를 당한다. 그는 고통스러워하며 지嵇선생에게 도움을 청하는데, 지선생은 오래되어 낡은 『문사자료선편文史资料选编』을 건네면서 말한다. "역사를 보는 시각이 있어야 한다. 세상의 일에서 모든 것이 단절되는 때도 있을 수 없고 모든 것이 합리적이거나 완벽한 때도 있을 수 없다. 문제는 네가 발전의 추세를 어떻게 바라보느냐다."45)

류신우가 『종구러우』를 창작할 때의 기본적인 관점 역시 이것이었

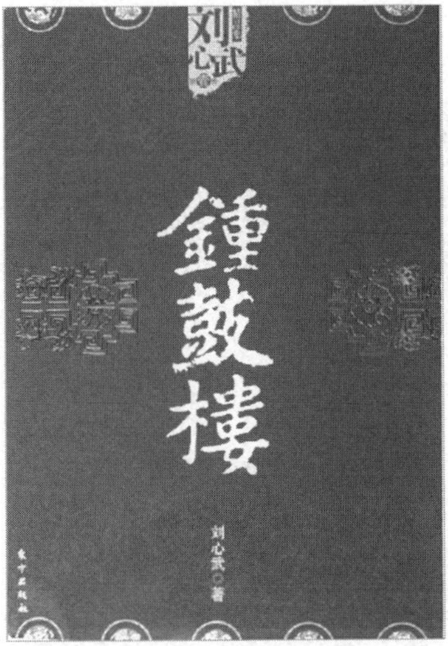

『종구러우』

스차하이에서 본 종구러우

고, 종구러우 부근 스허위엔의 생활모습을 관찰할 때의 자세 역시 이것이었다. 역사의 추세를 어떻게 바라보느냐 하는 문제에서, 작가는 전통적 역사관과는 다른 자신의 입장을 드러냈다. 그는 등장인물 쑨레이荀磊를 통해서 말한다.

어려서부터 어른들은 우리에게 역사를 가르쳤지만 우리에게 그 수업은 고작 점수와 관계가 있을 뿐이었다. 예를 들면 빈칸에 알맞은 답안 넣기 식이었다. '청일전쟁'은 언제 발생했는가? '팔국연합군'의 '팔국'은 어느 나라인가? …… 나는 만점을 맞은 적은 많았지만 실제로 오랜 시간동안 역사가 무엇인지 진정으로 알지는 못했다. …… 나는 여러 곳을 돌아다니다 영국에서 귀국한 후 종구러우 아래에 안착하게 되었는데, 구러우 뒤편의 파손된 철종을 보는 순간 어찌

45) 刘心武, 『钟鼓楼』, 16쪽. "你要有历史的眼光。世界上的事, 没有一刀切的时候, 没有一切都合理都完满的时候, 问题是你怎么看发展趋势。"

구러우에서 바라본 부근의 스허위엔과 후통

구러우

종러우

된 일인지 내 마음은 갑자기 미친 듯이 뛰기 시작했고 눈에선 열이 났으며 목은 마르기 시작했다. 나는 한순간에 실질적인 역사를 인식하게 되었다.46)

작가는 정치적 사건이나 거대담론으로 제공되는 역사보다는 개인의 체험과 생활에 각인된 역사에 민감하게 반응한다. 시간을 알리기 위해 명 영락名永乐 18년에 건립된 고건축물 종구러우는 베이징 중축선의 북쪽에 위치하고 있는데, 중국문화를 상징하는 고건축물로 현재

---

46) 위의 책, 373쪽. "尽管从很小开始, 大人就给我们上历史课, 只关系着一定的分数。比如, 填空题: 中日'甲午海战', 发生在哪一年? '八国联军'的'八国, 是哪八国? …… 尽管我得过不少满分, 可是, 实话实说, 很长的时间里, 我其实并没有真正意识到什么是历史 …… 直到我从英国回来, 经过万里跋涉, 终于又到达钟鼓楼脚下, 一眼望见了这鼓楼后身那口废弃的铁种时, 不知怎么搞的, 我的心一下子迸跳起来, 眼睛发热, 嗓子眼发涩, 我一下子产生了一种实实在在的历史感。"

까지 잘 보전되어 있다.

류신우가 종구러우를 통해서 표현하려 한 것이 베이징의 역사와 전통이라면 일상생활의 무대인 스허위엔을 통해서는 베이징 전통의 변화와 현황을 그리고자 했다. "스허위엔, 특히 명청시대에 건축된 베이징의 전형적인 스허위엔은 중국 봉건사회 문화가 번성한 시기의 산물로 높은 문화적 가치를 지닌다. 어떤 측면에서 보자면, 그것은 시민사회의 가정구조, 생활방식, 심미관, 건축예술, 민속의 변화, 응집된 심리, 인간관계 및 시대 분위기를 연구하는 데 아주 좋은 자료"[47]였다.

소설 『종구러우』는 스허위엔을 자세히 묘사한다. 스허위엔은 "북쪽에서 남쪽을 향해 있는 것이 가장 이상적이고 정규적이다." "스허위엔의 문을 밀면, 문동이 있는데, 문동의 앞쪽에는 없어서는 안 되는 영벽이 있고 영벽은 시선을 가리는 작용을 한다……" 등, 소설 『종구러우』은 스허위엔, 대문院门, 영벽影壁, 쪽문小偏院, 전마당前院, 안마당里院, 수화문垂化门 등에 대한 세세한 설명을 이어 나간다.[48] 건축형식에서부터 실용적 기능 그리고 문화적 함의를 하나하나 서술한다. "이 문의 위치는 봉건사회의 표준적인 가정(일반적으로 3세대가 거주)이 지닌 내부의 엄격함과 외부에 대한 폐쇄성을 표현한다"[49]며 스허위엔의 폐쇄성에 대해서도 언급한다. 스허위엔은 폐쇄적이기에 내부가 아무리 깊고 넓을지라도 오직 정문만이 유일한 출입의 통로라는 것이다. 그만

47) 邹平,「一部具有社会学价值的当代小说: 读刘心武的小说『钟鼓楼』」,『当代作家评论』, 1986年 第2期, 173쪽.

48) 刘心武,『钟鼓楼』, 173~177쪽. "本书的一个大主角——四合院"。"它坐北朝南, 是四合院最理想, 最正规的方位"。"推开四合院的院门以后, 是一个门洞, 门洞前方, 是一道不可或缺的影壁, 影壁既起着遮蔽视线的作用。"

49) 위의 책, 175쪽. "这院门的位置体现出封建社会中的标准家庭(一般是三世同堂) 对内的严谨和对外的封闭。"

큼 스허위엔은 내부에 모든 것이 갖추어진 안전하고 편안하고 조용한 작은 세계인데, 중국의 보수적인 전통적 관념이 이런 폐쇄적이고 자족적인 건축양식을 만들었다고 설명한다. 그리고 이런 폐쇄성을 보완한 것이 후통이라며, 베이징의 건축양식 스허위엔과 후통의 관계에 대해서도 빠뜨리지 않는다.

류신우는 스허위엔을 공간적 배경으로 다루는 데서 나아가 스허위엔이 "이 책의 주인공"이라고까지 천명한다.[50] 스허위엔의 묘사 분량이나 내용 등만 보아도 작가가 스허위엔에 얼마나 많은 의미를 부여하고 있는지 알 수 있다. 그는 서사 진행과는 무관하게, 소설에서 한 절의 분량을 할애하여 스허위엔의 역사와 사회 생태 그리고 문화적 경관을 묘사한다. 등장인물 대부분이 거주하는 건축물인 스허위엔의 방위, 구조와 배치 등을 상세하고 생동감 넘치게 묘사함으로써, 전통문화의식이 흠뻑 스며 있는 당시의 스허위엔 경관을 꼼꼼하게 그려낸다. 그는 스허위엔과 후통을 베이징 문화를 연구하기 위한 중요한 자료로 삼고 있는 셈이다.

많은 경미작가들이 스허위엔과 후통을 통해 베이징 특유의 인문경관을 표현했다. 그 중 류신우 소설이 중점을 두고 서술한 것은 스허위엔의 따자위엔大杂院으로의 변화였다. 『종구러우』는 스허위엔이 따자위엔으로 변화되는 사회주의시기 직후인 1980년대 초반 베이징인의 삶의 양식에 시선을 집중한다.

> 지금 우리는 종구러우 부근의 스허위엔에 들어선다. 우리가 실제로 마주하는 것은 20세기 80년대 초 베이징 시민사회의 문화경관이다. 한순간에 완벽하게

---

50) 刘心武, 『钟鼓楼』, 173쪽.

> 설명할 수는 없지만, 스허위엔의 각기 다른 사람들의 희노애락, 생사와 기쁨과 슬픔, 그들 사이의 모순과 차이 그리고 서로 간의 충돌에 대한 세밀한 묘사를 통해 우리는 상황을 어느 정도 이해할 수 있다. 또한 미래의 베이징 사람을 위해, 격식에 구애되지 않는 자료를 남겨놓을 수 있을 것이다.
>
> 스허위엔의 생활은 중단없이 흐른다. 1982년 12월 12일은 벌써 오후로 접어들고 있다. 우리가 알고 있는 그들은 진면목을 드러내지 않았지만 계속 새로운 인물이 우리의 시야 안으로 들어선다. 우리가 알고 이해해야 할 것은 정말 많다.[51]

『종구러우』가 묘사하는 스허위엔은 원래는 고관대작의 저택이었지만 이제는 각 계층의 사람이 거주하는 따자위엔으로 바뀐 건축물이다. 공간의 변화에 대한 민감한 촉수를 바탕으로 소설은 베이징의 오랜 전통이 변화하는 과정을 읽어낸다. "여러 종류의 거주지 변화(즉 귀족과 구관리의 저택이 따자위엔으로 바뀐 것과 스허위엔이 일반 따자위엔으로 변화된 것)로 인해 '부엌' 문제가 끊임없이 생겼기에, 베이징 구식 가옥은 대대적으로 개조되었다."[52] 스허위엔이 따자위엔으로 변한 이유는 사회주의 시기 베이징 서민의 주거 문제를 해결하기 위한 국가 정책 때문이었다.

시대가 바뀜에 따라 대부분의 스허위엔은 따자위엔으로 그리고 대

51) 위의 책, 181쪽. "现在我们走进了钟鼓楼附近的这个四合院, 我们实际上就是面对着二十世纪八十年代初北京市民社会的文化景观。对于这个院落中的这些不同的人们的喜怒哀乐, 生死歌哭, 以及他们之间的矛盾差异, 相激相荡, 我们或许一时还不能洞察阐释, 预测导引, 然而在尽可能如实而细微的反映中, 我们也许能有所领悟, 并且至少可以为明天的北京人多多少少留下一点不拘一格的斑驳资料。生活, 在这个小院中毫无间断地流动着。一九八二年十二月十二日这一天已经进入了下午。我们已经认识的那些人物远未展示出他们的全部面目, 而新的人物仍将陆续进入我们的视野。世界·生活·人。有待于我们了解和理解的真多啊!"

52) 위의 책, 180쪽. "'小厨房'在北京各类合居院落(即'杂院', 包括由大王俯, 旧官邸改成的多达几进的大杂'院', 和由四合院构成的一般'杂院')雨后春笋般地出现, 大大改变了北京旧式院落的社会生态景观。"

규모 아파트로 변하였다. 거주방식과 주거환경의 변화는 결국 베이징 사람의 생활방식 특히 후통 문화에서 자랑할 만한 인간관계와 인간의 교류방식을 변화시켰다. "고도 베이징에서 벌어지고 있는 거주조건의 대대적인 변화만큼 문화형태를 강제적으로 변화시키는 것도 없을 것이다. 이는 공간양식이 사람의 문화성격과 도시의 문화면모에 커다란 영향을 미친다는 것을 잘 보여준다."[53)]

류신우는 『종구러우』의 창작 동기에 대해서 "나는 일찍부터 내가 익숙한 도시와 사람들에 대해 한번 잘 그려보고 싶다는 생각을 갖고 있었다. 우리들이 이해하고 있는 사람과 일을 객관적이고 냉정하게 분석하여 사람을 재촉하여 사색하는 힘을 끌어내고 싶었다"[54)]고 밝혔다. 대다수의 경미소설 작가들이 베이징과 그 속에서 생활하는 시민을 관찰하기 위한 전형적인 공간으로 스허위엔을 택했지만, 류신우의 특성은 도시화 과정에서 나타나는 여러 문제들을 놓치지 않았다는 점에 있다. 『종구러우』는 이 변화를 종구러우 아래에 있는 스허위엔과 종구러우의 호응을 통해 표현한다. 이에 대해 멍위에孟悦는 다음과 같이 평가했다. "종구러우와 스허위엔은 개방의 시간(역사의 진행)과 폐쇄적 전통 생활방식이 대치하는 문화적 형상을 상징한다. 사건이 벌어지는 1982년 12월 12일 평범한 하루는 거대한 역사를 상징한다."[55)]

종구러우가 역사적 시간이 응집된 웅대한 건축물이라면, 스허위엔은 범속한 인생이 전개되는 장소라 할 수 있다. 스허위엔 문화는 종구

---

53) 赵园, 앞의 책, 94쪽.

54) 刘心武, 「我写『钟鼓楼』」, 朱家信·黄裳裳·朱育颖编, 『刘心武研究专集』,贵阳: 贵州人民出版社, 1988, 150쪽. "我早就想把自己所熟悉的城市和市民好好地写一写, 并对我们所理解的人和事进行客观, 冷静的剖析, 从中引发出一种催人思索的力量。"

55) 孟悦, 『历史与叙述』, 西安: 陕西人民出版社, 1991, 98쪽. "钟鼓楼与四合院作为代表开放的时间(历史进程)与封闭的传统生活方式的对峙文化形象,将1982年12月12日这平凡一天中的事件从一个自然时空引入巨大的历史象喻时空。"

러우라는 거대역사를 배경에 두고서야 그 범속성을 충분히 드러낼 수가 있었다. 스허위엔의 평범한 사람들이 당대 시민사회를 구성했다. 바로 이것이 류신우가 『종구러우』를 구상할 때의 생각이었다. "이것은 풍부하고 다양한 사회이며, 여러 힘이 합하여 움직이는 사회이고, 어제에서 내일로 가는 사회이다. 작가의 말을 빌리자면, '인류사회의 이런 변화는 전체적 시각에서 보자면 역사이며, 개인의 시각으로 보자면 운명이라는 것이다.'"[56)]

> 아, 시간! 너는 묵묵히 흘러가고 있구나. 인류는 너의 소멸을 역사에 기록하고, 개인은 너의 소멸을 운명으로 받아들인다. 아, 베이징! 베이징의 시민! 종구러우 부근의 주민! 너희들을 어떻게 묘사해야 할까? 인간 사회, 인간의 영혼은 물리적 세계보다 더 복잡하고 심오하구나! 총체적인 규율은 있지만 그것을 어떻게 구체적인 사람의 몸으로 표현해야 하나? 우리는 1982년 12월 12일 이 날을 알고 있는 우리는 어떻게 살아가야 할까? 너희들에 대한 분석, 예측과 평가는 시간이 흘러 재확인될까 아니면 부정될 것인가?
>
> ……
>
> 그러나 한 가지 확신할 수 있는 것은 예측할 수 없는 재난이 발생하지 않는 한 베이징의 종구러우는 역사와 개인의 증명으로 영원할 거라는 것이다.
>
> 구러우 앞의 홍색 담과 황색 기와.
>
> 종러우 뒤의 회색 담과 녹색 기와
>
> 종구러우는 높이 서서, 다가오는 한 시각, 하루, 한 달, 일 년, 한 세대를 맞이할 것이다.[57)]

56) 张志忠, 「宏阔博大的历史感: 读刘心武长篇小说新作『钟鼓楼』」, 朱家信·黄裳裳·朱育颖编, 『刘心武研究专集』, 贵阳: 贵州人民出版社, 1988, 525쪽. "这是一个丰富多彩的社会, 这个是一个多种合力作用下运动着的社会, 这是一个从昨天而来, 又向明天而去的社会。用作家的话说, '这种人类社会的流动变化, 从整体角度来说, 便构成了历史; 从各体角度来说, 便构成了命运'"。

스허위엔과 후통의 철거처럼 베이징은 어쩔 수 없이 많은 변화를 겪더라도 종구러우 주변의 스허위엔에 거주하는 사람들의 삶은 어떤 식으로든 지속될 거라고 류신우는 말한다. 그는 종구러우, 스허위엔 등 베이징의 오랜 역사를 상징하는 건축물을 전시함으로써 베이징의 역사, 현실, 미래를 고찰한다.

『종구러우』는 "종구러우 부근의 후통에 스허위엔이 있고, 스허위엔의 쉬에아줌마薛大娘를 한번 보시오, 보시오……"[58]로 시작한다. 소설의 시공간적 배경은 "1982년 12월 12일, 혼례를 치르는 쉬에씨 집안은 베이징 종구러우 부근에 위치하고 비록 파손되고 변형은 되었을지라도 여전히 전형적인 스허위엔이라 할 만"[59]한 건축물이다. 이 작품 대부분의 내용은 이 날 쉬에씨 집안의 결혼식을 중심으로 따자위엔으로 변해버린 스허위엔에 거주하는 사람들과 그곳에서 벌어지는 일들을 중심으로 전개된다. 류신우는 스허위엔을 대표로 하는 특정 문화 경관을 이 작품의 주인공으로 삼았다.

류신우는 종구러우 부근 후통의 하루를 통해 후통에 사는 사람들의 일생을 묘사한다. 1980년대 초반의 종구러우 아래엔 후통이 있고, 후

---

57) 刘心武, 『钟鼓楼』, 375~377쪽. "啊, 时间! 你默默地流逝着。人类社会在你的流逝中书写着历史, 个人生活在你的流逝中构成了命运。啊, 北京城! 北京的市民! 钟鼓楼边的住户! 该怎样来描述你们? 人类社会, 人的心灵, 远比相对论所描述的物理世界复杂, 深奥! 总的规律是有的, 但它将怎样体现在每一个具体的人身上? 我们在一九八二年十二月十二日这天所认识的这些人物, 将怎样继续生活下去? 我们对他们的分析, 预测和评价, 将被时间所确认, 还是将被时间所否定? …… 然而有一点却是可以确定的——除非发生某种难以预料的灾变, 北京的钟鼓楼将成为社会历史和个人命运的见证而永存。
鼓楼在前, 红墙黄瓦。
钟楼在后, 灰墙绿瓦。
钟鼓楼高高地屹立着, 不断迎接着下一刻, 下一天, 下一月, 下一年, 下一 代。"

58) 위의 책, 7쪽. "在钟鼓楼附近的一条胡同中, 有个四合院; 四合院中有个薛大娘——请看, 请看……"

59) 위의 책, 174쪽. "公元一千九百八十二年十二月十二日, 其中薛家正举行婚礼的这个位于北京钟鼓楼附近的小院, 便是一个虽经一定程度毁损, 有所变形, 然而仍堪称典型的一个四合院。"

통 속엔 따자위엔大杂院, 식당, 노점, 경극무대, 문단, 각양각색의 사람이 있다. 소설은 그들 간의 미묘하고 복잡한 인간관계를 담아내면서 당시의 시대적 특징을 그려낸다. 전통적인 소시민인 쉬에아주머니를 통해 소박한 생활의 핵심을 그려내고, 그녀의 남편 쉬에아저씨薛师傅의 가족사와 묵묵히 성실하게 살아온 그의 삶을 그려낸다. 예전에는 노동자였다가 퇴직 후엔 신발수리업을 하고 있는 순싱왕荀兴旺과 그의 아들 순레이荀磊, 경극배우 잔타이즈주詹台智珠, 그리고 결혼식 요리를 도맡은 요리사 루시춘路喜纯 등 베이징 후통 속 소시민의 일상이 펼쳐진다. 그래서 어떤 이는 "『종구러우』는 베이징 시민의 백과전서라 할 수 있다"고 평했다.60)

덩여우메이가 베이징 문화의 변하지 않는 폐쇄성을 집중적으로 그린 데 반해, 류신우의 『종구러우』는 스허위엔이 따자위엔으로 바뀐 후 변화한 베이징의 문화와 생활을 그렸다. 이제 스허위엔의 일상은 향촌 식의 이웃관계에 상응하는 이웃 간의 인정과 믿음에 바탕하고 있다. 비록 고부간의 갈등, 부부 사이의 작은 불화, 이웃 간의 사소한 다툼은 있지만, 소설은 사람과 사람 간의 이해와 관용 그리고 인정을 그리면서 갈등의 해소를 결미로 삼는다. 베이징 스허위엔에서는 향촌사회처럼 이웃 사이에 친근한 관계가 형성되었으며 이웃집의 사정을 서로 잘 알고 있다는 것이다. 『종구러우』의 스허위엔에서는 폐쇄성이 더 이상 존재하지 않아 비밀도 있을 수 없다. 이는 개인의 은밀성이 존재할 수 없었던 사회주의 시기의 흔적이기도 하며 따자위엔이라는 특수한 공간적 조건 때문이기도 하다.

그러나 류신우가 그려낸 베이징 토박이 생활과 문화의 변화상은

60) 孙大萍, 『京味文学中胡同意象及胡同文化』, 吉林大学 硕士, 学位论文, 2011, 26쪽. "『钟鼓楼』仿佛是一部北京市民的小百科全书。"

신중국에서 그리 주목받지 못했다.

> 어느 사회학자도 베이징 시민을 연구한 적이 없는 것 같다. 여기서 말하는 시민은 광의적 시민이 아니다—광의적으로 말하면, 베이징에 거주하는 사람은 모두 베이징 시민이다. 여기서 말하는 시민은 '토박이'를 가리킨다. 그들은 적어도 3대 이상이 베이징에 거주하면서 베이징 '하층사회'를 구성하는 가장 평범한 거주민이다. …… 신중국 건립 이후 베이징 거주민은 인격적으로 모두 평등해졌기에 지배자와 피지배자, 억압자와 피억압자의 계층 구분이 존재하지 않는다.[61]

류신우는 이어서 베이징 토박이의 특성에 대해 개괄한다. "1. 정치적 지위는 간부의 범위에 속하지 않는다. 2. 경제적 지위는 월급이 낮은 편에 속한다. 3. 전반적인 문화수준은 낮은 층에 속한다. 4. 직업으로는 대다수가 도시 서비스업이나 기술적 수준이 낮은 육체노동에 종사한다. 5. 거주지역은 베이징 시내의 개발되지 않은 후통과 따자위엔에 집중되어 있다. 6. 생활방식은 전통적이다."[62] 그는 "그들의 존재와 특성은 실제로 베이징의 전체 사회생태 경관에 영향을 미치고 있기에 베이징의 물질적, 정신적 문명을 제고하기 위해서는 그들을 연구하고 관찰하여 그들을 지도하고 개발해야 한다"[63]고 주장한다.

『종구러우』 등장인물 대부분은 서비스업에 종사한다. 쉬에아저씨

61) 刘心武, 『钟鼓楼』, 109쪽. "似乎还没有哪个社会学研究者, 来研究过北京的市民。这里说的市民不是广义的市民——从广义上说, 凡居住在北京城的人都是北京市民; 这里说的市民是指那些'土著', 就是起码在三代以上就定居在北京, 而且构成了北京'下层社会'的那些最普通的居民 …… 在新中国成立以后, 北京城的任何一个居民, 人格上都是平等的, 并且已不存在剥削者和被剥削者, 压迫者和被压迫者的层次区分。"

62) 위의 책, 109쪽.

63) 위의 책, 110쪽. "但他们的存在及其素质, 实在是强有力地影响着北京城的总体社会生态景观, 所以倘全面致力于北京城物质文明和精神文明的提高, 就不能不研究他们, 体察他们, 从而引导他们, 开化他们。"

는 후통의 가난하고 형제 많은 집안에서 태어나 먹고 살기 위해 라마교 승려가 된다. 그러나 신중국 건립 후 노점상인을 거쳐 국영상점의 점원으로 일하다가 퇴직하여 경비원으로 일하게 된다. 첫째 아들 쉬에지웨이薛纪微는 트럭을 모는 운전수이며 며느리 멍짜오잉孟昭英은 남편이 다니는 운수회사의 경리다. 이날 결혼하는 둘째 아들 쉬에지위에薛纪跃는 상점의 점원으로 일하고 있다. 결혼식 요리를 담당한 루시춘路喜纯 역시 조상 대대로 후통에서 거주하는 청년이다. 그는 부랑배로 타락할 수도 있었지만 베이징 시민들조차도 무시할 듯한 허름한 식당에서 실력 있는 스승을 만나 나름대로 성실하게 요리기술을 배우고 있다.

『종구러우』는 개인의 경험을 중시하는 일상사에 주목함으로써 개인을 추구하고 모색하고자 했지만, 이 시도는 종구러우라는 역사적 상징물과 스허위엔이라는 전통적 거주지를 둘러싼 집단의 규범에 의해 제한될 수밖에 없었다. 그리고 이런 한계를 고스란히 드러내고 있는 『종구러우』는 그 자체로 당대 문화환경의 반영이기도 했다.

신중국 건립 후 사회문화적으로 계급·계층 간의 차별이 사라지고 사회주의 시기의 정치운동을 거치면서, 관리나 지식인층에 비해 비교적 정치운동의 여파에서 안전했던 베이징 소시민들은 문화심리적 측면에서 별다른 차별과 억압을 인식하지 않았다. 자본, 부귀, 학벌, 지식인 선망 등 지금 중국에서 흔히 볼 수 있는 성향들이 당시엔 사회적으로 존재하지 않았다. 류신우 역시 소설에서 이를 언급하고 있다. 그들은 "생활의 안정성 면에서는 베이징의 기타 어느 거주민보다 유리했다. 왜냐하면 '관직'에 있지 않았기에 승진이나 좌천이라는 극적인 생활의 변화를 겪지 않아도 되었기 때문이다. '문단'의 '명예나 이익을 추구하는 곳'에 속하지 않았기에 영욕의 명멸에 대한 민감함도 없었다. 그들은 정치와도 관련이 없었기에 정치적으로 타격이나 비판을 받는 대상이 아니었으며 오류를 바로잡아 재평가되는 대상도 아니었다." "문학예술에서 그들을 묘사의 대상으로 삼는 경우는 아주 적었으며 어떤 이는 그들을 '소시민'으로 무시하기도 했다"[64]고 서술한다. 『종구러우』는 자신을 '대시민'이라 여기는 무리들이 소시민을 하찮게 여기는 현상을 비판했다. 대시민이라 자칭하는 무리들이 하찮게 여기거나 달가워하지 않는 일을 소시민이 하기 때문에, 소시민은 베이징에서 절대로 없어서는 안 되는 사회의 틈이라고 정의했다. 1980년대 베이징 스허위엔의 문화경관을 묘사한 류신우의 『종구러우』는 스허위엔과 후통에 거주하는 베이징 토박이들의 문화심리와 베이징 문화에서의 그들의 위치와 의미를 적극적으로 그려냈다.

작가 류신우는 스허위엔에 사는 베이징 토박이들의 희로애락, 생사, 그리고 그들 간의 갈등을 지금은 볼 수 없을지라도 가능한 한 사실적이고 자세하게 기록해놓는다면 미래의 베이징 사람들을 위한 참고자료가 될 것이라고 자신의 창작 의도를 밝히고 이를 실천하였다. 류신우는 생활의 기억이 역사의 기술보다 더 강렬하고 중요한 의미를 지닌다고 생각했다. 그렇기에 그는 스허위엔 베이징인의 일상문화를 세밀히 묘사함으로써 당시의 베이징을 역사 기록으로 남겼다. 만약 생활의 기억을 담았던 장소의 흔적이 사라진다면 그 역사를 어떻게 상상할 수 있겠는가? 이런 점에서 류신우의 『종구러우』는 이미 사라진 1980년대 스허위엔의 문화경관을 충실히 재현한 역사적 자료로서 중요한 가치를 획득한다. 이 작품은 문학작품이 시대문화사를 읽어내는 데 역사자료보다 더 큰 효력을 발휘한다는 것을 증명하고 있다.

64) 위의 책, 109쪽.

4. 개인기억을 통한 후통 현실에 대한 성찰

베이징 속담에 따르면, 베이징에는 이름 있는 후통은 3,600개나 있고 이름 없는 후통은 셀 수 없이 많다. 가장 많은 시기에 후통은 4, 5천개나 있었고 현재는 천여 개가 남아 있다. 베이징의 전통적인 주거지는 스허위엔과 후통이 결합된 것이다.

옴니버스 영화 〈텐 미니츠: 트럼펫Ten Minutes Older: The Trumpet〉(2002)은 세계 유명감독들이 시간의 흐름을 주제로 만든 10분 정도의 단편 영화 15편을 묶은 것이다. 그 중에 천카이거陈凯歌의 〈백화심처百花深处=100 Flowers Hidden Deep〉가 있는데, 이 영화는 베이징 스허위엔과 후통의 소실을 다루고 있다. 등장인물 펑冯선생은 미친 중노년의 베이징인이다. 자신이 살던 후통의 집은 이미 철거되었지만 그는 여전히 과거의 스허위엔에 살고 있다. 스허위엔의 구석구석과 아주 세세한 것까

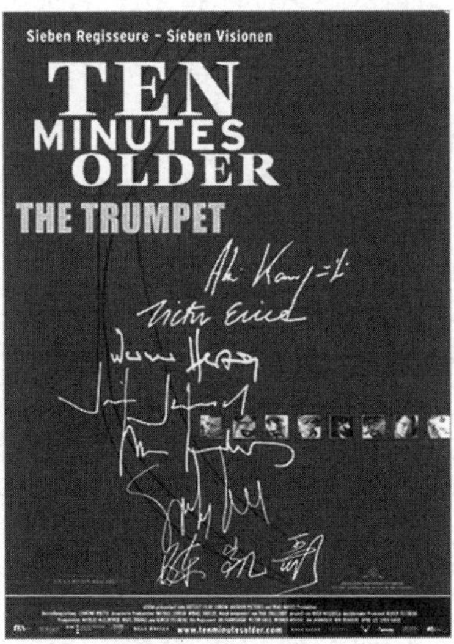

〈텐 미니츠: 트럼펫〉

지 보고 느끼는 평선생을 통해, 영화는 이미 사라지고 없는 베이징의 스허위엔과 후통을 추억한다. 영화의 제목인 〈백화심처〉는 스차하이 부근에 아직도 남아 있는 후통의 이름이다. 대만 가수 천승陈升은 베이징에서 음악 작업을 하던 당시 음악 녹음실이 있던 백화심처를 그의 노래 〈베이징에서의 하룻밤北京一夜〉의 가사에 넣었다. "지안먼 밖 …… 백화심처 …… 인자한 얼굴의 노인이 출정한 귀인을 기다린다."[65] 영화 〈백화심처〉와 노래 〈베이징에서의 하룻밤〉은 지나간 시간에 대한 추억을 공통된 주제로 삼고 있다.

1980년대 류신우 등의 경미문학 작가는 후통, 스허위엔을 배경으로 베이징 지역문화와 민속풍습을 국가기억에 의지해 의도적으로 재구성하고자 한 반면, 1990년대 이후의 문화생산물들은 또 다른 기억주체에 의해 재구성되었다.[66] 재조성된 베이징 도시공간에서 일찍이 베이징 문화의 상징이었던 후통, 따자이먼, 스허위엔, 따자위엔은 사라지고 있는 중이었다. 실제 공간의 소실로 말미암아 이 건축공간에 대한 문화기억 또한 의지할 곳이 없이 표류하게 되었다. 바로 이러한 변화 속에 베이징 상상의 방식과 문화기억의 글쓰기는 점차적으로 개인기억에 의지하게 되었다.

도시기억 찾기를 시도하는 글쓰기 행위는 상상적 기억의 행위이다.

---

65) 陈升, 〈北京一夜〉, "地安门外 …… 百花深处 …… 面容安详的老人, 等着那出征的归人。"

66) 1990년대 이후 유행된 대중문화 텍스트에서 베이징은 봉합되지 않는 두 성격, 즉 문화적 특성이 결핍된 국제도시와 풍부한 문화기억을 가진 황성으로 분열되면서 내재적인 장력을 형성하였다. 「곡읍유희哭泣游戏」, 「시장인时装人」, 「환경희극인环境戏剧人」 등 취우화동邱华东 소설에서 베이징은 구체적인 문화적 기억을 가진 도시라기보다는 현대의 '이화'된 도시라 할 수 있다. 여타의 현대화된 국제도시와 다를 바 없이, 이 도시를 가로지르는 것은 오직 욕망과 돈이며, 이 도시는 성공과 욕망을 만족시켜 주는 모험공간으로 그려진다. 문화적 기억을 상실한 대도시는 사실 허상적인 현대문화의 결집지일 뿐인데, 베이징이 바로 그러하다는 것이다. 대중문화에서 나타나는 또 다른 베이징 형상은 오랜 문화역사를 가진 황성의 이미지다. TV연속극인 천젠공陈建功·류따넨刘大年의 〈황성근皇城根〉과 궈바오창郭宝昌의 〈따자이먼大宅门〉, 그리고 〈청궁희清宫戏〉 시리즈물 등이 그 예이다.

백화심처 후통

천카이거의 영화 <백화심처>

이것은 현대인의 향수병의 발로로, 곧 사라질 기억에 대한 추적행위이며 자신의 기억내용과 기억대상을 재구성하는 작업이기도 하다. 어떤 기억도 그 자체로 순수한 기억은 없다. 한 기억은 이미 기억을 구성하는 경험뿐 아니라 다른 요소의 영향을 받은 것이다.[67] 기억을 통한 베이징 다시쓰기는 사실상 현대적 시선으로 전통문화와 문화기억을 재구성하는 것이다.

문화텍스트에서 글쓰기를 통한 베이징 기억과 상상은 두 가지 방식으로 진행되었다. 하나는 후통, 스허위엔을 배경으로 하지만 귀족들이 살았던 스허위엔을 배경으로 하는 것이다. 중국 격동의 현대사에서 점차 퇴락하는 황성皇城으로서의 베이징과 귀족을 다룬 대표작은 1990년대 중반 이후에 등단한 청조 귀족출신의 여작가 예광친叶广芩의 시리즈 소설인 『차이상즈采桑子』[68]이다. 또 하나는 평민의 도시로서의 베이징을 다룬 것들로 이 작품들은 역사와 함께 변천해 온 후통문화와 라오베이징 정신을 묘사했다. 대표작으로는 1990년대 후반 티에닝铁凝의 「영원은 얼마나 먼가永远有多远」[69]를 들 수 있다. 이처럼 베이징

67) 장세룡, 앞의 논문, 271쪽.

68) 叶广芩, 『采桑子』, 北京: 北京十月文艺出版社, 1999.

69) 铁凝, 「永远有多远」, 『十月』, 北京: 十月杂志社, 1999.

에 대한 기억의 내용이 다른 이유는 기억의 주체들이 서로 다른 계층에서 상이한 경험을 쌓아왔기 때문이었다. 개인의 기억들은 각자의 역사의식과 결합하여 수많은 베이징을 만들어냈다.

1990년대 이후 개인적 신분을 강하게 드러낸 이들 텍스트는 1980년대의 '경미소설'과는 많이 달랐다. 이들 텍스트가 표현한 베이징은 정형화된 문화적 표본이 아니라 풍부한 개인기억과 문화적 세부묘사를 내장한 친숙하고 사적인 공간이었다. 이러한 글쓰기는 1980년대 소설처럼 표현대상의 '문화' 상징적 의미를 의도적으로 찾으려고 하지 않았다. 그리고 개인기억의 풍부함과 세밀함을 강조하기에 정서적 요소를 중시했다. 정신적 '고향'으로서의 베이징 상상은 베이징 글쓰기의 내재적인 구성요소이기도 했다. 베이징은 이미 소실된 공간, 단지 개인 기억 속 '정신적 고향'이라는 상상적 형태의 공간이었다. 즉 1990년대 텍스트의 베이징은 진실한 도시형상이라기보다는 위안을 주는 정신적 고향이라는 작가 개인의 기억을 형상화한 것에 가까웠다.

1990년대 중후반 예광친의 시리즈 소설 『차이상즈』는 개인기억에 의지해 귀족 세습지로서의 후퉁, 스허위엔을 그려냈다. 예광친 선조의 성은 예허나라叶赫那拉였고, 그녀는 청조 황족의 후손이었다. 『차이상즈』는 만주족 황족 김씨 집안의 열네 자녀의 이야기를 다루고 있는데, 작가는 그 중에 "나 자신의 이야기도 있다"[70]고 언급했다. 『차이상즈』는 일련의 중편소설로 구성되었는데, 각 중편의 편명은 예광친의 선조이자 청대 사인詞人인 나란싱더纳兰性德의 사詞 「차이상즈·누가 처량한 악부를 노래하느냐采桑子·谁翻乐府凄凉曲」에서 가져왔다. 각 편은 모두 김씨 가족의 인물을 중심으로 전개되면서 특정한 직업, 풍부한

70) 叶广芩, 『采桑子』, 北京: 北京出版社, 2009, 335쪽. "也写了我自己."

예광친

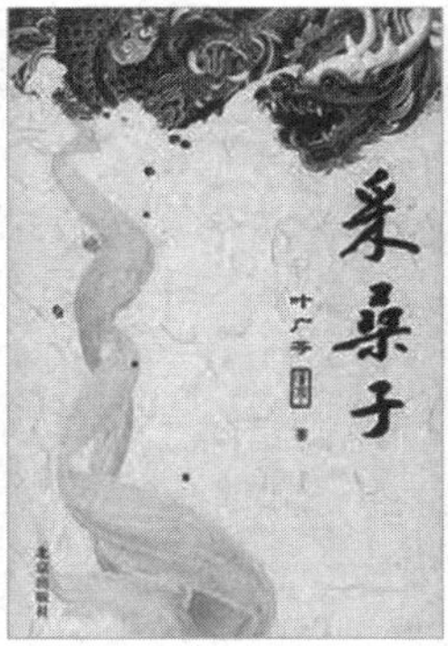

『차이상즈』

드라마 〈차이상즈〉

풍물, 인문경관을 묘사했다. 만주족의 예의풍습과 인륜도덕 등에 대해 서술했는데, 여기에는 1980년대 경미소설가 덩여우메이의 『나우』, 『담배합』, 『수오치의 후대』 등이 들려주는 만주족 권세가 이야기와 비슷한 점이 있었다. 구가정 권세가의 일상생활, 인륜관계 및 경극, 건축, 풍수와 골동품 지식에 관해서 서술한다는 점에서 그러했다. 그러나 1980년대 '경미소설'과 다른 점은 『차이상즈』의 인문경관은 상상 속의 순수한 중국 전통 '문화' 또는 '지식'으로 전시되는 것이 아니라 이미 쇠락한 권세가의 개인기억을 통해 표현된다는 것이었다. 그녀는 '들은 이야기'라든가 '지난날의 일화'가 아니라 자신의 기억을 서술했다. 이러한 창작자의 실제 신분 및 서술구조의 일치로 인해 이 텍스트는 상상력에서 출발한 문화적 허구물인 1980년대 소설과는 달랐다.

가족에 대한 감회를 다룬 소설에서 작가가 전달하고자 한 것은 개인과 가족에 대한 순수한 기억 나아가 라오베이징에 대한 기억이었다. 소설이 묘사한 만주족 풍습, 일상생활, 건축형태와 여러 가지 골동품과 오락의 방식 등은 사실상 라오베이징 문화기억의 중요한 구성요

드라마 〈차이상즈〉 중 〈부지하사영회포不知何事萦怀抱〉

소였다. 「부지하사영회포不知何事萦怀抱」에서는 특히 라오베이징 문화의 상실에 대한 애도의 정서를 짙게 표출했다. 김씨 집안의 가족과 깊은 인연이 있는 늙은 건축사 랴오스지廖世基는 말년에 부분적으로 뇌가 손상되어 치매를 앓는다. 노인은 비오는 날, 동즈먼东直门 리자오차오立交桥 아래 길가에서 찢어진 비닐 우산을 들고, 이미 철거되어 존재하지 않는 성루를 감상한다. 그의 눈길이 닿는 곳에는 전자광고판이 있으며, "광고의 뒤로는 끝이 없는 빌딩과 쓸쓸하게 내리는 비뿐이다". 그러나 노인의 눈에는 "리쟈오차오도 없고, 광고판도 없고, 아직 밤도 아니고 비도 내리지 않았다. 단지 성루만이 보였다. 성루는 아마 베이징 시민의 눈에는 사라진, 그러나 여전히 랴오 선생의 눈에는 존재하는 성루였다. 성루는 맑고 아름다운 산들바람이 부는 아침햇빛 속에 서 있었다."71)

71) 叶广芩, 앞의 책, 159~160쪽. "广告的背景是无尽的高楼和凄凄的雨。", "没有立交桥, 没有广告牌, 没有夜色也没有雨水, 只有一座城, 一座已经在北京市民眼里消失, 却依然在廖先生眼里存在着的城, 那座城在晴丽的和风下, 立在朝阳之中。"

소설 제목 「누가 처량한 악부를 노래하느나谁翻乐府凄凉曲」에서 "누가 노래하느나谁翻"는 기억의 시선을 드러내며 이것이 책 전체를 관통한다. 이러한 회고의 감정이 이 작품의 가장 큰 특징이다. 그러나 예광친의 『차이상즈』는 결코 가족의 지난날을 추억하기 위한 것만이 아니다. 그녀는 말한다.

> 나의 모든 개인의 경력, 문화습관은 베이징 동청东城의 따자이먼이 나에게 선사한 것이다. 이것은 우리의 시대가 우리에게 준 영향과 같이 회피할 수 없는 것이다. 그것에 적합한 토양과 공기가 무의식적으로 나의 작품에 들어왔다. …… 나는 베이징에 대해 썼고, 그 속에는 베이징 한 세대와 그를 잇는 한 세대의 운명과 세태가 들어 있다. 그러나 적어도 나의 마음은 더 이상 베이징에 있지 않다. …… 중국이 몇 천년 동안 세운 도덕관, 가치관은 우리 모두의 골수에 깊숙이 박혀 있다. 비판도 좋고 보호하는 것도 좋고 수정하는 것도 좋지만 절대로 타락해서는 안 된다.[72]

작가는 구체적인 묘사를 통해서 우리에게 베이징의 다양한 모습을 선사한다. 먼저 작가는 후통과 몰락한 귀족의 스허위엔을 배경으로 쇠락한 가족에 대한 기억을 쓴다. 이것은 몰락한 황성 베이징의 기억과 일체가 된다.[73] 오랜 역사를 가진 후통은 베이징 문화의 상징으로, 오래된 건축, 인문역사는 깊은 가족사의 짙은 역사적 배경이 되고 있다.

---

72) 위의 책, 337~338쪽. "我个人的经历, 文化习惯以及北京东城那座大宅院所赋予我的一切, 同影响我们的这个时代一样是不可回避的, 它在适合的土壤和空气自觉不自觉地走入了我的作品。…… 我是在写北京, 写浸润北京一代又一代人的命运和世情, 但我已不属于北京, 至少我的心态已不属于北京", "中国几千年建立起来的道德观, 价值观, 深入到我们每一个人的骨髓中, 被批判也好, 维护也好, 修正也好, 惟不能堕落。"

73) 贺桂梅, 「九十年代小说中的北京记忆」, 『读书』, 北京: 生活·读书·新知三联书店, 2004年 第1期, 47쪽.

"전통을 중시하고 그 근원을 추구하는 것을 좋아하고 윤리질서와 도덕 관념을 따지는 것이 후통 문화의 또 다른 중요한 표준이 되었다."[74]

예광친은 후통에서 성장했다. 황족인 아버지와 서민 출신의 어머니에 대한 그의 기억은 후통과 긴밀하게 관련되어 있다. 이로써 베이징 후통 문화는 '공간의 관계'에서 '감정의 관계'로 전환된다.

> 오래되고 찬란한 동악묘의 유리 패루를 마주하면서, 나는 이전의 섬세한 생활 감정과 문화가 퇴락하는 것에 대한 불안을 느꼈다. 고향에서 스허위엔의 철거를 마주하는 동안 내가 느낀 것은 마음 속에서 자꾸만 솟아나는 말할 수 없는 아픔이었다. [75]

예광친은 라오베이징의 인문경관이 쇠락해가는 것에 대한 탄식과 안타까움을 표현하고 베이징 도시개조 과정을 비판했다. 예광친의 기억과 시선으로 재현된 몰락 황족의 생명체험과 라오베이징의 후통, 스허위엔 문화는 현재 중국의 문화상황에 대한 깊은 성찰을 유도해낸다.

후통의 귀족 스허위엔을 그린 『차이상즈采桑子』와 달리, 일반 시민의 후통, 스허위엔 생활의 기억을 그린 작품으로는 티에닝의 「영원은 얼마나 먼가永远有多远」를 들 수 있다. 티에닝의 첫 장편소설 『장미문玫瑰门』(1989)[76] 역시 후통과 스허위엔을 배경으로 이야기가 전개된다. 그녀

---

74) 王一川 主编, 『京味文学第三代:泛媒介场中的20世纪90年代北京文学』, 北京: 北京大学出版社, 2006, 248쪽. "注重传统, 喜好追根溯源, 讲究伦理秩序和道德观念成为胡同文化的另一个重要维度。"

75) 叶广芩, 「历史的旋回碎片——写在『大登殿』发表的时刻」, 『民族文学』, 北京: 中国作家协会, 2009年 第1期, 27쪽. "面对着依旧辉煌的东岳庙琉璃牌坊, 我体会到了以往生活细节逝去的无奈和文化失落的不安。这种感觉, 也是我在故乡停留, 面对拆迁的四合院, 一次又一次从心底翻涌出来的难以言说的疼痛酸涩。"

76) 铁凝, 『玫瑰门』, 北京: 作家出版社, 1991.

티에닝

『장미문』

는 이 작품을 시작으로 후통에서의 어린 시절과 가족에 대한 기억의 글쓰기를 계속한다. 창작의 영감을 어린 시절 후통의 생활 경험에서 얻고 있는 것이다. 그녀는 1957년에 후통에서 출생했고 그 곳에서 유년기와 성장기를 보냈다. 외갓집 스허위엔이 선사한 안정되고 편안한 시절과 공포스럽고 살벌했던 문혁시기는 모두 그녀의 기억 속에 남아 창작의 원천이 되었다. 30여 년 후에 다시 어린 시절의 도시로 돌아왔을 때, 그녀는 너무나 변하여 알아보기 힘든 후통과 마주하게 된다. 그러나 작가는 '후통'을 기억을 여는 열쇠로 삼는다. 작가는 성장과 영혼의 고통을 경험했던 샹샤오响勺후통(『장미문』)과 푸마驸马후통(「영원은 얼마나 먼가」)을 소설의 중요한 무대로 삼는다. 그녀의 '후통'은 더 이상 전통문화를 상징하지 않으며 번화하고 화려했던 과거의 꿈에 의탁한 이상적인 가정을 의미하지도 않는다.[77]

---

77) 王流丽, 「女性视角里的城市记忆: 叶广芩, 铁凝, 安妮宝贝的北京故事」, 『安徽文学』, 2008年 第2期.

비를 피하는 것은 그다지 중요한 목적이 아니었다, 나는 단지 이 곳에 잠시 서 있기를 원했다. 이 계단 위에 서있는 것이 그 어느 때보다 내가 베이징에 돌아온 것을 분명히 인식하게 해주었다. 발아래 주변이 낡아 파손된 푸른 돌계단 …… 머리 위에는 오래되었으나 결코 옹색하지 않은 처마가 나로 하여금 이곳이 베이징임을 심지어 이 곳의 위치를 알게 하였다. '스두世都', '티엔룬 왕차오天伦王朝', '신동안 시장新东安市场', '라오푸이에老福爷' …… 어느 것도 이곳이 베이징임을 알려주지 못했다. 그것들은 몰랐을 것이다. 후통 입구의 오래된 계단이 나더러 그렇게 섬세하고 뚜렷한 기억을 불러일으켰다는 것을 말이다.[78]

티에닝의 후통은 천젠공이 감개무량해 한 "숲과 같은 고층건축의 틈새에서 목숨을 겨우 유지하는 스허위엔林立的高层建筑的缝隙中苟延残喘的四合院"이 아니다. 주변이 오래되어 파손된 푸른 계단과 오래된 회색 기와와 지붕이 일찍이 이곳에서 생활한 적이 있었던 사람에게 이곳이 후통이라는 것을 깨닫게 하고 이전의 기억들을 되돌려준다. 이러한 정경은 후통의 기억과 후통문화가 현대 대도시 베이징에서 어떤 역할을 담당하고 있는지를 상징적으로 드러낸다.

소설의 주인공 바이다싱百大省은 베이징 후통에서 성장한 여자아이다. '仁义'의 대명사로 불리는 그녀는 영원히 착한 사람으로, 열정적으로 남에게 베풀기만 할 뿐 어떤 대가도 바라지 않는 애정의 기교를 모르는 사람으로 그려진다. 그녀의 성격은 마치 막 사라지려는 후통 정신의 핵심과도 같다. 소설의 결말은 이렇게 쓰고 있다.

78) 铁凝, 「永远有多远」, 앞의 책, 5쪽. "也许避雨并不重要, 我只是愿意在这儿站会儿。踩在这样的台阶上, 我比任何时候都清楚我回到了北京, 就是脚下这两级边缘破损的青石台阶 …… 就是头上这老旧却并不拮据的屋檐什使我认出了北京, 并深知我此刻的方位。'世都', '天伦王朝', '新东安市场', '老福爷', '雷蒙' …… 它们谁也不能让我知道我就在北京, 它们谁也不知这隐匿在胡同口的两级旧台阶能够引出我如此细碎, 明晰的记忆。"

『영원은 얼마나 먼가』

> 그녀의 어찌할 도리가 없음 때문에 나는 그녀를 미워한다. 영원은 얼마나 먼가? 바로 그녀의 어찌할 도리가 없음을 위해서 나는 영원히 그녀를 사랑한다. 영원은 얼마나 먼가? 바로 이 미움과 사랑을 위해서 베이징의 후통이 모두 철거될지라도 나는 영원히 베이징의 제일 첫 번째 충실한 관중이 될 것이다.[79]

후통에서 자란 작가 티에닝은 후통 생활에 대한 기억을 문학으로 표현했다. 티에닝은 『장미문玫瑰门』에서 중국 당대 역사와 여성의 운명을 베이징 후통에서 전개한다. 그러나 『장미문』의 역사 비판과 문화 성찰적 글쓰기와는 달리 「영원은 얼마나 먼가」에서는 티에닝의 다른 작품에서는 쉽게 볼 수 없었던 온정을 표현하고 있다. 이러한 온정은 베이징에 관한 것이고 막 사라지고 있는 라오베이징 문화정신에 대한

79) 위의 책, 55쪽. "就为了她的不可救药, 我永远恨她。永远有多远? 就为了她的不可救药, 我永远爱她。永远有多远? 就为了这恨和爱, 即使北京的胡同都已拆平, 我也永远会是北京一名忠实的观众。"

것이다. 예광친의 글쓰기와 비교해 볼 때, 티에닝의 글쓰기가 지니는 특징은 도시의 운명을 여성과 동일시한다는 것이다.80)

「영원은 얼마나 먼가」는 베이징 형상을 재구성함으로써 베이징 문화정신을 탐색한다. 베이징 문화기억과 생활기억이 구체적으로 의탁한 장소 즉 후통은 소실되었지만, 거기에 응집된 문화정신은 한 인물에 보존되어 훼멸되지 않고 끈질기게 이어지는 생명의 상징이 된다. 개인기억은 정신적 고향의 이미지로서 베이징을 상상하는 데 있어 내재적인 동인 역할을 하고 있다. 그러나 "영원은 얼마나 먼가"는 "결과가 없는 물음"이고 따라서 사실상 티에닝의 실의를 표현한 것이라 할 수 있다.

후통, 스허위엔에 대한 개인기억으로 글쓰기를 시도한 예광친과 티에닝은 기억의 글쓰기를 통해 정신의 고향으로서의 후통, 스허위엔 문화를 그려내는 한편, 후통의 변화와 중국현실 세태를 비판하고 그 세태에 대해 의혹의 시선을 보내고 있다.

5. 후통의 기억 충돌

베이징의 오래되고 전형적인 생활공간·건축공간이었던 후통과 스허위엔은 도시의 급격한 현대화로 인해 급속도로 와해되어 갔다. 후통과 스허위엔이 소멸된 자리엔 대부분 높은 빌딩 등의 현대식 건물이 들어섰지만, 재현의 주체에 따라 상이한 방식과 모습으로 재구되

80) 이렇게 도시를 여성으로 의인화하는 글쓰기 방식은 1990년대 후반 도시 글쓰기의 주요한 방식으로, 왕안이의 『장한가长恨歌』, 『메이터우妹头』와 티에닝의 「영원은 얼마나 먼가」 등에서 시도되었다.

따스란 입구의 스타벅스

하겐다즈, ME & CITY 등
세계적인 브랜드가 들어서 있는 따스란

기도 했다. 후통과 스허위엔의 재현은 그곳에 대한 기억의 차이, 목적과 의도에 따른 사후적 기억이라는 문제를 안고 있다. 후통과 스허위엔이라는 특정 공간을 부활시키고자 할 때, 누가 기억의 주체가 되는가 하는 문제는 그곳의 로컬리티를 어떻게 규정하는가 하는 문제와 직결된다.

후통관광은 외국인 관광객이 추구하는 상징적 진정성과 국가기억이 타협한 결과를 잘 보여준다. 후통에 대한 기억이 아니라 기대지평을 주로 지닌 사람들은 후통에 대해 진정성·이국성 등의 환상적 기대를 갖게 되지만, 이 기대는 미경험자 자신의 순수한 기대가 아니다. 중국은 외국인 관광객이 갖기를 바라는 기대를 조정하고 관리하고 지정한다. 귀족문화를 보여주는 거대한 따자이먼을 진정성의 내용으로 전시하거나, 중국 전통양식 건물을 일부 모방한 고급 브랜드 상점을 진열함으로써, 외국인 관광객이 기대하는 진정성·이국성을 중국 정부가 기대하는 현대화·세계화와 결합시킨다. 성공 여부와는 상관없이, 중국의 이러한 개발계획은 가장 중국적인 것과 가장 세계적인 것을 결합시키고자 하는 의지의 산물인 셈이다. 관광지 후통을 지배하는 국가기억은 중국이 외국인 관광객에게 전시하고자 하는 이미지와 외국인 관광객이 기대하는 이미지의 결합체이다. 반면 국내관광객에게 있어 관광지 후통은 전통 중화문명의 상징이자 마오쩌뚱이 국가 건설을 선포한 장소인 톈안먼과 마찬가지로, 국민국가의 장소신화적 기능을 수행한다.

국가기억에 저항하는 기억들은 각종 문화생산물을 통해 발현된다. 1980년대 문화텍스트들은 후통을 낙후와 우매의 상징으로 해석함으로써 국가기억을 반복하는 경향을 보였다. 1990년대 이후의 문화텍스트들은 후통과 스허위엔을 전통 윤리도덕, 고전적인 가정의 이미지와 연결시켰다. 그리고 순박하고 아름다운 고향을 상징하는 도시 속의 촌락으로 그려냈다. 우아, 문명의 상징인 현대 도시는 전통을 억압하는 기호로 인식되었다. 이러한 경향은 철저하게 개인의 기억에 의존했다. 개인기억은 이질적이고 다양해서, 국가기억으로 적극적으로 간취되는 것부터 국가기억에 저항하는 것까지 폭넓은 스펙트럼을 보여주었다.

관광지 후통은 전통문화와 현대화를 전시하려는 중국 정부의 국가기억과 외국인 관광객의 상징적 진정성이 결합한 공간이다. 반면, 1990년대 이후 문화텍스트를 통해 재현되는 후통은 개인기억에 의지하여 재구된 후통이다. 수많은 개인기억이 중첩되고 뒤섞여 복합적이고 혼종적인 지역기억을 재구해낸다. 이처럼, 후통에 대한 기억은 크게 두 가지 층위에서 진행되고 있다. 국가기억은 실제 현실공간인 후통을 통제하고 생산하며, 개인기억은 현실공간에서 소거된 지역기억을 주로 문화담론적 층위에서 생산하고 있다.

참고문헌

김영범, 「집합기억의 사회사적 지평과 동학」, 『사회사연구의 이론과 실제』, 한국정신문화연구원, 1998.

김용규, 「로컬리티의 문화정치학과 비판적 로컬리티 연구」, 『한국민족문화』 32, 부산대학교 한국민족문화연구소, 2008.

손세관, 『북경의 주택: 중국 주택의 원형, 사합원을 중심으로』, 열화당, 1995.

장세룡, 「로컬 기억과 기억의 정치」, 『大邱史學』 98집, 대구사학회, 2010.

정호기, 「기억의 정치와 공간적 재현: 한국에서의 민주화 운동을 중심으로」, 전남대학교 박사논문, 2002.

닝 왕, 이진형·최석호 역, 『관광과 근대성』, 일신사, 2004.

야마시타 신지 엮음, 황달기 역, 『관광인류학의 이해』, 일신사, 2001.

알라이다 아스만, 변학수·백설자·채연숙 역, 『기억의 공간』, 경북대학교출판부, 2003.

딘 맥커넬, 오상훈 역, 『관광객: 신유한계급론』, 일신사, 1994.

G. Deleuze, 김재인 역, 『베르그송주의』, 문학과지성사, 1996.

G. J. 애쉬워드 & A. G. J. 디트보스트, 박석희 역, 『관광과 공간변형』, 일신사, 2000.

R. Debray, 정진국 역, 『이미지의 삶과 죽음』, 시각과언어, 1994.

刘心武, 『钟鼓楼』, 北京: 人民文学出版社, 2009.

刘心武, 『人在胡同第几槐』, 北京: 中国文联出版公司, 2009.

刘心武, 「抚摸北京」, 『抚摸北京』, 北京: 生活·读书·新知三联书店, 2006.

汪曾祺, 「胡同文化」, 『汪曾祺全集』 第6卷, 北京: 北京师范大学出版社, 1998.

叶广芩, 『采桑子』, 北京: 北京出版社, 2009.

叶广芩,『采桑子』, 北京: 北京十月文艺出版社, 1999.
铁　凝,「永远有多远」,『十月』, 北京: 十月杂志社, 1999.
铁　凝,『永远有多远』, 北京: 解放军文艺出版社, 2000.
铁　凝,『玫瑰门』, 北京: 作家出版社, 1991.
朱家信·黄裳裳·朱育颖编,『刘心武研究专集』, 贵阳: 贵州人民出版社, 1988.
赵　园,『北京: 城与人』, 北京: 北京大学出版社, 2002.
孟　悦,『历史与叙述』, 西安: 陕西人民出版社, 1991.
刘保全主编,『北京胡同』, 北京: 中国旅游出版社, 2008.
朱家信·黄裳裳·朱育颖编,『刘心武研究专集』, 贵阳: 贵州人民出版社, 1988.
李路珂·王南·胡介中等,『北京古建筑地图』, 北京: 清华大学出版社, 2009.
王一川主编,『京味文学第三代:泛媒介场中的20世纪90年代北京文学』, 北京: 北京大学出版社, 2006.
崔京昊,『北京胡同的社会文化变迁与旅游开发』, 北京: 民族出版社, 2005.
刘宁波·常人春,『古都北京的民俗与旅游』, 北京: 旅游教育出版社, 1996.
刘　卓,『市井风情录: 小巷文学』, 沈阳: 辽宁大学出版社, 2000.
杨　晗,『论刘心武小说中的时间与空间』, 首都师范大学 硕士论文, 2009.
孙大萍,『京味文学中胡同意象及胡同文化』, 吉林大学 硕士论文, 2011.
曹吉星,「北京胡同旅游调查研究:以什刹海地区胡同游为例」, 北京: 中央民族大学硕士学位论文, 2009.
邹　平,「一部具有社会学价值的当代小说: 读刘心武的小说『钟鼓楼』」,『当代作家评论』, 1986年 第2期.
胡德平,「党中央, 国务院对北京建设方针的两次指示」,『南方周末』, 2010年 4月 15日。
王一川,「与影视共舞的20世纪90年代的北京文学:兼论京味文学第四波」,『北京社会科学』, 北京:北京市社会科学院, 2003年 第1期.

王一川,「京味文学: 绝响中的换味」,『北京社会科学』, 2006年 第6期.

叶广芩,「历史的旋回碎片: 写在『大登殿』发表的时刻」,『民族文学』, 北京: 中国作家协会, 2009.1.

贾海樾,「北京旧城胡同保护规划工作任重而道远」,『北京规划建设』, 北京: 北京城市规划设计研究院, 2009年 第6期.

王流丽,「女性视角里的城市记忆: 叶广芩, 铁凝, 安妮宝贝的北京故事」,『安徽文学』, 合肥: 安徽省文学艺术界联合会, 2008年 第2期.

黄　隽,「"胡同游"成长分析」,『旅游学刊』北京: 北京联合大学旅游学, 2005年 第1期.

贺桂梅,「九十年代小说中的北京记忆」,『读书』, 北京: 生活·读书·新知三联书店, 2004年 第1期.

Dann Graham M.S. and Erik Cohen, "Sociology and Tourism", *Annals of Tourism Research* 18(1), 1991.

Lefebvre, *The Production of Space*, Oxford: Blackwell, 1991.

4장

제6세대 영화와 베이징

1. 제6세대 영화와 도시

개혁개방의 성장기였던 1990년대에도 중국의 영화계는 여전히 창작의 자유를 누리지 못했다. 중국 정부는 영화를 체제 선전수단으로 적극 활용하여 낙관주의를 전파하고자 했고, 이에 따라 영화 제작과 배급은 여전히 국가의 엄격한 통제 아래 놓여 있었다. 높은 빌딩, 산업화된 시설 등과 같은 '보여주어야 할 것'과 퇴락한 하층민 거주지 같은 '보여주지 말아야 할 것'이 엄격히 구분되었다. 당시의 주류영화는 제작비를 지원받는 대가로 정부의 통제에 순응하면서 도식성과 작의성, 규범성을 강하게 드러내고 있었다. 이촌향도離村向都로 인해 급증하게 된 도시 주변인들은 도시 기능의 일부를 담당하고 있었음에도 불구하고, 그들과 그들의 거주지인 주변지역은 '보여주지 말아야 할 대상' 즉 삭제되고 배제되어야 할 대상이었다. 당시의 주류영화에서 도시가 낙관주의라는 단일 이미지의 공간으로 묘사된 이유는 도시가 실제로 단일 이미지의 공간이었기 때문이 아니라 이 영화들이 국가 이데올로기에 부적합한 이미지들을 외면하고 삭제했기 때문이었다.

이런 주류영화와는 달리 도시 주변인을 맴돌면서 그들과 그 지역을 담으려 한 일군의 감독들이 있었다. 제6세대 감독[1]으로 통칭되는 이들은 도시 주변인을 집중적으로 담았고 정부의 통제, 감시 체제에서 벗어나 표류하다시피 하면서 저항정신을 표출해냈다. 제5세대 영화인들과는 달리, 이들은 국가의 예술영화창작자금 지원을 포기하면서까지 주류영화의 낙관주의와는 거리가 먼 자신들의 영화를 만들고자 했다.

> 그때 시나리오가 통과되지 못했지만 나는 다섯 개의 시나리오를 쓰고 있었다. 곧 영화를 찍을 것이라는 말을 듣고서 나는 아주 두꺼운 신청서를 준비했다. 시나리오 기획과 편집부터 감독의 일까지를 고려해서 그렇게 많이 썼지만 결국엔 아무런 성과도 없었다. 다시 소식을 기다렸다. 그러나 최종 회의에서 나더러 영화를 찍지 말라는 확고한 결정이 내려졌다. 내가 어떻게 도주하지 않을 수 있었겠는가?[2]

대학 졸업 후 정부로부터 배정받은 직장 푸지엔福建 영화제작사를

1) 이 글에서 사용하는 '제6세대 감독'은 대개 북경전영학원北京电影学院을 1990년대 초중반에 졸업한 감독들을 가리키는데, 장위엔张元, 왕샤오솨이王小帅, 허지엔쥔何建军, 지아장커贾樟柯, 로예娄烨, 관후管虎, 루세창路学长, 장양张扬 등이 이에 해당한다. 이들은 제6세대라는 구분법에 대해 대체로 동의하는 편이다. 제6세대라는 명명은 이미 보편화되어, 왕샤오솨이는 대학졸업 후 영화를 찍을 기회를 찾아다니던 장위엔을 격려하면서 "내가 장위엔에게 〈엄마妈妈〉를 찍으라고 말했다. 어쩌면 제6세대의 첫 작품이 될지도 모르니"라고 말하기도 했다.

2) 程青松·黄鸥, 『我的摄影机不撒谎; 先锋电影人档案: 生于1961~1970』, 北京: 中国友谊出版公司, 2002, 310~311쪽.

왕샤오솨이

뛰쳐나왔던 왕샤오솨이王小帅의 회고에서, 정부의 엄격한 통제와 이에 대한 제6세대 감독들의 저항정신을 엿볼 수 있다. 그의 이후 영화로 미루어 짐작하건대, "찍지 말라는 확고한 결정"의 원인은 주류담론이 추구하던 것과는 다른 입장을 그가 견지한 데 있었던 것으로 보인다. 즉 그의 시나리오는 다른 영화에서는 언급되지 않았던 도시 주변인들을 담고 있었던 것이다.

제6세대 영화의 역사적 의의는 주류영화가 재구성해낸 도시의 단일 이미지에 저항하여 복합적이고 혼종적인 도시 이미지를 있는 그대로 존중하고 그려내려 했다는 데 있다. 당시 중국 영화에서 도시 주변인의 현실을 그들의 시선으로 담아낸 영화는 거의 없었다. 도시 주변인은 엘리트 지식인이 계몽하고 교화해야 할 타자, 현대 물질문명에 오염된 대상으로 비판받는 존재일 뿐이었다. 철저하게 홀대받았던 도시 주변인과 주변 공간은 제6세대 감독의 성장과 더불어 새로이 조명되었다. 카메라의 초점에 대한 국가의 통제력이 막강한 상황에서는 도시 주변인과 주변 공간을 담아내는 것 자체가 곧바로 저항을 의미했다.

제6세대 감독들은 도시 주변인과 자신들 사이에서 일종의 동질성을 발견한 듯하다. 자신을 드러낼 수 없는 상황, 중심에서 배제된 존

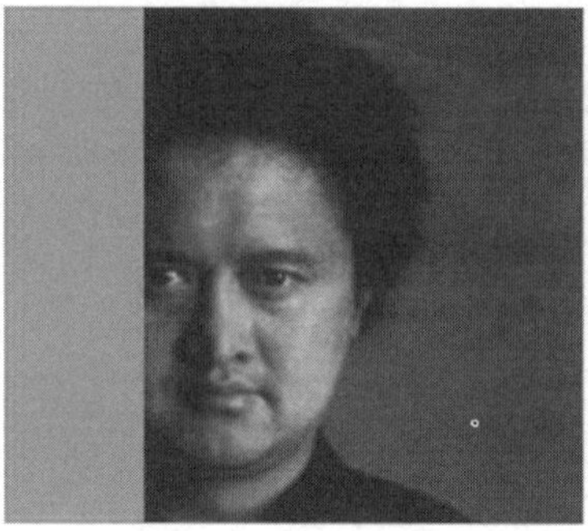

장위엔

지아장커

재, 중심과는 이질적인 자신의 존재를 드러내는 것으로 저항을 실천하는 존재 등이 동질성의 내용이었다. 제6세대 감독들은 도시 주변인과 주변 공간을 묘사함으로써 자신을 성찰하고 드러내고자 했다. 도시 공간의 중심에 대한 저항, 주변성에 대한 탐구를 이들의 영화에서 발견하는 것은 자연스러운 일이다. 당시의 주류문학과 비교해 볼 때, 베이징 주변부의 지역성과 문화에 대한 제6세대 영화의 탐구는 더욱 사실적이고 사회적인 의미를 구비한 것이었다.

국가 주도의 제작이라는 체제 내에서 영화를 제작할 기회를 거의 갖지 못한 중국의 제6세대 영화인들은 독립제작 방식을 취할 수밖에 없었고 체제 내에서 자신의 영화를 상영할 수도 없었다. 따라서 그들은 스스로 영화 제작비를 마련하고 시나리오 작업을 하였기에 역설적으로 외부의 압력에서 더 자유로울 수 있었다. 독립영화는 6세대 감독에게는 유일하게 가능한 선택이기도 했다.[3] 그리고 독립영화 제작 방

3) 제6세대 영화는 텍스트의 전파 방식과 문화공간의 구성에도 변화를 가져왔다. 1990년대 이후 6세대 감독의 작품은 인터넷에서 다운로드를 받거나 불법 해적판을 구매하는 방식으로 시장에서 유통되었다. 해적판 시장과 지하관중의 열정적인 참여는 6세대 영화 보급의 중요한 요인이었다. 이 방식은 6세대 감독들이 의도한 것이 아니었지만, 왕샤오솨이의 말을 빌리자면 "한 작품이 유행되면 막으려도 막을 수가 없는 것이었다—旦—部作品要流

식은 '자기의 영화를 찍는 것'에 대한 열망, 자기의 이야기를 하고자 하는 강렬한 바람과 연결되어 있었다. 그들은 카메라를 자기 자신에게 향하게 했으며, 이후엔 자신/카메라에 문화 현장의 목격자, 시대의 증언자라는 역할을 부여했다. 제6세대 영화는 자아 서술과 현실 재현이라는 두 가지 기본적인 서술 방식을 구축해 나갔다.

이 장에서는 도시 베이징의 주변 공간이 중국의 제6세대 영화에서 어떤 방식으로 묘사되어 있는가를 구체적으로 살펴봄으로써, 국가와 자본이 기획한 베이징의 도시 이미지에 이들 영화가 어떤 방식으로 도전하는지를 알아보고자 한다. 그리고 중국 제6세대 감독 왕샤오솨이王小帅, 장위엔张元과 지아장커贾樟柯의 영화 중, 주변인 예술가와 하층 이주노동자 그리고 베이징의 주변 공간을 다룬 작품을 텍스트로 삼아 베이징의 지역성을 고찰하고 그 변화 양상을 살펴볼 것이다.

2. 예술가 집성지로서의 베이징

"자기의 영화를 만든다"는 것은 초기의 제6세대 감독이 영화실천에 종사할 수 있었던 가장 중요한 동력이었다. 기존의 영화와는 달리, 제6세대 감독의 영화는 개인, 자아의 정립·표현과 긴밀하게 관련되어 있었다. 〈극도한랭极度寒冷〉에 나오는 "그들은 단지 자기의 방식으로 자기를 표현할 뿐이다他们不过在用自己的方式表达自己"라는 대사는 제6세대

传, 怎么堵也堵不住". 관람료의 수익을 바랄 수 없는 상황에서 그들은 보이지 않는 관중과 자신의 작품을 공유하였다. 이런 방식의 전파는 주류영화의 국가-매체-관중이라는 생산, 수용 방식과는 달랐다. 가상적 문화공간에서 평등한 교류와 대화가 가능하며 다양한 의식이 서로를 고양하고 촉진시키는 사회적 분위기가 형성되는 데 일조하였다. 이는 그들이 당시 도시문화 구성에 참여하는 또 다른 방식이었다.

왕샤오솨이의 〈나날들〉

초기영화의 특징을 단적으로 표현했다.

자기의 방식으로 자기를 표현하는 영화는 자전적 성격을 지녔는데, 이러한 자전적 글쓰기 방식은 중국 영화사에서는 보기 드문 것이었다. 제6세대 감독의 초기 영화에는 록 가수, 화가와 전위예술가가 다수 등장한다. 이런 예술가들을 통해 감독 자신의 정체성을 모색하는 것은 6세대 감독과 예술가의 정서적 동질성에 기반한 것이었다. 감독이 발견한 동질적인 정서는 도시 공간의 중심에 편입되지 못하고 소외된 주변인 의식을 골자로 하고 있었다.

왕샤오솨이[4]의 첫 작품인 〈나날들冬春的日子〉은 화가들의 암울한 가

---

4) 왕샤오솨이王小帅: 1969~ . 제6세대 감독. 왕샤오솨이는 1991년 푸지엔福建 영화제작사에 배치된다. 그는 그곳에 도착하자마자 잘못 선택했다는 것을 깨닫고 언제라도 떠날 수 있게 최소한의 생활용품 이외에는 어떤 것도 마련하지 않고, 다섯 부의 극본을 쓰며 영화를 만든다는 집념으로 버틴다. 그러나 푸지엔 영화제작사에서는 자신이 영화를 만들 기회를 얻기 힘들다는 것을 깨달은 즉시 직장을 그만둔다. 그리고 베이징에 와서 유랑 예술가 집단이라는 주변인 신분이 되어, 광고, MTV, 그리고 여러 곳의 촬영 임시직 일을 전전하면서 영화에 대한 꿈을 키우다가 개인적으로 자금을 모아 영화 〈나날들冬春的日

〈극도한랭〉

정, 사회체제 내에서의 우울한 생활 상태를 그렸다. 흑백의 색채, 고정된 카메라 위치, 롱테이크 등을 통해 두 화가의 단조롭고도 억압된 정서를 표현했다. 그의 두 번째 작품 〈극도한랭极度寒冷〉은 1994년 6월 20일에 일어난 실화를 바탕으로 한 영화다. 행위예술가인 치레이齐雷는 자살이라는 방식으로 자신의 짧은 행위예술 생애를 완성한다. 중국의 행위예술은 1980년대 중후반부터 성장하기 시작한 실험예술 중 하나다. 치레이와 영화는 이 행위예술에 적극적인 의미를 부여한다. 전통 회화에선 화가와 관객의 교류가 매체를 통해서만 가능하지만, 행위예술은 별도의 표현매체를 동원하지 않고 자신의 신체만으로 직접 관중과 교류할 수 있는 장르, 자신의 '신체'로 직접 실천하는 예술이라는 것이다.[5] 가장 신체적인 표현인 죽음(자살)을 실연해낸 치레이에게 있어 행위예술은 삶과 죽음이라는 영원한 철학적 문제에 대한

子〉(1993)을 만든다. 〈나날들〉은 이태리, 그리스 등의 국제 영화제에서 각종 상을 수상했고 뉴욕 현대박물관에서 영화를 소장하게 된다. 아울러 영국광고회사의 세계 백년 영화사 100편의 영화에 포함된다. 그의 작품으로는 〈나날들冬春的日子〉, 〈극도한랭極度寒冷〉, 〈몽환전원夢幻田园〉, 〈천국까지 그렇게 가까이扁擔·姑娘〉, 〈북경자전거十七岁的单車〉, 〈상하이드림青红〉 등이 있다.

5) 치레이가 완성하려는 행위예술은 네 부분으로 구성되어 있다. 입추立秋에는 흙으로 매장하고土葬, 동지冬至에는 수장하고水葬, 입춘立春에는 화장을 하고火葬, 하지夏至에는 얼음으로 매장하는冰葬 것으로 치레이는 자신의 생명을 끝낸다. 자살은 그의 행위예술의 일부이다.

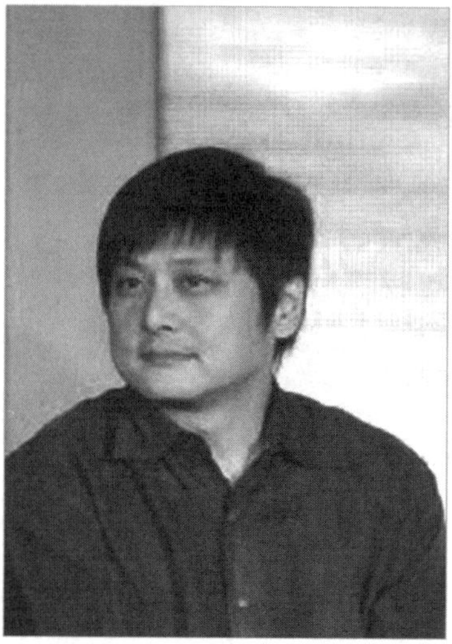

장양

〈어제〉

대답인 셈이었다. 그러나 그는 가짜 죽음으로 진정한 죽음을 연기했지만, 관객은 이 비장한 의식에 주의를 기울이지 않았다.6) 행위예술가는 도시와 온몸으로 부딪쳤지만 그는 끝까지 외면받은 주변인이었다.

치레이의 소외는 왕샤오솨이의 주변인 의식이 투사된 결과이기도 했다. 치레이의 행위예술이 그러했듯, "자기의 방식으로 자기를 표현하는" 작가주의 영화는 중국 관객과 예술의 관계를 순조롭게 처리하지 못했다. 전위예술의 자기 반영성은 제6세대 감독의 주변인 의식이 자전적 형식으로 투영될 수 있는 든든한 기반이기도 했지만, 그들의 작품이 '지하'에서 부상한 이후에도 여전히 중국 시장에서는 큰 호응을 얻지 못하는 이유가 되었다. 지아장커贾樟柯의 〈세계世界〉, 로예娄烨의 〈자호접紫胡蝶〉이 중국에서 대중적으로 흥행하기 힘든 이유 중 하

6) 치레이는 빙장 부분에서 죽은 것으로 알려졌지만, 실제로 그는 얼마 뒤 자신의 집 욕실에서 자살했다. 영화에서는 빙장 3개월 후 산 속의 나무 밑에서 자살하는 것으로 그려졌다.

루세창

〈성장〉

나도 여기에 있었다.

장위엔张元[7]의 〈베이징 잡종北京杂种〉, 관후管虎의 〈머리가 헝클어졌어头发乱了〉, 루세창路学长의 〈성장长大成人〉과 장양张扬의 〈어제昨天〉 등은 모두 베이징을 배경으로 하고 록 가수를 주인공으로 한다. 이 영화들은 록 음악으로 감독 자신의 이야기를 대신한다. 서구에선 이미 지배적인 장르 중 하나가 되어 있었지만, 1990년대 중국 대도시에서 록 음악은 여전히 냉대받는 하위 장르였고 록 음악을 하는 예술가들 또한 주변인 예술가였다. 〈베이징 잡종〉의 록 가수는 부단히 '무언가를 추구'하지만 "자기 마음대로 생활하는 그렇고 그런" 주변인에 불과하다. 그들은 자신의 음악을 위해 현실적인 문제와 매일 싸워야 하며, 매번 이사를 해야 하며, 심지어는 건축 공사장에서 생활해야 한다. 영화가 그려내는 록 가수의 일상 대부분은 곧바로 제6세대 감독과 스태프들의 일상생활 그것이었다.

---

7) 장위엔张元: 1963~ . 중국 6세대 감독. 첫 6세대 영화인 〈엄마妈妈〉(1991)와 〈베이징 잡종北京杂种〉(1993), 〈아들儿子〉(1996), 〈동궁서궁东宫西宫〉(1996), 〈17년过年回家〉(1998), 〈미친영어疯狂英语〉(1999), 〈수양收养〉(2001), 〈녹차绿茶〉(2002), 〈지앙제江姐〉(2002) 등의 영화를 만들었다.

관후

〈머리가 헝클어졌어〉

또 하나 간과해서는 안 될 것은 〈나날들〉은 "왕샤오솨이의 영화一部王小帅的电影"라는 자막으로 시작하며 〈극도한랭〉의 감독은 "무명无名"이라는 이름으로 자신을 드러내고 있다는 점이다. 중국 영화사상 처음으로 개인의 이름이 등장한 것이었다. 이로 인해, 영화 소유권에 대한 체제 내의 관습적 통념에 균열이 생기기 시작했고 중국에서 작가주의 영화라는 명명이 처음으로 시도되었다. 지배 이데올로기 담론과는 거리를 둔 채 의도적으로 주변부의 입장에서 '무명'이라는 개인의 영상을 탐색함으로써, 시대정신에 대한 다층적인 이해를 개진하였던 것이다.

이처럼 자전적 성격이 농후한 제6세대 감독들의 초기 작품은 개인의 발견이라는 중요한 변화를 선언하면서 감독 자신의 주변인 의식을 주변인 예술가들에 투사하고 있다. 주변인 예술가에 투사된 제6세대 감독의 주변인 의식은 중심에 대한 저항으로 이어진다. 저항 양상은 문화적, 정치적 측면에서 전면적으로 진행되었다. 당시의 예술 창작품이 국가체제 내에서 조직적으로 생산되었다는 것을 감안할 때, 총체적 형상화를 포기하고 역사의 흐름을 부정하는 전위예술은 당시 중국의 문화제도에 대한 전복 행위였으며[8] 자신의 소외를 적극적으로 드러냄으로써 폭력적인 사회의 일방적인 우위를 폭로하는 저항행위였다.[9] 자기표현과 저항성을 기반으로 하는 록 음악 역시, 제6세대 감독들의 자아상을 반영하고 중국 문화체제의 경직성을 고발하는 유력한 무기였다.

제6세대 영화에 등장하는 록 음악가들은 록을 음악으로뿐만 아니라 생활방식의 일환으로 흡수했다. 따라서 그들의 생활방식은 주류사회에 대한 반항을 이미 내장하고 있는 셈이었다. 서구의 록 음악은 1990년대 중국 대도시로 옮겨와서 주류문화 전복을 위한 도구로 이용되었다.

제6세대 영화의 저항은 무기력한 자기불신의 성격을 지니고 있지 않았으며, 개별적이고 파편적인 양상으로 전개되지도 않았다. 제6세대 영화는 도시 주변인을 적극적으로 묘사함으로써, 국가가 규정한 영화문법 즉 보여주어야 할 것과 보여주지 말아야 할 것의 엄격한 분할·통제를 위반하고 국가체제의 순수성과 절대성에 의문을 제기했다. 그 예를 장위엔의 〈베이징 잡종〉에서 확인할 수 있다.[10] 〈베이징 잡종〉은 강렬한 비극적 정서와 곤혹을 표현하였고, 베이징 청년들의 사회배척 심리와 혼란스런 인간관계에서 느끼는 강한 고독감을 드러냈다. 그러나 '잡종杂种'이라는 단어에는 국가체제, 전통과 기존 질서 등의 순수성에 대한 강렬한 풍자가 담겨 있다. 더구나 이 풍자는 강자

8) 문병화, 『아도르노의 사회 이론과 예술 이론』, 문학과지성사, 1993, 306~312쪽 참조.
9) 발터 벤야민, 반성완 역, 『발터 벤야민의 문예이론』, 민음사, 1983, 224~226쪽 참조.
10) 장위엔의 〈베이징 잡종北京杂种〉은 오랫동안 중국에서 공개 상영이 금지되었지만, 관심을 가진 사람은 불법복제의 방식으로 이 영화를 구할 수 있었다.

에 대한 약자의 피해의식을 극복하고 있다. 〈베이징 잡종〉의 결말 부분에서 주인공 추이지엔崔健은 "나는 최후의 원망을 그만두려 한다. 그러나 나는 맞바람에 맞서 싸우려 한다"고 노래한다. 추이지엔의 노래는 1989년 톈안먼 사태 이후 지식인과 예술가들이 가졌던 현실인식을 대변한다. 역사가 자기에게 짊어지어준 부담에 대한 원망을 떨쳐버리고, 새로운 현실에 맞서 싸우려는 우울하지만 생명력 가득 찬 활기를 보여주고 있다. 장위엔이 〈베이징 잡종〉에서 표현하고자 한 것은 '신인류新人类'였고, 신인류의 행위는 끊임없이 '자기의 생존방식을 모색하는 것'이었다. 장위엔은 "우리들은 실패한 세대여서는 안 되며, 우리 세대는 모색의 과정을 통해 반드시 일어나야 하며, 진정으로 자기 자신을 완성해야 한다"[11]고 주장했다.

1) 우원광吴文光의 〈베이징 유랑: 최후의 몽상가〉

상하이와 비교할 때, 1990년대 이후 베이징 쓰기는 여전히 강력한 문화전통의 제약을 받고 있었다. 이런 특징이 가장 뚜렷하게 표출되는 지점은 도시와 도시 주변인 집단과의 관계에서였다. 1980년대 후반부터 베이징은 문화예술 집단의 집성지가 되었는데, 〈베이징 유랑流浪北京〉,[12] 〈베이징의 음악과 길北京的乐与路〉[13]과 〈베이징 잡종〉[14]은 베이징을 표류

11) 寧岱, 「「北京杂种」劇情簡介」題頭, 『電影故事』, 1993年 第5期, 9쪽. "我們這一代不應該是垮掉的一代, 這一代應該在尋找中站立起來, 眞正完善自己。"

12) 〈베이징 유랑流浪北京〉(1990): 우원광吴文光 감독의 작품. 베이징에서 표류하며 생활하는 다섯 명의 예술가를 담은 기록영화.

13) 〈베이징의 음악과 길北京的乐与路〉(2001): 장완팅张婉婷 감독의 작품. 베이징 유랑 록 가수들의 음악과 생활을 다룬 영화.

14) 〈베이징 잡종北京杂种〉(1993): 장위엔张元 감독의 독립영화. 베이징에서 생활하는 주변인과 록 가수들의 생활과 음악을 그린 영화.

우원광

<베이징 유랑>

하는 주변 문화예술인의 모습을 그려냈다. 그러나 당시 중국정부는 이런 문화예술집단에 대해 직접적인 통제를 가하였고, 제6세대 영화인들과 그들의 작품은 오랫동안 금기시되었다. 베이징과 달리, 상하이에서는 왕안이[15]의 「필을 사랑해我爱比儿」나 「장한가长恨歌」처럼 주변인 집단과 도시 주변인의 생존을 묘사하는 작품도 주목을 받는 편이었다. 여기서 중국 문화에서 베이징과 상하이는 황성皇城의 도시와 현대도시로 상상적으로 구별되고 있음을 알 수 있다.

1990년 유랑 예술가[16]들은 베이징 서쪽의 웬밍웬圆明园 유적지 부근에 집성촌을 만들고 창작활동을 시작했다. 많은 청년들이 직장·호적·수입·주택 배정이라는 보장된 생활을 버리고 유랑을 선택한 것이다.

---

15) 왕안이王安忆: 1954~ . 중국 상하이에 거주하며 창작활동을 하고 있다.

16) 당시 국가가 배정해준 직장을 포기하고 베이징에 남아서 창작활동을 하던 작가와 화가들이 많이 있었다. 해외 언론에 이들에 관한 소식이 많이 소개되었지만 당시 중국에서는 은폐된 공인되지 않은 일이었다.

그들은 자유로운 예술창작을 목적으로 웬밍웬 예술가촌을 형성했다. 260명의 예술가가 이곳에서 창작활동을 하면서 생활했다. 그러나 1995년 11월, 베이징 웬밍웬 예술가촌은 반년에 걸친 정부의 강제적인 통제와 압력으로 인해 철퇴를 맞게 되었다. 예술가촌의 형성에서부터 인위적인 힘에 의한 강제철거까지는 6년이라는 세월이 걸렸다. 현재 예술가들은 뿔뿔이 흩어졌지만, 이 예술가촌은 중국문화에서 베이징이 갖는 상징성과 의미를 고양시켰다.

1990년대 초의 〈베이징 잡종〉, 〈나날들〉, 그리고 〈베이징 유랑〉과 〈나 졸업했어我毕业了〉(스지엔) 등은 국영영화제작사 시스템의 제작방식에서 벗어나 독립 제작방식으로 만든 영화였다. 이 중 기록영화 〈베이징 유랑〉과 〈베이징 잡종〉을 통해, 베이징을 표류하며 자유로운 예술창작을 추구했던 주변인 예술가들의 베이징 상상을 구체적으로 추적해보자.

1980년대 후반기 베이징에 화가, 록 가수, 무명작가, 자본이 없는 영화감독 등의 유랑 예술가 집단이 형성되었다. 그들 대다수는 베이

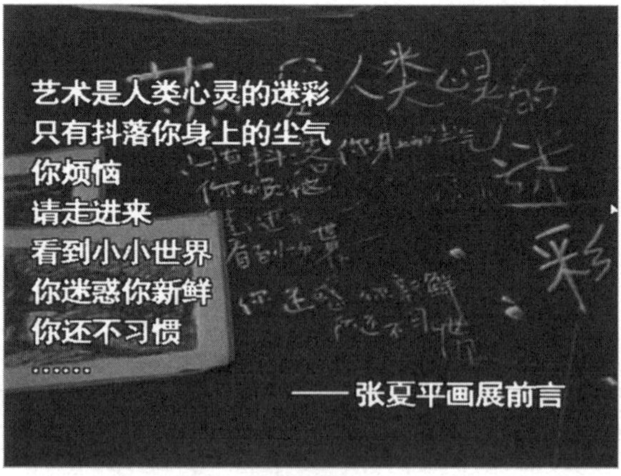

〈베이징 유랑〉

징 호적도 없고 직업도 없고 고정된 수입과 거주지도 없었다. 그들은 기존에 없던 자유로운 집단으로, 체제 내에서 어떠한 안전도 보장받지 못하는 것으로 자유의 대가를 치르고 있었다. 그들은 전시회가 금지되었으며 걸핏하면 거주지에서 쫓겨났고 늘 기아의 위협에 시달려야 했다. 그러나 진정 그들을 유랑의 길로 내몬 것은 예술을 향한 꿈이었다. 그리고 1980, 90년대 과도기의 문화적 전환과 혼란이 이 문화 주변인의 출현을 부추겼다. 그들은 문혁 후의 진정한 '신인류新人类'라고 할 수 있다.

1980년대 말, 우원광[17]은 자신의 친구, 유랑 예술가들의 일상생활을 열악한 방식으로 기록했다. 그의 직관에 가까운 창작은 당시의 유행과는 전혀 관계가 없었지만 미래 창작의 출로를 개척해냈다. 우원광은 〈베이징 유랑〉을 완성하면서 '최후의 몽상가最后的梦想者'를 부제로 달았다.

〈베이징 유랑: 최후의 몽상가〉(1990)는 작가, 사진작가, 화가, 연극연출가 등 다섯 유랑 예술가의 1980년대 말 베이징 생활을 기록한다. 그들의 호적戶口은 윈난성云南省, 스촨성四川省, 헤이룽지앙성黑龙江省 등이다. 그들은 호적문제 때문에 고향과 직장을 포기하고 베이징에 와서 생활하거나 베이징의 대학 졸업 후 지방으로 배정된 직장을 포기하고 베이징의 유랑 생활을 선택한 사람들이다. 그들의 목적은 대체로 비슷한데, 베이징에서 예술의 꿈을 실현하는 것이다.

우원광은 1988년 4월 어느 날, 베이징 스허위엔에서 글쓰기로 생활

---

17) 우원광吴文光: 1956~ . 다큐멘터리 영화 감독. 〈베이징 유랑: 최후의 몽상가流浪北京: 最后的梦想者〉, 〈1966: 나의 홍위병시대1966: 我的红卫兵时代〉, 〈사해위가四海为家〉(〈베이징 유랑〉의 하편), 〈강호江湖〉 등의 기록영화를 만들었다. 〈1966: 나의 홍위병시대〉는 홍위병들과의 대담형식의 영화로서 문혁시대의 홍위병 뉴스 기록영화 〈신문간보新闻简报〉를 부분적으로 삽입하기도 하였는데 이것은 '문혁'에 대한 개인적인 역사쓰기의 실험이라고 할 수 있다.

을 꾸려나가던 친구가 미국인과 결혼 후 출국한다는 소식을 듣게 된다. 이 소식을 듣자 우원광은 안정된 직업과 호적도 포기한 채 예술의 꿈을 안고 베이징을 유랑하는 자신들이 얼마 지나지 않아 각자의 방식으로 '베이징 유랑'의 역사를 마칠 것이라는 생각을 하게 된다. 그래서 감독 자신을 포함한 당시 유랑 예술가들의 베이징 생활을 기록해 두려는 생각을 하게 된다. 그는 현실을 진실하고 생동감 있게 담아내기 위해서 다큐멘터리 형식을 선택한다. 영화는 1988년 여름에서 1989년 연말까지를 담고 있다.

영화에서 언급되는 '망류盲流'는 강렬한 정치적 색채를 띤 중국 특유의 단어다. '망류'란 1980년대 중국정부의 행정체제와 생활 질서를 벗어난 사람, 표류 상황에 처한 사람을 가리킨다. 1949년 이후 신분 통제는 한층 강화되는데, 정치적 목적과 질서 유지를 위해 국가는 개인을 고정된 곳에 배치시켜 관리했다. 마오쩌둥 시대에는 '망류'가 거의 존재할 수가 없었다. 호구, 의식주 등 기초생활 전체가 정부의 행정체제와 밀접한 관계를 가지고 있었기에 당시 정부의 행정체제는 개인의 생활과 생존을 결정하는 강력한 기구였다. 당시는 신분이 모든 것을 의미했다. 신분이 없다면 생존에 필요한 기본적인 권리와 보호를 상실할 수밖에 없었다. 당시 중국은 엄격한 규율의 사회였고 모든 사람들에게 기존의 문법으로만 표현하기를 요구하였기에, 현재와 같은 비교적 자유스러운 공간과 그 가능성은 찾아볼 수 없었다.

중국 정부는 화가촌을 통제하는 정책을 몇 차례에 걸쳐 실시했다. 그러나 예술가들은 자유의 존엄을 경시하는 정부의 행정체제를 견디지 못했다. 진정으로 자유로운 생활을 하고자 한다면 중국 정부의 행정체제 밖으로 이탈하는 방법밖에 없었다. 그래서 그들이 원하든 원하지 않든 간에 1980년대, 1990년대 초 주변인 예술가들은 자신의 신분을 포기한 채 베이징을 표류하는 방식으로 생활하기 시작했다. 따라서 '망류'라는 이 새로운 존재의 생활 방식 자체가 정치적인 반항을 의미했다.

〈베이징 유랑: 최후의 몽상가〉의 인물 중 네 사람은 결국 망명이라는 선택을 하게 되는데, 이 원인 중 무시할 수 없는 요소는 1989년 6월의 톈안먼 사태다. 1990년, 1992년에 망명이 이루어진 것은 결코 우연이 아니다. 영화는 1989년 6월의 톈안먼 사태에 대해 직접적으로 언급하지 않지만 이 사태가 주변인 예술가에게 끼친 영향은 대단했을 것이다. 이 영화는 1980년대와 1990년대의 갈림길에서 선 베이징의 문화적 풍경을 묵시적으로 그리고 있다.

2) 장위엔张元의 〈베이징 잡종〉

'유랑'하는 베이징 예술가였던 장위엔은 제6세대 영화의 첫 작품인 〈엄마妈妈〉를 완성한다. 이 영화는 정신박약아를 둔 어머니의 고난을 다루었는데, 시나리오를 쓴 친옌秦燕이 이 흑백영화의 주인공 엄마 역을 맡았다. 〈엄마〉의 등장은 당시 곤경에 처해 있던 동세대 영화인들에게 큰 시사점을 던져주었다. 〈엄마〉는 중국 내 상영을 포기하는 대신 정부의 승인이나 수속을 거치지 않고 해외 영화제에 출품된 첫 작품이었기 때문이다. 장위엔은 자신의 영화를 프랑스 낭트 영화제에 출품하여 인정받음으로써 세계 영화계의 주목을 받게 되었다.

이어서 장위엔과 중국 록 가수인 추이지엔崔健은 〈베이징 잡종〉을 공동 작업했다. 친구 사이인 그들은 체제 내에 진입하기 위한 모든 노력을 포기했다. 그들 스스로 자금을 마련하고 독립 제작을 하고 영화를 찍는 과정은 장위엔이 MTV를 찍는 과정과 동시에 진행되었다.

〈베이징 잡종〉

〈엄마〉

그의 MTV는 국외와 미국에서 방영되었는데 그 중 추이지엔의 〈눈밭에서 야성을 내지르다〉는 미국에서 MTV대상을 받았다. 1993년 장위엔은 〈베이징 잡종〉을 다시 국제 영화제에 출품했다. 주변인 예술가를 그린 장위엔의 〈베이징 잡종〉에서 장위엔, 탕따넨唐大年[18], 추이지엔[19] 등은 시나리오 작업에 직접 참여했고, 록 가수 추이지엔과 떠웨이窦唯[20]는 실제 자신의 신분으로 영화에 출연했다.

이야기는 추이지엔을 중심으로 전개되는데, 록 가수, 가난한 화가, 여대생 등 베이징을 유랑하는 인물들 각자의 고민과 실의를 표현한다. 장위엔은 냉정한 시선으로 묵묵히 그들을 응시하고 거대한 베이징을 주시한다. 톈안먼 광장, 비 내리는 동서창안제東西長安街, 저녁의 네온사인, 지하철의 계단, 후통 아이들의 놀이, 아이가 탄생하는 수술

---

18) 탕따넨唐大年: 1968~ . 제6세대 감독이자 시나리오 작가. 〈北京杂种〉, 〈绿茶〉, 〈北京你早〉, 〈北京单车〉의 시나리오 작업에 참여하였다.

19) 추이지엔崔健: 1961~ . 조선족 출신의 록 가수. 〈给你一点颜色〉, 〈无能的力量〉, 〈红旗下的蛋〉, 〈解决〉, 「新长征路上的摇滚〉 등의 앨범을 발표하였다.

20) 떠웨이窦唯: 1969~ . 록 가수. 〈黑梦〉, 〈艳阳天〉, 〈没山河水〉, 〈幻听〉, 〈镜花缘记〉 등의 앨범을 발표하였다.

대……. 잡종들은 혼란스럽고 활기찬 생활을 영위하지만 베이징은 여전히 너무나 조용하다. 록 음악대는 연습하고 공연할 장소를 찾고, 남자는 연인을 찾고, 사기를 당한 상인은 사기꾼을 찾는다. 졸업을 앞둔 학생은 베이징에 남기 위해 힘든 선택을 해야 할지도 모른다. 베이징을 표류하는 주변인 집단은 자신의 이상과 근거지를 찾기 위해 분투한다. 영화는 그다지 뚜렷한 내용을 가지고 전개되는 것은 아니지만, 초초, 실의, 피곤, 우울한 청년들을 묘사한다. 대사는 별로 없고, 카메라만이 조용히 베이징의 거리를 따라 움직인다. 장위엔의 영화는 사실적이고 냉정하다기 보다는 우울하다. 그렇지만 장위엔의 카메라에선 베이징에 대한 따뜻한 온정을 느낄 수 있다. 아마도 베이징과 그 속을 표류하는 친구와 장위엔 자신에 대한 시선과 감정 때문일 것이다. 추이지엔은 노래한다. "한참을 노래했지만 아직도 이 도시의 고통을 노래하지 못했다." 고통이 많을수록 더욱 내일의 행복을 추구한다. 그들은 현실의 어려움에도 불구하고 주어진 삶을 뛰어넘으려는 열정을 노래하고 있다.

왕샤오솨이를 위시한 제6세대 감독들은 그들의 초기영화에서 자신들을 주변인으로 간주하는 경향이 있었다. 그들은 화가, 행위예술가, 록 가수 등의 주변인 예술가들을 주인공으로 내세워 자신들의 소외의식을 투사했다. 저항정신과 탈중심성, 자기반영성을 내장하고 있는 행위예술과 록음악 등은 6세대 감독이 자기 투사할 수 있는 유용한 객관적 상관물이었다.

제6세대 초기영화에서 감독들은 자신들을 체제 외부인, 도시 주변인으로 인식하고 있었지만, 강한 자의식으로 인해 도시 주변인의 실제 모습을 그리는 데는 미치지 못했다. 초기의 그들은 체제 내의 주류영화와는 구별되는 자기투사적인 자신들만의 영화를 만드는 데 골몰해 있었기에, 주위의 또 다른 도시 주변인들은 여전히 타자화된 상태로 묘사되었다. 제6세대에게 있어 도시 주변인은 주류영화와 6세대 자신들의 영화를 구별짓기 위한 도구적 의미가 강했다. 이런 의미에서, 국가 지원을 포기하고 독립제작 방식을 취함으로써 정치적, 경제적 자유를 누렸던 6세대 초기영화의 진정한 관심사는 도시 주변인이라기보다는 주류영화 그리고 자신들의 위치였다고 할 수 있다. 그러나 자신을 체제 외부인, 주변인으로 인식하는 힘은 그들의 후기영화에서 도시 주변인과 주변 공간을 사실적으로 그려내는 중요한 토대가 되었다.

3. 도시 주변인에 대한 서사

> 중국의 도시를 찾아가면 공간적인 고통이 있습니다. 나는 (미켈란젤로) 안토니오니의 말을 빌고 싶습니다. 안토니오니는 어떤 장소에 도착하면 일단 5분 동안 그 장소와 대화를 나눈다고 합니다. 그런 다음 그 안에 살고 있는 사람들을 생각하고 느끼고 그들과 대화를 나눈다고 합니다. 나에게는 공간과 그 안에 살고 있는 사람이 똑같이 중요합니다.
>
> — 지아장커[21)]

중국 제6세대 영화는 1990년대 말부터 "자신의 이야기를 하는 것"에서 벗어나 도시의 노동자, 실업자 등 도시 주변인의 일상생활에 주목하기 시작했다. 이 시기 6세대 영화는 도시 주변인의 일상생활과 주변 공간에 깊은 관심을 가지면서 하층민의 심리를 사실적으로 묘사해냈다. 그들은 도시 주변인 특히 하층 이주민을 다루면서 약자의 입

21) 정성일, 「지아장커의 「스틸라이프」(2)」, 『한계레』, 2006.11.3.

장을 대변하는 기능을 기꺼이 수행하려 했다. 지아장커는 “모든 사람에게는 자신만의 문제가 있고 각 세대에게는 그 세대만의 문제가 있다. 감독의 책임은 개인의 기억, 민간의 기억을 은막 위에서 서술하는 것이다”[22]고 주장하였다. 그들은 도시 주변인의 생활과 감정을 진실하게 재현해야 한다고 믿었다.

> 우화는 제5세대의 본령이다. 그리 간단한 일이 아닌데도, 그들은 역사를 우화식으로 너무나 아름답게 기술한다. 그러나 나에게는 객관만이 존재하며 객관만이 중요하다. 나는 매일 주변의 일을 주의해서 관찰한다. 조금만 멀어져도 나는 보지 못하게 된다.[23]

제6세대의 대표적인 감독인 장위엔의 말처럼, 그들은 사실주의 영화 미학을 추구하게 되었다. 이로 인해, 그들은 자기연민의 청춘 고백자에서 현실의 기록자, 증언자로 변신해갔다. 제6세대 감독은 자신의 문제에만 골몰했던 초기 경향에서 탈피해 자신을 도시 주변인으로 위치짓게 되었고, 마침내 인식의 폭을 도시 주변인 전체의 문제로까지 확장했다.

이러한 변화는 시종 ‘신기록 영화 운동’과 밀접한 관련을 맺고 있었다. 중국영화의 새로운 흐름을 주도했던 ‘신기록 영화’는 당대 사회의 복잡한 변화와 이에 대한 다양한 생각들을 담아냈다. 주인공과 그에 대한 서술만으로는 당대의 복잡한 상황을 표현할 수 없었기에 다양한

---

22) 程青松·黄鸥, 『我的摄影机不撒谎: 先锋电影人档案——生于1961~1970』, 北京: 中国友谊出版公司, 2002, 367~368쪽.

23) 郑向虹, 「张元访谈录」, 『电影故事』, 1994年 第5期. “寓言故事是第五代的主体, 他们能把历史写成寓言很不简单, 而且那么精彩地去叙述。然而对我来说, 我只有客观, 客观对我太重要了, 我每天都在注意身边的事, 稍远一点我就看不到了。”

전형의 도시 주변인과 일상생활을 세밀하고 사실적으로 묘사했다. 일종의 영상스케치 운동으로 확산된 신기록 영화는 파편화된 현실과 다층적인 변화를 기록하는 데 가장 적합한 형식이라 할 수 있다.[24) 그 중 지아장커의 영화는 기록영화의 동시녹음, 롱테이크 수법, 실제 장면 촬영기법 등을 사용하여 영화의 사실성을 강화했다. 제6세대 영화는 급격한 도시화 현상과 맞닥뜨린 도시 주변인의 일상생활과 운명에 주목함으로써 다양한 개별자의 생존 과정을 기록하고 감독 자신의 휴머니티를 표현했다.

1) 도시와의 불화와 표류, 길

왕샤오솨이의 초기 영화 〈나날들冬春的日子〉과 〈극도한랭极度寒冷〉은 자기연민식의 반항행위를 폐쇄적인 공간, 추상적 형식과 극도의 대비적 구도로 표현했다. 여기에는 시대 깊은 곳의 불안한 정서와 형이상학적 층위에서의 가치 대결이 내재해 있었다. 그는 두 편의 영화를 통해 개인적인 차원에서의 정치 저항을 완성한 셈이다.

왕샤오솨이는 이미 〈나날들〉에서부터 도시 주변인의 묘사에 관심을 보이고 있었다. 그러나 그의 초기 영화가 대중예술을 비판하기 위해 주인공의 탈중심화에 집중한 것에 반해, 이후의 영화들은 엘리트 예술적 성향을 탈피하여 도시 주변인의 삶을 사실적이고 핍진하게 표현했다. 〈천국까지 그렇게 가까이扁担·姑娘〉(1998), 〈북경자전거十七岁的单车〉(2001), 〈얼디二弟〉(2003), 〈상하이드림青红〉(2005) 등에서 영화의

24) 신기록 영화는 1980년대 말부터 시작되었다. 우원광의 〈베이징 유랑〉이 그 시작이었지만, 최근에는 우원광처럼 TV 방송국에서 일한 적이 있는 전문가들이 아니라 주로 영화를 배우는 학생, 취미로 기록영화를 만드는 아마추어 영화인들이 다양한 내용의 기록영화를 만들고 있다.

〈북경자전거〉

〈얼디〉

시선은 사회 하층인, 도시 주변인의 운명과 갈등, 감정을 향하고 있다.[25] 이 영화들은 도시 편입에 대한 강한 열망에도 불구하고 도시와의 불화를 경험하는 도시 이주 노동자를 세밀하게 그린다. 시골사람 동쯔东子, 까오핑高平과 루안홍阮红은 각기 도시인이 되고자 하는 열망으로 도시에 진입하여 머무는데 심지어는 목숨을 대가로 지불하기까

---

25) 왕샤오솨이의 개인적인 이주 체험은 이 시기의 영화에 상당한 영향을 미친 것으로 보인다. 상하이-꾸이저우贵州-우한武汉-베이징으로 이어지는 개인적 이주 체험은 그의 영화 곳곳에 배여 있다. 그러나 동시에 상업예술영화는 그가 일관되게 추구하는 목표이기도 했다. 그는 한편으로는 주변인, 주변 공간을 집중적으로 조명하면서도 또 한편으로는 상업적 이익을 추구했다. 영화를 더 이상 개인 정서의 표현 도구로 인식하지 않게 되면서 그는 대중과 함께 향유할 수 있는 예술형식을 모색했다. 영화 문법적으로만 보자면 그는 영상 미학의 실천자이지만, 간결한 편집과 뚜렷한 서사 전개 등으로 무장한 그의 최근 영화는 더 이상 비주류영화의 특성을 고집하지 않는다. 이로 볼 때, 체제 내/외라는 이원적 대립으로 영화를 설명하는 방식은 제6세대 영화에는 적합하지 않다고 할 수 있다. 하오지엔郝建이 말했듯이, "체제가 개인에게 미치는 영향은 절대적인 것이 아니고 전체적인 것도 아니다. 선택의 자유는 감독 자신에게 있다."(郝建, 「「青红」及 "第六代" 导演: 死亡情节与煽动真善美」, 『人大报刊复印资料, 影视艺术』, 2005年 第10期) 21세기 이후 해금조치를 받은 감독에게 있어 영화산업 체제에 편입되는 것이 반드시 사회비판적 성격을 포기한다는 것을 의미하지는 않았던 것이다.

지 한다.

그 중 베이징을 배경으로 전개되는 〈북경자전거〉는 시골에서 온 노동자 꿔리엔구이郭连贵와 도시 직업학교 학생인 샤오지엔小坚이 자전거를 두고 벌이는 갈등을 다룬다. 그들은 설령 서로 화해를 할지라도 도시와는 결코 화해를 하지 못한다. 도시 중앙부로 편입되기 위한 조건을 구비하지 못한 그들은 언제든 또 다시 갈등을 겪을 수밖에 없는 처지다. 그들이 바라는 현대적인 도시는 결코 그들의 것이 아니다.

왕샤오솨이의 〈북경자전거〉는 감독의 주관성과 작의성을 최대한 배제한 사실주의적 방식으로 도시 경관을 표현한다. 그러나 동시에 영화는 사실주의 영화에 대한 질문을 던지는데, 이 질문은 도시 주변인의 묘사를 통해 이루어진다. 즉, 문제는 시선 혹은 시선의 주체이며 그 시선에 포착된 도시 이미지라는 것이다. 도시 주변인의 시선으로 전개되는 이 영화는 도시의 이미지를 속도, 진보, 높은 빌딩, 화려한 색채와 서구화된 일상 등으로 표현한다. 도시를 표류하는 사람들, 해직을 당한 직공, 농민공 등의 유동인구, 그들은 도시 경관의 일부이지만 당시 중국의 이상적인 도시상에는 속해 있지 않았다. 그들은 유령처럼 도시를 떠돌 뿐이었다.

영화는 베이징에 상경한 유령 중 하나인 시골출신 택배기사의 시선으로 도시 베이징을 그려낸다. 왕샤오솨이 영화의 의의는 도시의 급속한 변화를 표현하는 방식에 있다. 즉 이상적인 도시상에 속하지 못한 주변인들을 영화 속으로 끌어들여 그들을 도시 응시의 주체로 삼은 것이다. 그는 이를 통해 '사업 성공'과 '개인의 부 축적'을 기반으로 하는 도시의 가치관에 회의를 제기한다. 20세기 중국문학이 그러했듯, 당시 중국영화는 고도성장의 그늘에 가려진 사회의 어두운 면을 외면했다. 왕샤오솨이의 영화는 실제 도시에는 존재하지만 영화에서는 제거되어 왔던 부분 즉 도시 주변인과 주변 공간을 충실히 재현해냈을 뿐만 아니라 다른 영화가 도시 주변인과 주변 공간을 은폐하고 있다는 점을 간접적으로 고발한다. 그의 영화는 도시의 유동인구에 대한 배척 현상을 폭로하고 있는 것이다.

샤오지엔과 리엔꾸이의 관계에 대해 왕샤오솨이 식의 사실주의는 의문을 제기한다. 그의 사실주의는 도시의 화려한 외관 배후에 숨겨진 고통스런 이야기를 드러내고자 한다. 보여지는 사회적인 모습 배후에는 언제나 드러나지 않는 각기 다른 사회계층, 개인과 운명, 개인과 사회제도 간의 대립이 존재한다는 것이다. 영화 서사 진행에서 알 수 있듯이 샤오지엔과 리엔구이는 적이 아니다. 그들은 똑같이 착취의 고통을 받으면서도 자신의 삶이 평범하지 않기를 갈망한다.

유동 인구를 사실적으로 다룬 영화로 장이머우张艺谋의 〈책상서랍 속의 동화一个都不能少〉(1999)와 〈취우쥐 이야기秋菊打官司〉(1992)[26]를 빼놓을 수 없다. 이 두 영화는 농민에 대한 강한 동정심을 보여준다. 장이머우의 사실주의 영화는 권력층과 하류층 간의 대립구도를 반복하지만, 때로는 아주 간단하게 하류층 인물을 권력층의 일부로 바꾸기도 한다. 〈북경자전거〉의 택배회사 사장은 이 〈취우쥐 이야기〉의 취우쥐秋菊에 빗대어 리엔꾸이를 비꼰다. “너희들(시골사람)은 어떻게 취우쥐 이야기와 같은 고집만 있느냐你们怎么都跟秋菊打官司一样德性?”고 말한다. 고난 속에서도 자전거를 찾고야 말겠다는 집념이 이러한 비교를 통해 희화화되면서 리엔꾸이는 아주 간단히 해고되고 만다. 왕샤오솨이는 장이머우의 사실주의 작품에 영향 받았지만, 그가 영화에서 표현해내려고 한 것은 도시와 시골의 대립 또는 자전거를 사이에 둔 리엔꾸이와

26) 한국에서는 〈귀주이야기〉(1992)로 번역되어 소개되었다.

<책상서랍 속의 동화>

<취우쥐 이야기>

샤오지엔의 싸움이 아니라 더욱 근본적인 갈등과 모순에 대한 것이다. 즉, 유동 인구와 농공민 같은 도시 주변인은 자신에게 합당한 사회적 지위를 찾으려 집요하게 노력하지만 그들과 그들의 노력은 오히려 짓밟히거나 유린당한다는 것이다.

왕샤오솨이의 영화에 등장하는 이주 노동자들은 도시에 남아 살아가기를 간절히 바란다. 유동인구는 시골로 강제 송환되는 것을 거부하고 도시에 남는 것을 선택해서 도시인 속에서 강하게 살아간다. 그의 영화는 이들과 도시인들을 대조함으로써 도시 중심부와 주변부의 가치관, 세계관 차이를 예각화한다. 이로 인해 도시와 시골의 가치판단의 차이가 뚜렷하게 드러난다. 사회가 유동인구와 농공민에 가하는 신체적 박해는 물리적이고 직접적인 폭력의 형태(강제송환)로뿐만 아니라 그들에 대한 수용정책 및 상징적인 강제소환의 방식으로도 진행된다. 이러한 상징폭력은 일상생활 속에서의 직접적인 폭력보다 더 집단적이고 강력한 살상력을 발휘한다.

〈북경자전거〉는 옛 베이징에 남아 있는 후퉁 구역이 근대 도시화 과정을 겪는 과정을 세밀하게 묘사하면서, 철거로 인해 생활의 터전을 잃어버린 주변인의 일상생활에 대해 암시적인 언급을 하고 있다는 점에서도 중요한 의미를 가진다. 이제 도시의 주변인과 주변 공간은 자기반영과 자기투사의 대상에서 탈피해 제6세대 후기영화에서 중요한 소재가 되었다. 이들 영화는 주변인과 주변 공간의 은폐된 고통을 묘사함으로써 심각한 사회 정신적 의미를 드러내고 있다.

2) 중심의 모방과 밀실 이미지

지아장커의 〈샤오산의 귀가小山回家〉는 농민공을 다룬 최초의 영화다. 당시 지아장커는 자신을 영화노동자로 일컬었다. 1992년 농민공이 본격적으로 도시로 이주하기 시작하면서 농민공은 도시 발전을 위해 반드시 필요한 존재가 되었지만, 대다수의 농민공은 여전히 열악한 환경에서 생활하고 있었다. 거칠고 투박한 방식으로 제1차 농민공의 삶을 묘사한 〈샤오산의 귀가〉는 지아장커 영화의 중요한 특징을 압축적으로 보여준다.

2005년 4월 지아장커의 〈세계世界〉가 중국에서 상영된 것은 제6세대 영화가 지하에서 지상으로 부상했다는 점에서 중요한 의미를 지닌다. 더구나, 베이징, 썬전深圳 등 현대화된 대도시에서 촬영된 〈세계〉는 지아장커의 주제를 여전히 담고 있었다. 영화는 도시를 표류하는 이주노동자의 생활을 다루었다. 등장인물은 도시에 거주하면서도 진정한 도시생활과는 거리가 먼 생활을 영위하며 방언을 사용한다. 고도로 성장한 대도시와는 걸맞지 않은 공간과 인물이 등장하는 이 영화의 상영

〈샤오산의 귀가〉

을 허락함으로써, 중국 정부는 개방적인 이미지를 획득하고자 했다.

중국 정부의 태도와는 무관하게, 〈세계〉는 〈샤오산의 귀가〉부터 10년 동안 지아장커가 다루어 온 주제를 더욱 풍부하고 섬세하게 표현해내고 있다. 영화는 세계 대도시를 상징하는 건축물들이 축소 모방되어 집약된 특정 공간을 배경으로 한다. 하나의 거대한 공간에 세계 명승지의 랜드마크를 모방해 놓은 베이징의 '세계공원'은 전지구화, 포스트 모더니즘, 소비주의를 함의하고 있다. 세계공원은 출국의 능력이 없는 대다수 사람들에게 "나에게 하루를 주면, 나는 당신에게 세계를 선사하겠다您给我一天, 我给你一个世界", "베이징을 벗어나지 않고도 세계를 향한다不出北京, 走向世界"(세계공원의 광고)는 환상을 제공하지만, 이곳은 산시성山西省 외딴 지역에서 이주해온 노동자들의 노동 현장이기도 하다.

예술사회학적 그리고 서사구조적 측면에서도 세계공원은 아주 의미심장한 공간이다. 전지구화를 배경으로 한 이곳은 세계에 대한 희망과 환상을 공급하여 사람들을 끌어들이지만 결국엔 사람의 정신을

베이징의 세계공원

〈세계〉 중, 일자리를 찾아 베이징에 온 이주 노동자

감금해버린다. 지아장커는 세계공원을 선택한 이유는 “폐쇄된 공간을 배경으로 하기 위한 것”[27]이라고 언급한 적이 있다. 세계공원은 겉으로는 화려하지만 그 본질은 폐쇄적인데, 이는 중국사회에 그대로 대입된다. 양가적인 성격의 세계공원을 통해, 영화 〈세계〉는 중국의 탈근대적 면모와 전근대적 상황의 충돌을 묘사한다. 세계공원의 탈근대적인 경관은 무대 뒤의 전근대적 상황과 연결된다. 전근대적 상황은 무용단원의 숙사, 더러운 벽, 어두운 등, 쌓인 쓰레기, 오가는 사람들의 각종 사투리, 작고 더러운 음식점, 지하의 싸구려 여관, 원저우溫州 여인의 옷집 및 짜오샤오타오赵小桃가 빌린 친구의 신혼방 등 주로 폐쇄 공간으로 형상화된다. 인물의 등 뒤엔 바로 깊은 벽이 있고 카메라에 비치는 것은 폐쇄된 공간뿐이다. 이러한 폐쇄적인 공간 덕분에, 소통이나 교류의 느낌은 최대한 억제되며 고독한 개인의 허황된 꿈과 그에 대한 처절한 인식이 극대화된다. 〈세계〉가 보여주는 도시 주변 공간은 화려한 세계공원과는 대조되는 밀실 이미지의 고립공간이다. 이제 도시 주변 공간은 주변인 간의 배려나 상호의지가 사라진 고립

27) 新京报, http://ent.sina.com.cn, 2005年 4月 16日.

과 단절의 공간이며, 도시 외곽이 아닌 도시 중심부 구석구석에 흩어져 산발적으로 존재하는 폐쇄공간으로 변모했다.

짜오샤오타오赵小桃는 화려한 무대 뒤의 답답한 후면부는 숨이 막힐 것 같다며 다른 곳으로 데려가 달라고 청타이성成太生에게 부탁한다. 그러나 탈출에 성공하더라도 그들이 도착하는 곳은 또 다른 밀폐 공간이다. 그들의 탈출은 환상일 뿐이기에, 영화는 이동 장면을 애니메이션으로 처리한다. 베이징에 정착하고자 하는 등장인물들의 욕망은 외부세계에 대한 갈망에서 비롯된다. 그들은 화려한 넓은 무대로 나가고자 하지만, 전근대적 요소에 지배되어 있는 현실 즉 무대 후면부는 그들을 미망과 혼란에 빠뜨린다. 그들은 베이징인의 외형적인 특징만을 모방한 채 자신만의 아주 작은 밀실에서 생활한다. 그들의 일상생활은 화려한 세계공원과는 아무런 관련이 없다. 거대하고 화려한 겉모습의 세계공원과 도시는 도시 주변인의 고립되고 폐쇄적인 일상공간을 기반으로 한다. 지아장커의 〈세계〉는 현대화로 인한 중국의 변화상을 처음으로 전면적으로 다루면서 이를 공간적 구조로 설명하고 있다.28)

---

28) 〈세계〉가 상영된 후 중국 지식계의 반응은 뜨거웠다. 왕후이汪晖 같은 경우는 "지아장커는 오늘날 우리의 운명적 상황을 표현하고 있다. 그는 영화를 통해서 중국 사회와 사람을 그려냈다. 은폐된 사적 공간은 아주 복잡해서, 허울 좋고 화사한 외양을 한 공적 공간과 좋은 대조를 이룬다. 이 영화는 현대 중국사회의 구조를 잘 포착했기에 질적인 측면과 논리적인 측면에서 고평한다"고 하였다. 거페이格非도 "내가 본 영화 중 〈세계〉만큼 심도 깊게 현실을 파헤친 영화는 없다. 현재 중국사회는 뭐라고 명확하게 말하기가 아주 어렵다"며 긍정적으로 평가했다(孙鹏程, 「后现代景观下的小人物灰色悲欢: 电影「世界」的文化艺术分析」, 『温洲师范学院学报』, 2006年 第2期, 86쪽. 汪晖: "在今天, 我们命运的场景, 通过影片, 揭示了中国社会与人, 表面上冠冕堂皇, 但是私下, 凡是带有私人空间性质的东西都是复杂的, 跟公共空间富丽堂皇完全形成了很大的反差。这抓住了当代生活的符号性质, 是一种很有质感的逻辑。; 格非:我觉得在我看过的电影当中, 很少有电影能够像「世界」这样对现实触及得这么深。我觉得中国现在的社会现实是很难说清楚的。"). 또한, "얼구냥의 쪽지에 쓰여진 유서, 그 후 병원의 벽에 전시된 유서를 전체 화면으로 채우는 장면 등은 관중을 감동으로 이끈다"(吴晓东, 「妥协的「世界」」, 『书城』, 2005年 第12期)며 세밀한 부분에 대한 분석을 하기도 했다. 그리고 영화 결말 부분의 열린 구조, 즉 남녀 주인공의 생사 여부와 자살/사고사 여부에 대해 명확한 언급 없이 열린 결말을 취하고 있는 것에 대해서

〈세계〉

〈세계〉는 화려한 세계공원과 폐쇄적인 이면 공간의 극적 대비를 바탕으로 하여, 세계의 집약지에서 홀대받는 다양한 도시 주변인의 모습을 총체적으로 다룬다. 짜오샤오타오는 춤을 잘 추지만 그 본성은 바뀌지 않았고, 얼구냥二姑娘은 정말 도시에 남을 것인지를 결정하기도 전에 사고를 당하고, 샤오산小山와 같은 부류인 산밍三明은 장기간 도시에서 노동을 하였지만 그 성격은 변하지 않고 경제적 문제만 호전되면 고향의 집으로 돌아갈 생각을 하고 있다. 그러나 대다수 인물은 외면상으로는 이미 도시화되었고 마음은 고향에서 멀어진 상태다. 그렇다고 도시에 완전히 편입된 것도 아니기에 그들은 각종 수단을 동원하여 상류층으로 신분 상승하려 한다. 공원의 지구대라는 신분은 도시 사람에게는 하찮은 것이지만 이주 노동자로서는 출세한 축에 속한다. 그 중 청타이성은 지구대 팀장이 될 정도의 능력을 지닌 인물

도 많은 의견이 제시되었다. 하지만 이런 애정드라마 식의 서사와 열린 결말은 지상으로 떠오른 이후 영화심사제도와 타협한 결과로서, 이전의 지아장커 영화와 비교했을 때 관객을 고려한 감상성과 통속성의 확대라는 비판을 받기도 하였다.

이다. 베이징에 도착한 첫날 값싼 여관에서 청타이성은 여자친구 짜오샤오타오에게 다짐한다. “이 곳에서 나는 반드시 그럴듯한 성공을 거둘 것이다在这个地盘上，我一定要混个人样来!” 청타이성은 지구대의 월급에 만족하지 못하여 대부분의 시간을 검은 가죽잠바를 입은 채 암흑가의 인물과 뒷거래를 하며 그들의 뒷일을 돌봐준다. 영화에서는 이 일에 대한 자세한 언급은 없지만 청타이성은 가짜 신분증 만드는 일을 도와주면서 부수입을 올린다.

짜오샤오타오는 처음엔 통속적인 인물로 보이지만, 고향인 농촌을 떠나 베이징의 거친 세계에서 살면서도 중국의 전통적 가치관을 여전히 보유한 인물임이 점차 드러난다. 그녀는 돈의 유혹에도 쉽사리 넘어가지 않는다. 만일 더 좋은 남자가 나타나면 자신을 버릴 것이냐고 청타이성이 묻자 짜오샤오타오는 단호히 그렇지 않을 것이라고 대답한다. 청타이성이 그녀에게 “지금이 어떤 시대인데 아직도 처녀를 고집하느냐”고 할 때도, 그녀는 청타이성에게 “너는 사람도 아니다”라고 말하며 자신을 지킨다. 그녀는 농촌에서 상경한 청타이성에게 자신의 미래를 의지하려 한다. 결코 안나처럼 극단으로 치닫지도 않으며 치우핑秋萍과 같은 방식으로 자신의 운명을 변화시키지도 않는다. 청타이성을 거절하다가 결국 자신의 순결을 내어줄 때 그녀는 말한다. “타이성, 나를 속이지 마, 나에게 남은 유일한 재산이야.” 청타이성은 짜오샤오타오에 대한 자신의 마음이 거짓이 아님에도, 그녀를 배려하는 어떤 거짓된 약속도 하지 않는다. “이 세상에서 누구도 믿어선 안 돼, 단지 자신만을 믿을 수 있을 뿐이야”라고 말한다. 여기서 전근대적인 인물인 짜오샤오타오가 탈근대적 사회에서 겪는 곤경을 읽을 수 있다.[29]

청타이성은 샤오우小武(영화 〈샤오우〉의 주인공)와 달리 진실을 알 수 없는 도시의 잔인한 일면을 이미 가지고 있다. 그러나 산시성에서 온 노동자인 그에게는 여전히 동정심이 남아 있어서, 얼구냥이 사고를 당했을 때 그 뒤처리를 돌봐준다. 그는 낭만주의자가 표현한 것처럼 도시라는 괴수를 피해 도망가거나 괴수에 잡아먹히지 않고 오히려 자신이 괴수가 되어 사람을 집어삼킨다. 지아장커는 십여 년 동안 농민공의 모습을 그려오다 〈세계〉에서 마침내 청타이성이라는 전형적 인물을 만들어냈다. 허위, 열정의 결핍, 의지의 박약, 그러나 자신의 능력 안에서는 어떻게 해서든 금전을 추구하면서도 양심을 완전히 상실하지는 않는 양면적인 성격은 그와 도시 소시민 사이에 거의 차이가 없음을 보여준다. 비록 그가 여전히 도시에 발붙일 곳이 없다 할지라도 말이다.

러시아 여인 안나安娜, 원저우温洲 여인 랴오아췬廖阿群, 국제 이주노동자 량즈梁子 등은, 중국 대도시와 도시 주변인의 생활양식과 그에 대한 비판 즉 중심의 모방과 허위의 폭로를 더욱 극명하게 보여준다. 세계공원 자체가 이질적인 건축물들의 복제를 바탕으로 한 잡탕이며, 랴오아췬의 옷집은 해외 브랜드제품의 복제로 연명한다. 그녀는 외국잡지에서 임의로 선택한 디자인을 자기의 좁은 작업실에서 조금의 오차도 없이 복제해낸다. 복제기술은 소비사회에서 가장 중요한 기술이기에 그녀는 프랑스로 이주한 후에도 이 기술로 생계를 꾸려갈 것이다. 랴오아췬은 프랑스 사람의 눈에는 제3세계에서 이주해 온 수공일을 하는 하층민으로 비칠 것이지만, 중국의 도시 주변인들은 그녀를 제1세계로 이주한 성공한 사람으로 여길 것이다. 〈세계〉의 도시

---

29) 자살인지 사고사인지에 대한 구체적인 언급은 없지만, 짜오샤오타오의 죽음을 강하게 암시하는 영화의 결말은 감상성과 통속성을 자아낼 뿐만 아니라 감독의 시선에 대한 의심까지 유발할 수 있다. 왜냐하면 짜오샤오타오의 강인함을 폄하하는 이 같은 결말 처리 방식은 감독의 시선이 도시 주변인의 시선과 일치하지 못했다는 증거가 될 수도 있기 때문이다.

주변인 대부분은 복제된 환상의 세계에서 노동하면서 환상의 직접적인 소비자가 되어 또 다른 중심 즉 복제품의 원산지를 지향하고 있기 때문이다. 그러나 모방과 지향은 환상적인 기적이라는 결말을 가져오지 못한다. 안나는 울란바토르에 있는 여동생을 찾아가기 위한 여비를 빨리 마련하고자 세계공원의 행사 연기자에서 창녀로 변신한다. 그녀와 짜오샤오타오는 약간은 의심스러운 공간의 화장실에서 우연히 만나는데, 그들은 상대의 처지를 단번에 알아채고는 포옹하며 운다. 도시 주변인 여성 노동자라는 공통된 신분은 그들로 하여금 언어의 장벽을 넘어서게 한다.[30]

〈세계〉가 그리는 도시 주변인과 주변 공간은 상당히 구체적인 형태를 띠고 있다. 그들의 현실적 공간은 폐쇄적인 밀실이며 이 폐쇄공간은 중심을 향한 의지를 내포하고 있다. 도시 주변인은 키치적인 모방을 통해 중심 편입 욕망을 허위적으로 성취해내고 있다. 이 허위적 성취는 암울한 결말과 결합하여 세계공원의 허위성 비판에 봉사한다.

4. 이상향으로서의 도시 베이징

감독 구창웨이顾长卫의 〈입춘立春〉은 1986년부터 1992년까지 북방도시 바오터우包头 청춘의 열정적인 예술 이야기를 담고 있다. 그 당시 지방 소도시에서 예술을 꿈꾸는 자는 이해받지 못하는 존재들이었다. 많은 사람들이 베이징으로 가고자 하는 이유는 지방 소도시에서는

30) 1990년대 중반 제2차 농민공이 도시 주변 공간으로 진입했는데, 이들의 대다수는 젊은이와 여성이었다. 그들은 도시가 자신들을 받아들여주기를 기대했다. 제1차 농민공은 도시생활에 완전히 편입되기를 바라지 않았고 실제로도 거의 모두 고향으로 돌아갔지만, 제2차 농민공은 고향으로 돌아가지 않고 도시에 남기를 원했다.

자신의 꿈을 실현할 수 없지만 베이징에는 자유로운 문화 분위기가 있기 때문이었다. 베이징은 복잡하고 혼잡한 공간이지만 많은 예술가들은 그 특유의 자유로운 문화 분위기에 매료되어 베이징을 매력적인 공간, 이상향으로 여겼다. 당시 영화에서든 현실에서든 많은 사람들은 고정된 직업 없이 표류할지라도 베이징에서 살기를 원했다.

영화 속 왕차이링王彩玲과 황스바오黄四宝는 예술을 향한 꿈을 품고 베이징으로 가려고 끊임없이 시도하지만, 그 꿈은 좌절되고 만다. 화가를 꿈꾸는 황스바오가 왕차이링을 모델로 누드화를 그릴 때, 오페라 가수가 되고자 하는 왕차이링은 황스바오에게 안톤 체홉의 『세 자매』 이야기를 한다. 세 자매는 모스크바에서 먼 지방의 소도시에서 살고 있는데 언제나 모스크바로 가서 살 것을 원하지만 결국 꿈을 이루지 못한다고 왕차이링은 말한다.

왕차이링과 황스바오는 베이징만이 자신들의 정신적 이상향이며 생명의 열정을 풀어놓을 수 있는 장소라고 생각한다. 이런 생각을 갖고 있기에 왕차이링은 자신의 오페라를 위해 모든 일상을 포기하고 베이징으로 가고자 한다. 지방 음악학교의 교사 자리를 박차고 베이징 중앙음악학원의 청소부라도 하고자 한다. 하지만 이조차 허락되지 않는다. 베이징과 모스크바로 가는 것은 〈입춘〉의 왕차이링과 『세 자매』의 세 자매가 갖고 있는 유일한 꿈이다. 하지만 이 꿈은 실현되지 못하고 결국 좌절되고 만다. 인생의 긴 기다림 끝에도 왕차이링에겐 봄이 오지 않는다.

그러나 왕차이링은 현실과 타협하지 않고 자신의 생존환경과 싸워 나간다. 그녀는 아무렇게나 결혼하여 사는 것으로 자신의 인생을 결정짓지 않고, 고아원에서 그녀와 조금은 비슷하다고 할 수 있는 온전하지 않은 외모의 언청이 여자아이를 입양한다. 영화의 말미에서 왕차이링은 언청이 수술로 온전해진 여자아이를 데리고 베이징으로 간다. 베이징의 톈안먼 광장에서 아이와 노래를 부르며 즐거워한다. 영화는 왕차이링은 베이징에 뿌리 내리지는 못했지만 아이가 그녀의 꿈을 이어갈 것이라고 암시한다.

왕차이링이 『세 자매』의 이야기를 빌려서 자신의 이야기를 하고자 했다면, 〈입춘〉의 시나리오를 쓴 리치앙李檣은 〈입춘〉의 이야기를 빌려 자신의 이야기를 한 것이다. 리치앙은 구창웨이 감독의 또 다른 영화 〈공작孔雀〉의 시나리오 작가이기도 하다. 〈공작〉의 공간적 배경인 안양安阳은 중국의 고도古都이며 리치앙의 고향이다. 〈공작〉과 〈입춘〉의 공통된 주제는 대도시에 대한 동경처럼 보인다. 두 영화 주인공들의 꿈은 마치 자신이 살던 곳을 떠나야만 실현되는 것 같다. 리치앙은 중앙희극학원中央戏剧学院 문학과를 졸업한 후 시나리오 작가로 취직되기도 했으나 고향으로 직장이 정해지자 직장을 포기하고 베이징을 표류하는 생활을 택한다. 베이징을 향하는 〈입춘〉 주인공에게서 리치앙의 그림자를 엿볼 수 있다. 하지만 졸업 후 8년 간 베이징을 표류했음에도 시나리오 하나 완성하지 못한 리치앙은 결국 경제적인 이유 때문에 고향으로 돌아간다. 그리고 6개월 만에 자전적 작품인 〈공작〉을 쓰게 된다. 이 작품의 성공 후 〈입춘〉, 〈이모의 포스트모던 라이프姨妈的后现代生活〉 등을 연이어 발표하면서 현재 그는 중국 최고의 시나리오 작가로 자리를 굳혔다.

리치앙은 마침내 자신의 꿈을 실현했지만, 〈입춘〉의 황스바오는 베이징에서 먼 바오터우에서 세속적인 삶을 살면서 타락해간다. 왕차이링은 온몸을 던져 운명과 싸웠지만 그녀의 꿈은 이루어지지 않는다. 그들의 불행은 그들이 베이징에 들어갈 수 없었기 때문인가.

참고문헌

王小帅, 〈冬春的日子〉(1993); 〈极度寒冷〉(1996); 〈十七岁的单车〉(2001).

吴文光, 〈流浪北京: 最后的梦想者〉(1990).

张　元, 〈妈妈〉(1990); 〈北京杂种〉(1993).

贾樟柯, 〈小山回家〉(1995); 〈世界〉(2005).

顾长卫, 〈孔雀〉(2005); 〈立春〉(2007).

르네 지라르, 김진석 역, 『희생양』, 민음사, 1998.

발터 벤야민, 반성완 역, 『발터 벤야민의 문예이론』, 민음사, 1983.

程青松·黄鸥, 『我的摄影机不撒谎: 先锋电影人档案——生于1961~1970』, 北京: 中国友谊出版公司, 2002.

寧　岱, 「〈北京杂種〉剧情簡介」, 『电影故事』, 1993年 第5期.

郑向虹, 「张元访谈录」, 『电影故事』, 1994年 第5期.

郝　建, 「「青红」及 "第六代" 导演: 死亡情节与煽动真善美」, 『人大报刊复印资料, 影视艺术』, 2005年 第10期.

孙鹏程, 「现代景观下的小人物灰色悲欢: 电影「世界」的文化艺术分析」, 『温洲师范学院学报』, 2006年 2月.

吴晓东, 「妥協的〈世界〉」, 『书城』, 2005年 第12期.

宋晓霞, 「体验城市」, 『二十一世纪』 43, 1997年 第10期.

岛　子, 「90年代北京新一代摄影家群像」, 『二十一世纪』 38, 1996年 第12期.

金逸农, 「1995艺术村大逃亡透视」, 『二十一世纪』 33, 1996年 第2期.

新京报 http://ent.sina.com.cn 2005年 4月 16号.

5장

789 예술구의 형성과 주체갈등

1. 도시재생: 공장단지에서 예술구로

중국 베이징 차오양구朝阳区 동북쪽에 위치한 따산즈 798 예술지구는 원래 베이징시 제1차 5개년 계획 시기 건설된 '국영베이징화북무선전기재연합창国营北京华北无线电器材联合厂'이라는 군수공장 지역이었다. 여기의 공장들은 1950년대 구소련이 원조하고 동독이 설계를 맡아 바우하우스 양식으로 건설되었는데 중화인민공화국의 군수부품과 무선통신부품기업의 요람으로 무선통신설비, 탱크 등을 제조했다. 1980년대 말부터 이곳은 쇠락하기 시작했고 대부분의 공장은 유휴 상태에 들어갔다. 2000년 전후로 이 지역의 토지는 민간에 임대되기 시작했다. 2002년, 토지의 사용권자이자 798공장의 주인인 베이징칠성화전과기집단北京七星华电科技集团(이하 치싱그룹으로 간칭)이 공장 빈 건물의 활용도를 높이기 위해 일부 건물을 예술가들에게 저렴한 가격에 임대하면

798 예술구 입구 표지

바우하우스 양식

서 예술가들이 몰리기 시작하여 798 예술구가 형성되었다.

798 예술구의 형성에는 중앙미술학원中央美术学院의 이사가 또 하나의 중요한 역할을 했다. 1995년 중앙미술학원은 시내중심가인 동청구샤오웨이东城区校尉 후통 5호에서 798공장 인근의 왕징望京으로 이사했다. 그러나 새로운 학교 건물이 건설되기 전 학교부지인 왕징 화자디花家地에서 멀지 않은 따산즈大山子 지역의 베이징전자원건이창北京电子元件二厂을 6년 동안 임시 학교 건물로 사용해야 했다. 이 공장이 마주하고 있는 곳이 바로 718 연합공장이었다. 1995년 중앙미술학원 조소과는 정부로부터 '노구교 항일전쟁 기념군상' 제작을 의뢰받았다. 이 조각상이 거대해서 넓은 작업공간이 필요해지자 유휴 상태에 있던 798공장을 빌리게 되었다. 1995년부터 1998년까지 중앙미술학원 조소과는 798공장과 706공장을 작업실로 사용했다. 2000년 중앙미술학원 조소과의 수이젠궈隋建国 교수와 위판于凡이 공동으로 개인 작업실을 빌린 것이 798예술가 창작실의 시초가 되었다. 그 후 수이젠궈의 소개로 2002년 로버트 버넬Robert Bernell이 입주하여 서점, 카페, 화랑, 문화강좌의 복합문화공간인 빠이스취八艺时区(Timezone 8)[1]를 운영했다. 2002년에는 798 예술구의 형성에 중요한 역할을 하게 되는 황루이黄锐와

쉬용徐勇이 입주했다. 그리고 오랫동안 일본에서 활동한 황루이의 소개로 일본의 베이징동징예술공정北京东京艺术工程(BTAP)이 2004년 입주했는데, 이는 798에서 개업한 최초의 갤러리였다. 쉬용은 후통관광회사를 창업했던 경험을 바탕으로 798이 아직 개발되지 않은 중요한 인문자원이라는 것을 감지하고는[2] 798에서 빌릴 수 있는 모든 공간을 임대했다. 그 중 1,200평을 개조하여 2003년 4월 시태공간时态空间이라는 문화공간을 열면서 전시활동을 시작했다. 798 예술구는 이렇게 시작되었다.

동경화랑

시태공간

치싱그룹이 예술가들에게 세를 준 이유는 718 연합공장을 개조하기 전 잠시 이득을 보기 위해서였다. 이 구역은 2006년 철거하여 IT산업기지의 일부로 사용하도록 이미 계획되어 있었다. 그래서 모든 임차인은 2005년 연말에 이곳을 떠나는 것으로 치싱그룹과 계약을 맺었다. 만약

1) 798과 관련된 책은 대부분 이곳에서 출판되었다.
2) 李九菊·黄文亚, 「做艺术和经营在我身上是一种矛盾——徐勇访谈」, 『现场: 798艺术区实录』, 文化艺术出版社, 2005, 59쪽.

798 표지판

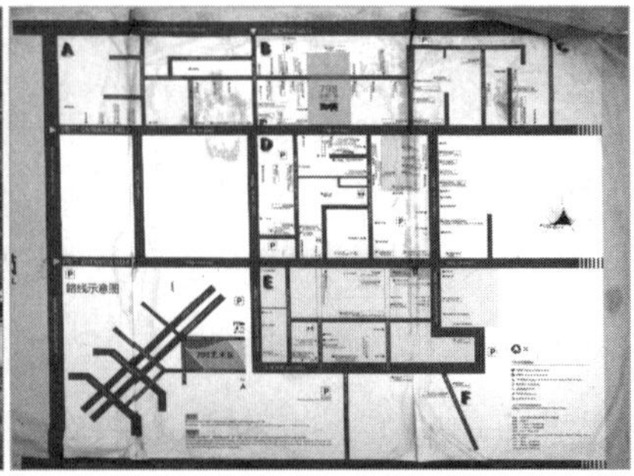
798 지도

권력과 자본이 공간 변화를 일방적으로 주도했다면 그곳에는 제2의 중관촌 소프트웨어파크가 들어서야 했다. 그러나 중국 당대예술, 건축, 문화산업과 역사 및 도시생활 환경의 유기적인 만남으로 인해 설립된 798 예술구는 중국 당대문화와 생활의 새로운 상징으로 자리 잡았다. 외국의 많은 유명인사들이 이곳을 방문함으로써 798 예술구는 세계가 주목하는 중국예술의 아이콘으로 변모했다. 이 장은 798 예술구 공간 변화의 주체와 변화의 방식에 관한 질문에서 출발한다.

공간은 공공생활이 전개되는 기반이자 각종 권력들이 비로소 작용하는 지점이다. 특히 798 예술구처럼 급격한 변화와 독특한 성격을 지닌 공간들은 다양한 권력들이 교차하면서 그 의미와 성격을 규정해 간다. 798 예술구는 공업공간인 공장이 예술공간으로 변모한 곳이다. 그래서 현재 798은 복합적인 공간이다. 오래되고(오래된 공장), 새롭고(새로운 조각), 본토적이고(외국인이 798에 중국문화를 보려온다), 국제적이고(중국인이 798에 와서 예술의 국제적 흐름을 본다), 보수적(우수한 건축을 보존)이면서도 창조적(예술실험)이다. 그리고 통제와 해방, 공조·협력의 모순이 다층적으로 중첩된 공간이다.

이 장에서는 고도의 중앙집권 국가체제와 급격하게 팽창하는 시장

경제가 맞물리는 전환기라는 배경 아래 예술가들의 공간 실천은 어떻게 진행되었으며 공간 변화에 어느 정도 기여했는지를 알아볼 것이다. 그리고 이 공간 변화에 개입한 각종 권력들이 다양한 방식으로 자신의 이익을 획득해가는 과정을 살펴볼 것이다. 이를 통해, 2002년 이후부터 최근까지 798 예술구가 건립되는 상황에서 작동한 공간실천의 논리는 무엇인지 그리고 그 결과로 인한 오늘의 실상과 미래상은 어떠한지 더듬어 보고자 한다.

2. 798 예술구의 전사前史, 공간 성격의 변화

도시공간의 구조와 배치는 당연히 도시계획의 통제를 받는다. 도시계획은 정부가 도시공간에 간섭하는 중요한 수단이다.[3] 1953년 제정된 「베이징시 개조와 확장 계획 초안改建与扩建北京市规划草案」[4]은 "수도는 반드시 우리나라 정치, 경제와 문화의 중심이어야 하며, 특히 강대한 공업기지와 기술과학의 중심으로 건설되어야 한다"고 강조했다. 이때부터 1950년대 말까지 베이징은 공업건설을 대대적으로 추진하여 베이징시의 동북쪽과 동쪽 교외에 새로운 공업단지를 건설하였는데 718 연합공장은 이 단지의 일부였다.

1958년 베이징시는 분산 집단식分散集团式 배치 계획을 제기함으로써 20여 개의 독립적인 건설구역을 나누어 발전시키려는 방안을 내세웠

3) 예를 들어 「베이징시 총체 계획1991~2010北京城市总体规划 1991~2010」은 도시 중심 인구를 외부로 이동시키고 왕징望京 등의 지역을 빠르게 건설하자는 내용을 포함하고 있었는데, 이는 시내 중심인 왕부징王府井 부근에 있던 중앙미술학원의 이주, 현 왕징의 건설 등에 결정적인 영향을 끼쳤다.

4) 1953年~1954年「改建扩建北京市规划草案要点」, http://www.bjghy.com.cn/develop/

1957년 준공 후의 718 단지

지만, 1960~70년대에 이르러 자연재해와 정치운동의 영향으로 도시발전은 정체되었고 도시계획방안 추진은 쉽지 않았다. 1982년에 「베이징시건설 총체적 계획방안北京城市建设总体规划方案」이 완성되었다.[5] 이 계획안은 베이징의 도시 성격을 전국의 정치중심과 문화중심이라고 규정했다. 비록 베이징을 더 이상 경제중심으로 언급하지는 않았지만 경제발전에 적응하고 도시 성격의 요구에 부합해야 한다고 강조했다. 그리고 기존 중공업의 기술개조를 진행하고, 공업지구가 시내에 집중적으로 밀집해 있는 상황을 개조해야 한다고 표명했다. 그러나 여러 가지 제약으로 인해 중화학공업이 시구역 내에 집중되어 있는 상황을 개선하기는 쉽지 않았다. 그러다가 1990년대 「베이징시 총체 계획 1991~2010北京城市总体规划 1991~2010」[6]에 이르러서야 비로소 집단발전형을 분산한다는 원칙 즉 "신개발의 중점은 시내의 중심 지역에서 주변 지역으로 옮긴다"는 원칙을 명확히 천명하고 실행할 수 있었다. 이것은 단순히 도시 계획만의 문제가 아니었다. 베이징시는 도시계획을 통해 사회주의시기의 집단형 발전 도식에서 벗어나려는 의지를 분명히 보여주었다. 화북무선전기재연합창华北无线电器材联合厂도 개발의 대상이었다.

5) 1982年의 「北京城市建设总体规划方案」, http://www.bjghy.com.cn/develop/
6) 「北京城市总体规划(1991~2010)」, http://www.docin.com/p-202041745.html

1950년대 751 공장에서 바라본 718 공장

중화인민공화국 성립 전 베이징시의 무선전자공업은 생산력 면에서 낙후성을 면치 못했다. 중국 정부는 1953년 동독의 기술 원조로 베이징 동즈먼东直门 교외 왕예펀王爷坟(현재의 따산즈)에 공장을 건설하기 시작해서 1957년 정식 가동했다. 이로써 건설된 공장인 718 연합공장은 제1차 5개년 계획 중에 건설된 중국내 일급 산업기지로서 중화인민공화국이 가장 먼저 건설한 군수부품과 무선통신부품공장이었다. 계획경제와 국가 특수전략의 산물이었던 718 연합공장은 계획경제가 시장경제로 전환되면서 쇠퇴를 면할 수가 없었다. 개혁개방으로 경제구조가 변화되자 도시의 기능도 변화되었고 오염 유발이 막대한 노동밀집형의 공업단지는 점차 도시 외곽으로 이동하게 되었다. 1980년대 말에 이르러 718 연합공장은 이미 반 가동중단 상태에 이르게 되었고 대부분의 노동자는 퇴직해야 했다.

1992년 4월, 지우센챠오酒仙桥 지역의 774공장, 738공장, 797공장,

506공장, 700공장, 706공장, 707공장, 718공장, 798공장, 무선전의기2창无线电仪器二厂, 반도체기건2창半导体器件二厂, 전시배건3창电视配件三厂 등 12개 기업의 공장장이 연맹하여 베이징 시위원회, 시정부에 「지우센챠오 보세, 경제개발구의 건설에 관한 건의 보고서关于建立酒仙桥保税, 经济开放区的建议报告」를 보내고 공업기지를 개조 발전시킬 것을 건의했다. 1993년 1월에 베이징전자판北京市电子办은 시정부에 「베이징 전자성 건설에 관한 건의关于建立北京电子城的请示」를 제출하면서 지우센챠오의 국유기업을 재활용하여 IT산업기지를 건설할 것을 제기했다. 718연합공장은 바로 이 지역에 속했다. 1993년 6월 베이징 시정부는 「베이징 전자성 방안北京电子城方案」을 통과시키고 지우센챠오 전자공업구의 정식 명칭을 '베이징 전자성北京电子城'으로 확정했다. 718 연합공장은 새로운 최첨단 소프트웨어기지의 일부로 재구될 예정이었다.

1990년대 초반, 798공장, 707공장, 706공장 등 구 공업단지의 부활 촉진과 IT산업기지 건립 신청과 도시계획이 맞아떨어지면서 IT산업기지 건설 방안은 정부의 비준을 얻을 수 있었다. 1994년 11월, 베이징시는 베이징 전자유한책임회사를 설립하여 베이징 시정부가 비준한 「베이징 전자성 방안北京电子城方案」에 따라 IT산업기지의 총체적인 계획, 개조와 투자개발 등을 진행했다. 798공장, 797공장, 706공장 등이 모두 계획안 속에 포함되어 있었다. 2000년대 들어 베이징시는 IT산업기지 건설을 중점 발전방향으로 채택했다. 「베이징시 차오양구 토지이용 총체계획 2002~2010년北京市朝阳区土地利用总体规划 2002~2010年」에서 "4환四环과 5환五环[7] 사이에는 2차 산업을 발전시킨다"는 방침을 확고

---

7) 베이징시는 톈안먼을 중심으로 나무의 나이테처럼 도로망이 형성되어 있다. 제일 안쪽으로 둘러져 있는 도로를 2환二环, 그 다음을 에두르는 도로를 3환三环이라 부른다. 이렇게 외곽으로 나아가면서 차례로 4환四环, 5환五环 도로가 에워싸고 있다. 톈안먼에서 자금성을 따라 한 바퀴 도는 것이 실질적인 1환一环이라 할 수 있다.

하게 표명했다. 그리고 계획 중인 IT산업기지를 몇 차례나 언급하면서 공업단지를 보호하고 중점적으로 발전시킨다고 언급했다.

718연합공장의 역사를 통해볼 때, 그것의 건립·발전에서부터 1990년대 IT산업기지 계획에 이르기까지 정부의 기획과 의지가 가장 결정적이고 핵심적인 요소였다는 점을 확인할 수 있다. 이 계획에 따르면 이곳에는 응당 IT산업기지를 건설하여 제2의 중관촌 지구를 건설해야 했다.

그러나 시정부의 의지는 경제체제의 변화라는 장애에 부닥치게 되었다. 「중화인민공화국 토지관리법中华人民共和国土地管理法」[8] 제1장 제2조에 의하면, 중화인민공화국은 토지의 사회주의 공유제 즉 전 인민 소유제와 노동군중 집체소유제를 실행한다. 즉 전 인민이 전 토지를 소유하지만, 전 인민의 대표기관은 국가이며 국무원이 국가를 대신하여 토지 소유권을 행사한다. 더구나 제2장 제8조는 도시구역의 토지는 국가가 소유한다고 명시하고 있다. 718공장의 토지 역시 '전 인민의 소유'이지만, 권리 행사자에 대한 규정은 국가가 이 공간을 통제하도록 보증했다.

> 중국 공유제는 결코 토지는 전체 노동인민의 소유라는 의미도 아니며 생산자로 참여한 일부 노동인민의 공유라는 의미도 아니다. 국가와 각급 정부는 인민 각자를 대표하는 생산자로서 토지를 공유한다. 즉 정부 소유제이다. …… 전 인민 소유제에 대해 말한다면, 실제 국가가 인민을 대표한다는 것은 전 인민 생산자의 소유관계가 무엇을 의미하는지 명확히 보여준다. 이런 의미에서 국가소유제라 한다. 즉 국유기업은 국가소유의 기업이다.[9]

사회주의시기 718연합공장은 국가의 권력이 그대로 실행되는 공간

8) 中国政府门户网站(来源:全国人大法规库), www.gov.cn, 2005年 5月 26日.
9) 葛守昆·金毅, 『生产关系论』, 南京: 南京大学出版社, 1998, 110~111쪽.

이었다. 사회주의시기 국가는 단웨이单位를 통해 권력을 실천했다. 이 시기 경제권력은 정치권력의 일부분이었다. 경제적 목표는 정치목표를 실현하는 수단으로 전환되어 이데올로기와 사회주의 제도의 우월성을 실현하고 증명하는 데 소용되었다. 그렇다면, 경제개방 이후의 718연합공장은 어떤 관계 속에 놓이게 되었는가?

앞서 살펴본 대로, 토지사용제도 개혁 이전 중국의 토지는 이론상에서든 실제에서든 개인 재산의 성격을 가질 수 없었다. 그러나 개혁개방 이후 토지의 성격이 변했다. 1990년 선포된 「중화인민공화국화국성진국유토지사용권출량화전량양잠행조례中华人民共和国和国城镇国有土地使用权出让和转让暂行条例」(1990년 5월 19일 국무원国务院령 제55호 선포 실행)는 도시 토지사용의 제도를 규정했다. 이 법규는 토지의 소유권과 사용권의 분리는 제도의 허가를 받아야 한다고 표명하고 있다. 그리고 국가는 토지소유자의 신분으로 토지사용권을 팔 수 있으며, 토지사용자는 국가로부터 토지사용권을 살 수 있고 토지사용권을 다시 팔 수 있으며 교환하고 세를 줄 수 있다고 되어 있다. 제45조의 규정에 의해, 토지사용권과 지상의 건축물, 기타 부속물 소유권을 일정한 조건 하에 빌려줄 수 있고 세를 줄 수 있고 저당 잡힐 수도 있게 되었다. 1998년 수정된 「중화인민공화국 토지관리법中华人民共和国土地管理法」은 토지도 여타 상품처럼 유통의 영역에 진입하도록 허용함으로써 공간이 상품화되는 것을 제도적으로 보장했다.

이런 의미에서, 중국의 경제전환 과정은 소유권의 귀속을 새롭게 규정하고 산업제도를 변경해간 과정이라고도 할 수 있다. 전환기 이전, 국가는 도시토지의 소유권을 통해 공간을 통치해나갔다. 국가의 토지 장악은 사유화를 제어하는 가장 중요한 장치였으며 공간을 구상하고 질서를 부여하는 주체가 누구인지를 명확히 보여주었다. 여기서 단웨이라는 조직은 국가가 공간을 통치하기 위한 중요한 매개체였다. 그러나 경제체제의 개혁을 거치면서 공간은 상품이 되었고, 국유기업 단위도 공간의 처리결정에서 자율권을 갖게 되었다.

2000년 12월, 베이징전자공고유한책임공사北京电子控股有限责任公司와 중국 화융자산관리공사中国华融资产管理公司, 중국신달자산관리공사中国信达资产管理公司 등이 공동으로 출자하여 설립한 베이징칠성화전과기집단유한책임공사北京七星华电科技集团有限责任公司(치싱그룹)는 원래의 700, 706, 707, 718, 797, 798공장 등의 단웨이를 기반으로 하였다. 치싱그룹七星集团은 2002년 말 다시 재정리하여 '베이징치싱비행전자유한공사北京七星飞行电子有限公司'로 창립된다. 공간의 사용권·판매권을 갖게 된 치싱그룹은 당연히 이익을 최대화하기 위해 노력해야 했고 원래의 계획대로 798공간을 개발상에 맡겨야 했다. 그러나 치싱그룹은 예술가들이 입주한 뒤 원래의 계획을 변경했다.

완전히 자본화된 공간과 달리, 치싱그룹의 798공간은 여전히 정부의 통제를 일정 정도 받았다. 정부는 무형의 손으로 798공간에 대해 일정한 지배력을 행사했는데, 그 주요한 근거는 토지 소유권이었다. 공간의 상품화, 자본화로 인해 798공간은 국가통치의 공간에서 독립적인 공간으로 전환됐고 치싱그룹은 공간 이익조직으로 변모했지만, 그 변화는 단지 상대적인 의미에서 그런 것일 뿐이었다. 정부는 공공권력기구로서 사회의 조화로운 발전을 목표로 삼았으며 이 목적을 위해 공간계획이라는 통제를 실시했다. 경제발전은 궁극의 목적이 아니었다. 물론, 시장자본과 비교할 때 정부의 이런 통제력은 그다지 큰 영향력을 발휘하지 못한다고 할 수 있다. 만약 당시 정부의 통제력이 위력적이었다면, 치싱그룹이 공간에 대해 가진 각종 권리는 더욱 축소되었을 것이다. 오히려 공간에 대한 정부의 권리보다 치싱그룹의 권리가 798공간의 변화에 크게 작용했다. 그러나 공간에 대한 정부의 통제력이 치싱그룹보다 미약함에도 불구하고, 치싱그룹은 정부의 통제에서 자유로울 수 없었으며 정부와 협조·공조의 관계를 유지해야 했다. 시장경제체제를 따르는 치싱그룹의 공간 지배 방식은 정부와 공통된 인식에 이른다는 전제 위에서 출발해야 했다.

그리고 798공간에 영향을 미치는 또 하나의 주체는 예술가들이었다. 물질적·법률적 측면에서 보자면 798공간의 주인은 토지 사용권 등을 가진 치싱그룹이다. 반면 예술가들은 치싱그룹으로부터 세를 내어 임시로 798공간을 사용하는 자들이다. 그러나 공간 재현이라는 측면에서 보면, 예술가들이 더욱 많은 문화자본을 소유했으며 발언권을 갖고 있었다. 798 예술구의 예술가들은 정식 조직은 아니지만 각종 창작활동, 전시활동, 공간보존활동 등을 통해 이 공간에 새로운 의미를 부여했다. 문화 영역에 관한 한 예술가들이 지배적 지위를 가진 셈이었다. 공간의 문화자본과 경제자본이라는 두 가지 자본 형식 속에서 798 예술구의 예술가는 비교적 많은 문화자본을 소유하고 있었다. 물론 치싱그룹이 지닌 자본의 성격과 양은 예술가의 경우와 반대되며 그들은 798공간을 철거하려 했다. 이처럼 798공간에는 각기 다른 역할의 주체들이 존재했다. 그리고 798 예술구 탄생의 배후에는 물질적 공간, 문화적 공간, 그리고 제도적 공간(정부)의 충돌, 공조가 깔려 있었다.

3. 798 예술구 공간 주체 간의 충돌과 공조

1) 798 다시 만들기

사회전환과 시장경제의 급격한 전개·발전을 배경으로, 798 예술구에 새로운 직업군인 자유예술가와 새로운 경제조직인 갤러리가 들어서기 시작했다. 그들이 공간 실천을 통해 798을 어떻게 새로운 공간으로 재구성해 가는지 살펴보자.

IT산업기지냐 예술지구냐, 798 단지를 철거하느냐 보존하느냐 하는 문제에 직면해, 798 단지에 거주하는 예술가들은 먼저 대립하지 않음을 내세우는 비대항적 성격의 조직을 형성했다. 황루이는 증언했다. “예술가들이 모이게 되면서 보존과 철거의 주장이 충돌했다. 당시 이미 입주한 예술가들은 이곳에서 회의를 소집하여 해결방안을 논의했다. 당시 나는 대립해서는 안 되며 사회의 주목과 동정을 모아야 한다고 말했다. 예술 활동을 하는 방법의 하나로 예술절을 개최하자고 했다. 우리들에게는 다른 선택이 없었다.”[10]

‘798 다시 만들기’ 포스터(2003)

시민에게 다가서려는 중국 당대예술, ‘왼손과 오른손左手与右手’ 전람회장의 모녀

10) 马学东,「当代艺术的城市嘉年华: 北京798艺术区大山子国际艺术节: 黄锐访谈」,『大美术』, 2006年 第6期. “艺术家的聚集以及后来保护与拆迁激发了矛盾, 当时已经住进来的艺术家们在我这里一起开了个会, 商量一些解决的方案。当时我就提出不要对立, 要引起社会的注意和同情, 只有举办艺术活动, 做艺术节, 我们没有别的选择。”

사스에 대항한다는 주제로 열린 '남천불설방蓝天不设防' 전시회

'798 다시 만들기再造798'라는 캐치프레이즈로 시작된 일련의 예술활동 시리즈는 798 예술구의 예술가, 예술기구의 응집력을 강화시켰고 중국 예술계의 주목뿐만 아니라 국제적인 관심을 끌게 되면서 798 예술구를 보존해야 한다는 여론의 기초를 다지는 계기가 되었다.

의례나 기념일은 특정 공간이나 사건의 의미를 현재적으로 재구성함으로써 참가자들이 기획 주체의 시각을 공유토록 하거나 기존의 시각을 교정하는 데 기여한다. 798 예술구에 있어 중요한 의례는 2004년부터 매년 한 차례씩 개최되는 따산즈 예술절이다. 한 달 가량 계속되는 예술절 기간 동안 평소에는 개방하지 않던 예술가의 창작실이 개방되며, 음악, 무용, 희극, 행위예술 등의 즉흥적인 신체 연기 등이 집중적으로 공연된다.

2003년 '798 다시 만들기'는 세 차례의 활동으로 이루어진 이후의 예술절을 위한 준비공연이었다고 할 수 있다. 이 예술활동은 비교적 일찍 798에 진입한 황루이와 쉬용이 조직한 것으로 "연대와 관계 강화", "확대된 범위의 이해와 지지"를 분명한 목적으로 삼았다.[11] 연이

'왼손과 오른손左手与右手' 중국과 독일의 공동 전시회

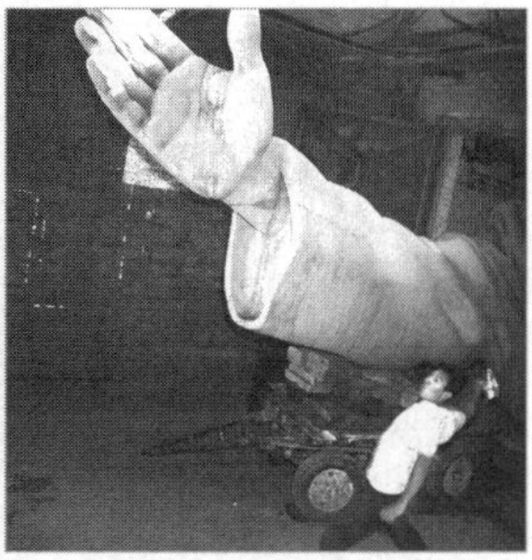

수이젠궈의 '오른손右手'(2003)

어 쉬용의 시태공간에서 각종 예술전이 벌어졌는데,[12] 이런 전시활동을 통해서 798 예술구의 당대예술은 국내와 국외의 관중을 확보해갔다.

798 예술구의 왕성한 예술활동은 국외의 매체에서 중국 변화의 뚜렷한 증거로 인용되었다. 2003년 미국의 『뉴스위크』는 베이징을 세계 12도시 중의 하나로 선정했는데, 798 공간을 베이징의 새로운 변화를 증명하는 중요한 근거로 들었다. 798 예술가들의 노력은 해외의 언론매체를 거쳐 궁극적으로는 정부에 대한 압박으로 이어졌다.

리샹췬李象群은 "상호보완의 관계는 이 지역을 번영하게 할 수 있다.

---

11) 「再造798综合艺术活动计划概要」, http://06.art218.com/culture/sample/200604/1059.html

12) 2003년 '798 다시 만들기'는 4월 "回音"을 주제로 쉬용의 시태공간에서 열렸다. 당시 798에 있던 모든 예술가들이 참가한 '798 다시 만들기'의 활동은 일주일 넘게 계속되었고 시민들은 당대예술, 설치, 사진 등의 종합예술을 관람했다. 4월 13일 예술가들은 자신의 창작실, 예술기구, 갤러리, 카페를 대외적으로 개방했는데 예술계와 그 밖의 사람들이 이천여 명 관람했다. 이는 기존의 베이징 당대예술활동의 규모를 뛰어넘는 성과였다. 많은 매체들이 이 사실을 대대적으로 보도했고 798공장은 널리 알려지게 되었다. 이어 5월에 쉬용, 황루이 등이 SARS에 대항한다는 주제로 '蓝天不设防' 예술전을 798의 시태공간에서 전시한다. 9월에는 '左手与右手'라는 주제로 중국과 독일의 예술전이 역시 시태공간에서 열렸다. 이는 중국 최초의 민간 주최 국제당대예술전이었다. 5월에 열린 '蓝天不设防'은 60명의 예술가가 참여한 대형 전시회였다. 이 전시회는 SARS가 베이징에 만연할 때 베이징인이 세상과 관계가 단절된 상태에서 어떤 심리적 부담을 안고 생활하고 있는지를 보여주었다. 예술가들은 예술행위를 통해 도시에 만연한 공포에 도전하고 다시 사회와 융합되고자 하는 바람을 표현했다. 9월에 개최된 '左手与右手' 전람회는 동독과 중국 예술가의 집단 사회주의에 대한 기억과 성찰, 798공장을 설계한 동독의 건축사와 중국 노동자에 대한 추억 등을 표현했다.

황루이, 798은 나의 작품이다.

'언어를 뛰어넘어越界语言'(2003)

지금에서 보자면 이곳의 모순은 충돌하는 것이 좋지 않고, 대립하는 것도 맞지 않고 서로 상호 협력하여 공동 발전해야 한다"13)며 정부와 치싱그룹 간의 관계에 대한 입장을 표명했다. 황루이는 '798 다시 만들기'를 내세우며 외국과 중국 매체를 통해 798 예술구 알리기에 노력했다. 그는 자신의 이런 활동에 대해 이렇게 언급했다. "'798'의 이름을 내세운 것은 의도적이었다. 네가 자기의 간판조차 내세우지 못한다면 누가 너를 돕겠는가? 우리는 사회 전체를 동원해서 이 오랜 건축군을 보호하게 할 것이다."14) 이러한 협력하에 황루이, 쉬용과 리상췬 등 예술가들이 798 공간을 보호하자는 활동을 시작했다.

798 예술구가 철거 위기에 처하자, "우리들에게 필요로 하는 것은 교류이지 전달이 아니다"15)고 생각한 황루이는 "798이 존재하여 계

13) 李九菊·黄文亚, 「定格住生命的瞬间: 李象群访谈」, 『现场: 798艺术区实录』, 北京: 文化艺术出版社, 2005, 54쪽. "……它能产生一种互补的关系, 使这个区域更加繁荣, 就现在来说, 这里的矛盾不宜激化, 不宜对立, 而应是互相协作, 共同发展……"

14) 黄锐, 「798生存策划」, 『时尚家居置业』, 2006年 第6月号. "把'798'的名号打出来是一件我们刻意去做的事情——你不把自己的牌子打出去谁会来帮组你? 我们是策动整个社会来保护这种老建筑。"

15) 「黄锐代言艺术区表态, 希望能配合政府共建创意产业园区」, 『新京报』, 2006年 3月 9日.

1950, 60년대 718 단지의 노동자들, 공장 건설현장의 동독 건축가

속 발전해가게 하는 것이 나의 가장 중요한 일"16)이라며 798 철거를 막기 위해 각방으로 노력했다. 정부가 798을 예술구로 공식적으로 인정하기 이전, 리지우쥐李九菊, 황원야黃文亚 등은 798 예술가, 갤러리 창설자 등 28인의 예술가와 798 예술구에 대해 인터뷰한 책 『현장: 798 예술구 실록现场: 798艺术区实录』을 출판했다. 그 외 황루이의 『베이징 798: 다시 만든 "공장"北京 798: 再创造的"工厂"』, 주옌朱岩의 『798: 주옌의

16) 「生活在798, 很酷」, 『星期日新闻晨报』, 2004年 2月 22日. "让798存在并发展下去, 是我最重要的工作."

사진기록798: 朱岩的照片纪录』[17] 등 798 예술구의 예술가, 지식인들도 798을 보존하기 위해서 연이어 책을 출판했다.

황루이를 대표로 하는 798의 예술가들은 718연합공장의 노동자를 방문해 718공장의 개막식 사진, 중국과 독일의 합작 노동 사진, 생산 노동 사진, 정치운동 사진, 생활복지 사진, 기초건설 사진, 건축 사진 등 역사적 기억이 기록된 사진을 대량 수집했다. 그들은 718연합공장의 공장장, 엔지니어 등을 찾아가 718공장의 건설 역사와 기억을 서술해줄 것을 부탁하기도 했다. 798에 소재한 빠이스취八艺时区에서 2004년 출판된 황루이의 『베이징 798: 다시 만든 "공장"』은 이렇게 수집한 자료를 바탕으로 중국어와 영어로 제작된 책이었다.[18] 그는 이 책을 베이징 각 정부기구에 보냈다. 그 후 한 인터뷰에서 황루이는 이렇게 언급했다.

> 당시 이 책을 만든 것은 임시방책이었다. 그러나 우리의 목표는 아주 명확했다. 그것은 바로 이 오랜 공장을 보호하는 것이었다. 정부의 지지를 얻어내기 위해서 우리는 이 공장의 역사를 발굴하기 시작했다. …… 우리가 그 일을 한 이유는 사실 정부에 하나의 계시, 정서적인 충격을 주기 위해서였다. 이곳엔 찬란한 과거 역사가 있고, 국가는 그토록 많은 것을 투자했다. 게다가 이곳은 여전히 시대의 자부심이라는 것이다.[19]

---

17) 朱岩, 「798: 朱岩的照片纪录」, Timezone8(八艺时区), 2004.

18) 이 책은 2008년 재판되었다. 黄锐, 『北京798: 再创造的工厂』, 成都: 四川美术出版社, 2008. 예술가들이 798 예술구에 대해 쓴 책들은 대부분 영어와 중국어의 병기로 제작되었다. 그들이 이런 방식을 택한 이유는 중국어와 세계 공용어인 영어를 통해 798 예술구에 관한 국내외의 관심을 유도하기 위해서였다. 이런 전략은 유효했던 것으로 보인다. 한국의 경우, 798 예술구에 관한 논문들은 중국어 서적이나 논문보다는 영어 서적이나 논문에 의존하는 경향을 보이고 있다. 이것은 798 예술구에 관한 영문 책자가 영어권 학자와 평론가들에게 798에 대한 접근을 가능하게 했고 관심과 논의를 불러 일으켰기 때문이다.

19) 黄锐, 「798"保卫战": 电子城到艺术区的华丽转身」, 『中国经济导报』, 2010年 8月 13日. http:

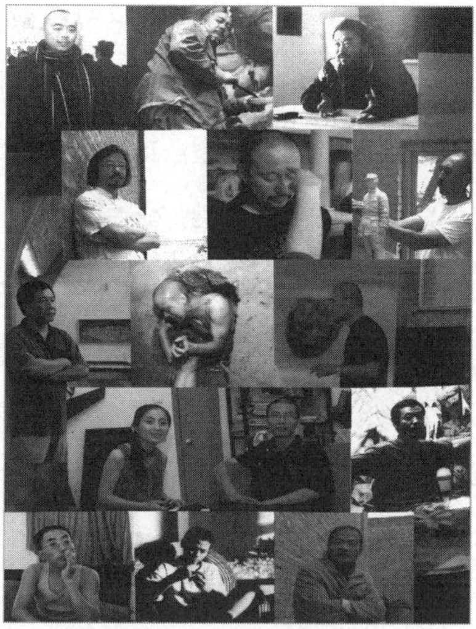

798 예술구에 거주하던 예술가들

황루이가 『베이징 798: 다시 만든 "공장"』을 출판한 목적은 곧 철거될 운명의 공장을 보존하는 데 있었고, 이를 위해 그가 선택한 방법은 역사를 발굴하고 공장의 집단기억을 일깨우는 것이었다. 2004년 4월, 사진작가 주옌朱岩은 『798』 사진집을 빠이스취에서 출판했다. 사진집 속 80명의 인물들은 모두 798에 입주하여 거주했던 예술가들로서 여기에는 중앙미술학원 조소과 교수 수이젠궈隋建国, 음악인 류쉬라刘索拉, 출판인 홍황洪晃 그리고 건축가 주쥔朱钧, 무용가 빙빙冰冰 등이 포함되어 있었다. 사진집은 각 인물의 798 생활상을 기록했다. 집단기억은 본질적으로 현재에 기반한 과거의 재구성을 통해 구축된다. 예술가들은 718 연합공장 노동자들의 언어, 이야기, 사진 및 공장건축 등을

//art.china.cn/huihua/2010-08/13/content_3659878_2.htm 참고. "编这本书在当时是一种权宜之计, 但我们的目标非常清楚, 就是要保护这个老工厂。为了得到政府的支持, 我们开始挖掘这个工厂的历史。…… 我们来做这件事情实际是想给政府一个启示, 一种情绪上的冲击。这儿过去有辉煌的历史, 国家投入那么多, 而且还曾是一个时代的骄傲。"

연결하여 718 단지에 대한 집단기억을 재구성했다. 이 집단기억의 서사는 사진집의 사진서사를 통해 재현되었다. 사진서사는 718단지의 역사적 의미를 건축을 통해 구체화함으로써 건축공간과 국가의 역사가 서로 긴밀히 관련되어 있다는 점을 강조했다. 그리고 최근의 변화상을 통해 718단지의 미래를 암시적으로 그려냈다. 예술가들의 이런 노력의 결과로 CCTV의 〈견증见证〉은 798 시리즈를 보도하기도 했다.

718단지를 철거하지 않고 보존하기 위해서는 도시계획 수정을 통한 제도적 측면에서의 보장이 필요했다. 그래서 예술가들은 "대립하지 않는다"는 원칙 하에 제도적 측면에서 798 문제에 접근하기 시작했다.

> 당시 물업(치싱그룹-인용자)이 토지를 팔아 빌딩을 지을 준비를 하고 있다는 소식이 전해지자 모두 긴장하면서 이를 막을 방법을 강구했다. 당시 나는 인대회人代会에 참가하여 이 사건을 의견으로 제출하기로 마음먹었다.[20]

2004년 2월 18일, 798 예술구의 조각예술가이자 칭화대학 교수인 리샹췬은 베이징시 인민대회 대표의 신분으로 그 해 베이징시 양회两会 즉 인대회人代会와 전국정협全国政协에서 「오래된 공업건축유적을 보호하고, 지금 발전 중인 문화산업을 보호하자保护一个老工业建筑遗址, 保护一个正在发展中的文化产业」는 안건을 제출했다. 그는 이 안건에서 798 예술구를 보호해야 하는 '5가지 가치설' 즉 건축적 가치, 역사적 가치, 예술적 가치, 경제적 가치, 올림픽 가치 등을 제기했다.[21] 이 안건으로 인

---

20) 李雪梅, 「北京798从军工厂到艺术区」, 『中国国家地理』, 2006年 第6期. "当时物业说准备把地给卖了建公寓, 大家都紧张了, 开始出谋划策想办法。当时我正好要去开人大会, 决定把这件事作为一个议案提上去。"

21) 韩英·丁培卫·马亮 编, 「北京798艺术产业区专题研究」, http://www.sdci.com.cn 2011年 4月 29日. 5가지 가치: 1) 798 등의 공장은 당시에 건축설계방면에서 뛰어난 55명의 동독 전문가를 초청하여 바우하우스 양식으로 건설된 현대 공업건축물로 세계에서 보기 드물

리상췬과 그의 조각

해 798공장을 대표로 하는 따산즈 예술구의 발전과 도시계획의 모순·충돌이 문제가 되자, 정부는 관련 분야의 전문가에게 의뢰해 이 지역의 잠재적 가치를 다시 의논하기로 하고 기존의 발전계획 실행을 잠정 중단하기로 결정했다.

2004년 3월 6일, 건설부는 「도시 우수 근현대 건축계획 보호강화에 대한 지도방침关于加强对城市优秀近现代建筑规划保护的指导意见」에서 "도시의 우수한 근현대건축은 일반적으로 19세기 중기에서 20세기 50년대에 건축된 건축물 중 도시 발전 역사를 반영하고, 높은 역사문화적 가치를 갖춘 건축물과 건조물을 말한다"22)고 명시했다. 이 규정에 따르면

다는 건축적 가치, 2) 중국과 독일의 우정을 증명하고 사회주의 동맹 시기의 역사를 증명하는 신중국 건설의 역사교과서라는 역사적 가치, 3) 2003년 베이징이 처음으로 미국 『뉴스위크』에서 세계 12개 도시에 선정된 이유는 바로 이 예술구의 발전이 베이징의 세계도시로서의 능력과 미래의 잠재력을 증명했기 때문이라는 예술적 가치, 4) 이 지역이 정책의 지지를 받는다면 발전의 잠재력은 말할 필요가 없고 베이징에서 가장 큰 민간자본의 집산지가 될 뿐만 아니라 새로운 문화, 경제지역이 될 것이라는 경제적 가치, 5) '신베이징, 신올림픽'에서 현대 예술구는 신문화의 상징이고 이런 새로운 문화는 한 국가의 예술수준과 정신 상태를 표현한다는 올림픽 가치.

22) 建规 [2004] 36号, http://www.jincao.com/fa/law19.s62.htm, 中华人民共和国建设部, 2004

718단지의 건축군은 우수 근현대 건축군에 포함될 수 있는 조건을 갖추고 있었다.

2004년 베이징시성시규획설계연구원北京市城市规划设计研究院 원장 주쟈광朱嘉广은 베이징시정협北京市政协에 이 구역의 공업건축군을 '역사문화보호지역'으로 지정하고 '우수 근현대건축군'에 포함시킬 것을 건의했다. 그러자 관련 정부기관의 인사들이 798을 방문하고 798 문제를 적극적으로 논의하기 시작했다. 2005년 798 건축군을 보호하고 중시한다는 지시가 내려졌다. 처음으로 798 예술구의 공장건축물을 중점적으로 보호한다는 것이 명확하게 결정된 것이었다.

정부의 이런 결정을 이끌어낸 이들은 예술가들이었다. 그들은 718 연합공장이 철거되지 않고 798 예술구로 변화되는 데 결정적이고도 주체적인 역할을 수행했다. 그들이 당대예술 발전과 공업건축 유산보호라는 목적 하에 798 예술구를 보존해낸 것이었다. 그들은 치싱그룹이 아니라 정부를 상대로 적극적인 실천을 펼쳤으며 여론과 가치를 그 무기로 삼았다. 황루이와 그들이 798 예술구를 보존하는 방식은 언론매체를 통해 798 예술구를 주목하게 하는 것이었다.

언론 보도에 대해 치싱그룹은 침묵으로 일관했지만 사태 변화를 막아내지는 못했다. 2003년부터 『뉴욕 타임스』, 홍콩의 『난화조보南华早报』 등에서 798 예술구에 대해 대대적으로 보도하기 시작했고 베이징의 새로 창간된 『신경보新京报』는 798 예술구에 대해 지속적으로 연재하기도 했다. 798 예술구는 예술절 행사를 통해 점차 도시의 새로운 상징으로 인식되기 시작했고, 베이징이 적극적으로 추진하는 국제화의 기호로 명성을 알리게 되었다.

年 3月 6日. "城市优秀近现代建筑一般是指从十九世纪中期至二十世纪五十年代建设的, 能够反映城市发展历史, 具有较高历史文化价值的建筑物和构筑物。"

2) 공간주체 간의 충돌, 공조

이제는 공동의 거주자인 치싱그룹과 예술가들이 서로 충돌, 공조하면서 복합장소로서의 798 예술구를 어떻게 새로운 공간으로 구성해 가는지를 살펴보자. 2002년에서 2006년 사이 798 공간에서 공간의 경제권력을 장악하는 것은 치싱그룹이었고, 정치권력을 장악하는 것은 주로 시, 구정부였으며, 문화자본을 장악하는 것은 798에 입주한 자유 예술가와 갤러리 경영자였다. 치싱그룹과 예술가·갤러리 경영자는 798의 공동거주자로 공간발전의 방향에서 이견을 보이며 충돌했다.

798 공간에 잠재해 있던 분쟁의 요소가 최초로 폭발하게 된 계기도 2003년 4월의 '798 다시 만들기' 예술활동이었다. 입주한 예술가들이 주최한 이 활동의 목적은 798 예술구를 사회에 알리고 당대예술과 사회 대중의 관계를 긴밀하게 하는 것이었다. 그들은 치싱그룹의 관리부 지도자 및 관련 노동자 들을 초청했다. 그러나 치싱그룹은 798은 치싱그룹 하부 공장의 하나이므로 세입자인 예술가들에겐 798을 다시 만들 권리가 없다고 반박했다. 그리고 "치싱그룹 측은 이 활동의 명칭이 798 명칭에 대한 자신들의 권리를 침범했다고 여겼다."[23] 이에 활동을 주최한 쉬용은 "'798 다시 만들기'는 예술적 개념, 예술활동일 뿐이며 진짜로 798 공장을 다시 만들 수는 없다. 우리에겐 군수공장을 다시 회복하게 할 능력이 없다고 치싱그룹 측에 재삼 해명했다."[24] 그렇지만 치싱그룹은 이같은 해명을 받아들이지 않았고, 예술가와 예

---

23) 李九菊·黄文亚, 「做艺术和经营在我身上是一种矛盾——徐勇访谈」, 『现场: 798艺术区实录』, 北京: 文化艺术出版社, 2005, 59쪽. "厂方坚持认为这项活动的名称侵犯了厂方对798这个名称的专有权。"

24) 위의 책, 59쪽. "我们向厂方再三解释'再造798'是个艺术概念, 是项艺术活动, 并非想真的再造出一个798工厂, 我们也不可能有能力再去恢复一个军工厂。"

제1회와 제2회 베이징 따산즈 예술절 포스터

제2회 예술절의 퍼포먼스
'작은 걸음小走'(2005)

술기구들은 논의 끝에 결국 명칭을 '798 예술구'에서 '따산즈 예술구大山子艺术区'로 변경해야 했다.

치싱그룹은 '798 다시 만들기' 구호는 이 공간의 미래를 규정하는 것이라고 여겼다. 그래서 치싱그룹은 공간에 대한 각종 권리를 소유한 자로서 문화 권력 면에서 지배적 지위에 있는 예술가들에게 주의를 준 것이다. 핵심은 798 공간을 규정하는 발언권이 누구에게 있느냐 즉 누가 권력을 가지고 이 공간의 귀속 및 미래의 방향을 결정하느냐 하는 것이었다. 표면적인 투쟁의 결과는 예술가들의 패배였지만 '798 다시 만들기' 관람객의 수와 매체보도의 효과로 볼 때 예술가들은 그들이 기대한 목적에 도달했다고 할 수 있다.

2004년 4월, 더욱 많은 사회적 지지를 획득함으로써 798 공간을 보존하기 위해, 798에 입주해 있던 예술가, 갤러리와 예술기구들은 예술절을 개최하기로 한다. 발기자는 황루이와 쉬용이었다. 정상적인 절차를 밟자면, 예술절 활동은 반드시 시와 구역 정부의 선전부서에 신청하여 허가를 받아야 했다. 그러나 민간조직의 당대예술활동에 대해 당시 정부는 지지도 하지 않고 반대도 하지 않는 애매한 태도를 취했다.

> 그 때 정부는 당대예술에 대해 낯설어하고 두려워하는 태도를 취했다. 그 이유는 첫째 그들은 여태까지 당대예술을 경험한 적이 없었고, 둘째 위험을 부담하기가 두려웠기 때문이었다. 그래서 정부는 비준을 내리지 않았다.[25]

이런 상황에서 798의 예술가와 예술기구들은 '제1회 베이징 따산즈 국제예술절第一届北京大山子国际艺术节'의 명칭을 '2004 따산즈 예술구 예술전시활동2004大山子艺术区艺术展示活动'로 바꾸고[26] 기획된 전시활동은 각 예술기구가 자체적으로 시행하는 것으로 결정했다. 그러나 예술행사를 치르기 3일 전 치싱그룹은 다음과 같이 공지했다.

> 전 세입자에게 보내는 공지: 718단지 구역 내의 안전과 생산경영 활동의 정상

---

25) 刘子华, 『798: 亚洲崛起的艺术新聚落』, 台北: 南方家园文化事业有限公司, 2009, 61쪽. "那个时候, 政府对于当代艺术, 一来是他们从来没有经历过的, 二来, 也怕承担风险, 对当代艺术采取一个陌生, 害怕的态度。所以政府不给批文。"

26) 영문 명칭은 변경없이 DIAF(Dashanzi International Art Festival)으로 하였다.

적인 진행을 보장하기 위해 치싱그룹 물업관리중심은 세입자에게 경고한다. 정부 비준의 「대형 사회활동을 치루기 위한 치안등기정」 및 기타 상응하는 비준을 얻기 전에 개별 인사가 '따산즈 예술절'을 강행하면, 치싱그룹 물업관리중심은 정부의 상관하는 법령 및 물업관리중심의 관리규정에 따라 결단코 이 활동을 제지할 것이다. 그때 단지 내의 인원, 차량, 환경을 임시로 통제하며 단지 내의 인원이나 차량이 아닌 경우 단지 내에 진입하는 것을 금지한다. 세입자들의 이해와 지지를 바라는 바이다.

베이징치싱화전과기집단유한책임공사 2004년 4월 20일[27)]

이 공지는 파란을 일으켰다. 예술구가 마주할 미래가 철거인지 보존인지에 대해 의견이 분분했다. 예술절의 조직자들은 갑작스런 금지령을 접한 후 신속한 행동을 취했다. 황루이는 차오양구朝阳区 정부의 친구에게 적극적으로 도움을 요청했다.

내가 선전부서의 친구에게 전화를 하니 그는 내가 직접 정부에 그것도 가장 민감한 정부부서에 말하라고 했다. 그는 시위원회 선전부, 차오양구 위원회 등의 팩스번호를 알려줬고 나는 편지를 썼다.[28)]

편지는 2004년 4월 23일 시위원회, 구위원회 등에 팩스를 통해 공개

27) 黄锐 主编, 『北京798: 再创造的"工厂"』, 成都: 四川美术出版社, 2008, 33쪽. "告全体租户的一封公开信: 为保证718大院院内园区安全及生产经营活动的正常进行, 七星集团物业管理中心敬告广大租户, 所谓'大山子艺术节'在未获得政府批准的「举办大型社会活动治安登记证」及其他相应批准之前, 个别人如强行举办, 七星集团物业管理中心将依照政府相关法令及物业管理中心的管理规定, 坚决制止此次活动的举办。届时, 将对院内人员, 车辆, 环境进行临时性管制, 制止非院内人员及车辆随便进入园区, 望广大租户给予理解和支持。北京七星华电科技集团有限责任公司 2004年4月20日。"

28) 刘子华, 앞의 책, 62쪽. "我跟一个宣传部门的朋友通过电, 他要我直接跟政府沟通, 而且是跟最敏感的政府部门沟通, 包括市委宣传部, 朝阳区委, 他给我发了传真号码的单子, 我就写了封信, ……。"

적으로 전송된 「치싱그룹의 갑작스런 조치에 대한 몇 가지 걱정关于七星集团突然措施的几点担忧」이다. 편지의 내용은 아래와 같다.

> 첫째, 모든 예술활동, 제목, 참가자 성분, 작품들은 법률을 위반하지 않고 이데올로기 범위를 넘어서지 않는다는 것을 보장한다. …… 그러나, 이 명령(치싱그룹의 공지-인용자)은 강제적이다. 그러나 다만 한 가지, 우리들의 초대장에 대해서는 그들이 책임져야 한다. 이미 40여 대사관의 외국대사, 공사관이 여기에 포함되어 있고 그들은 개막식을 참관하기로 되어 있다. 그 때 생길 문제를 어떻게 할 것인가? 우리들은 해결할 수 없으니 당신들이 해결하기 바란다.[29)]

편지는 치싱그룹과 세입자 사이의 문제를 교묘하게도 외교 문제로 전환시켰다. 이로 인해 정부가 나서서 해결하지 않을 수가 없게 되었다. 공개적인 편지를 보낸 이튿날 차오양구 위원회는 798 현장에 사람을 파견해서 예술절을 그대로 개최하라는 시위원회의 명령을 전달했다. 마침내 긴장된 분위기 속에서 2004년 4월 24일 제1회 따산즈 예술절이 개막하게 되었다. 힘든 곡절을 겪었지만 798 예술가들은 치싱그룹과의 싸움에서 결국 승리했다.

그러나 여러 차례의 충돌에서 예술가들이 승리한 듯 보였지만, 798 공간 규정에 대한 정부의 태도는 여전히 불명확했으며 798 공간에 대한 치싱그룹의 권리는 무시할 수 없었다. 변화는 2005년부터 시작되었다. 2004년 12월 슈뢰더 독일 전 총리는 국무원의 관계인사와 함께 798을 방문했다. 그리고 798공간의 보존을 강력히 요구했다는 소

---

29) 위의 책, 63쪽. "第一, 所有的艺术活动, 大概的题目是如何, 有什么人会参加, 这些作品保证不违抗法律, 不破坏意识形态范围。…… 可是, 这个命令是硬性的, 但我们说只有一点, 我们的请帖都由他负责, 已经有四十家外国大使, 公使掺在这里头, 准备来参观开幕式, 当时, 这种冲突, 我们怎么办? 我们已经解决不了, 就是请你来解决。"

창칭 갤러리

문이 퍼졌다. 이어 중국과 프랑스 문화의 당대예술활동이 제2차 따산즈 예술절(2005년 4월 29일~5월 21일)에 열렸다. 2005년 5월 이탈리아 창칭常青 갤러리가 798에 문을 여는 것을 시작으로 타이완 디먼帝门 예술센터, 롄联 갤러리, 베이징리팡北京立方 예술센터 등의 예술기구가 연이어 입주했다. 그해 8월에는 798 남문 부근에 공간 소극장이 들어섰다. 이처럼 새로운 갤러리가 연쇄적으로 입주하고 전람회가 계속되었는데,[30] 이는 798 예술구가 국내외에서 상당한 주목을 받았기 때문이었다.

2006년 1월, 베이징시는 문화창의산업을 중점발전산업으로 한다는 「베이징시 국민경제와 사회발전 제11개 5년 규획요강北京市国民经济和社会发展第十一个五年规划纲要」[31]을 선포했다. 이에 798은 정식으로 '문화예술

30) 韩风, 「工业遗址保护与经济发展的关系研究——北京798艺术区案例分析」, 『装饰』, 2010年 12期, 98쪽.

2002~2008년 798 예술기구 통계:

연도	2002	2003	2004	2005	2006	2007	2008
개수	20	75	90	105	230	250	280

31) 「北京市"十一五"规划纲要报告发布」, 『北京日报』, 2006年 1月 25日, www.XINHUANET. com

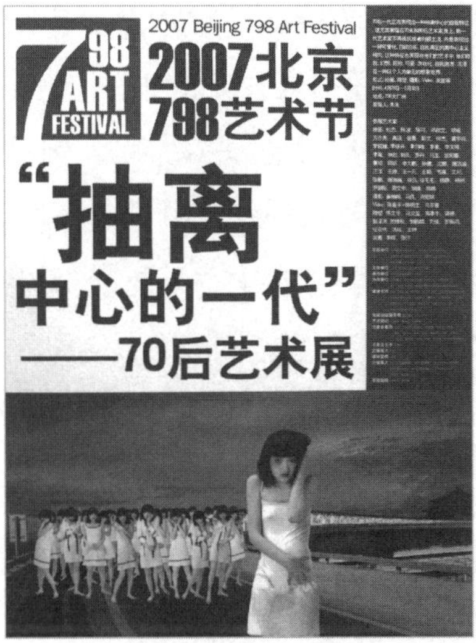

2007 베이징 798 예술절

창의산업원구文化艺术创意产业园区' 즉 문화창의집단의 하나로 선정되었다. 「문화창의산업 발전지침文化创意产业发展指南」은 798 예술구에 입주할 수 있는 기구의 직종을 4개로 한정했다. 1) 문화예술산업, 2) 매체산업, 3) 설계자문산업, 4) 지식산업권의 서비스산업 등이 그것이었다. 이에 따라 국내외 지명도가 높은 설계사, 음악관련 예술기구, 갤러리 등이 입주했다.

2006년 3월 28일 차오양구 위원회, 구정부와 치싱그룹이 공동으로 베이징 798 예술구에 관리사무소를 설치했는데 치싱그룹의 직원이 주임을 맡았다. 올림픽을 앞두고 외국의 관심에 상당한 부담을 느끼고 있던 정부와 공동으로 798 예술구를 관리하게 되면서 798 예술구, 예술가와 예술기구에 대한 치싱그룹의 태도는 이전과는 정반대로 바뀐 듯 보였다. 798 예술구 관리사무소는 치싱그룹의 지원으로 2006년엔 '도시·창의·생활城市·创意·生活'이란 주제로 첫 베이징 798 창의문화절을 개최했다. 2007년 798 예술절은 치싱그룹물업관리중심七星集团物业管理中心(간칭 물업物业)이 주최했는데 그 변화가 미묘했다. 제1회 따산즈 예술절이 개최되었을 때 치싱그룹은 이를 제지했지만 2007년에는 백만 위안이 넘는 비용을 투자하면서 예술절을 개최했다. 798 예술절은 이전까지 황루이가 책임을 맡아 주최를 했었지만 황루이를 추방한 물업은 리샹췬과 쉬용에게 일을 의뢰했다. 그들은 치상그룹의 제안을 거절했다. 쉬용은 예술절을 개최하려면 모두의 동의를 구해야 한다고 말했다. 그러자 물업은 798에 거주하는 예술가와 예술기구를 상대로 투표를 실시하여 조직위원회를 구성하고는 책임자로 주치朱其를 선정했다. 황루이가 국제적인 예술교류를 강조했던 것과 달리 2007년 예술절은 젊은 예술가를 내세워 '구매할 수 있는 예술买得起的艺术'을 표명하면서 잠재적인 예술품 수집가를 끌어들이려 했다. 2007년 798 창의문화절에서는 718공장 건설 50주년 활동을 개최했다.[32] 이렇듯 국유기업과 민간은 표면적으로는 공조하면서 창의문화절·예술절을 개최해나간 듯 보인다.

그러나 798 공간을 둘러싼 갈등이 완전히 해소된 것은 아니었다. 치싱그룹은 자신의 까페, 식당과 예술품 상가들을 개점했다. 그리고 2006년 11월, 물업은 798 예술구의 대변인 격인 황루이에게 추방령을 내렸다. 결국 2007년 3월 황루이는 798을 떠났다. 그리고 치싱그룹이 임대료를 대폭 인상하자 일부 예술가와 작은 규모의 갤러리, 예술기구들도 798을 떠났다. 그 사이 거대한 경제력을 갖춘 예술기구들 예를 들면 벨기에의 요룬스尤伦斯 예술기금회, 미국의 패스佩斯 갤러리, 스페

32) 2007년 베이징 798 예술절은 4~5월에 개최되었고, 798 창의문화절은 9~10월에 개최되었다. 2008년부터는 예술절과 창의문화절을 통합하여 798 예술절을 9~10월 사이 한 차례만 개최한다.

패스 갤러리

인의 이비리아伊比利亚 당대예술센터 등이 계속 입주했다.[33] 초기부터 798에 있었던 예술가들은 일부 공간을 다른 사람에게 재임대하기도 했다.

예술가와 예술기구가 가진 것은 문화자본이었고 치싱그룹이 가진 것은 경제적 자본이었다. 예술가들은 공장생활 및 예술절의 각종 활동으로 공간에 풍부한 문화자본을 주입하였고 798 공간은 제1차 예술절 이후 진정한 의미에서의 예술공간으로 변모했다. 그러나 많은 예술가들이 798에 들어오면서 자연스럽게 임대료는 상승됐고 공간의 시장가격도 요동쳤다. 공간의 문화자본은 경제자본으로 전환되었으며 이로 인해 사실상 이득을 보는 측은 치싱그룹이었다. 예술가들의 문화자본이 자신들의 경제자본으로 치환될 때에야 비로소 치싱그룹

33) 韩风, 앞의 논문, 98쪽.

2005·2007년 798 예술기구의 유형:

년/종	작업실	갤러리	설계	매체	요식	기타	합계
2005	42	34	7	3	9	7	102
2007	79	103	18	13	14	23	250

은 예술구를 건립하는 데에 정부와 협력했고 임대자를 찾아나섰다.

예술가들의 적극적인 행동이 아무리 큰 영향력을 가졌다 할지라도 공간 점유권과 사용권을 지닌 치싱그룹과 타협하지 않았다면 798 예술구는 불가능했을 것이다. 공간을 점유하고 사용할 권리를 지닌 치싱그룹과의 협력·공모는 불가피한 것이었다. 이 협력이란, 공간의 경제권력과 공간의 문화권력 세력이 대립할 때 치싱그룹이 공간의 상징권력을 조정하면서 문화자본을 경제자본으로 전환할 수 있는 권리를 갖고 있음을 인정한다는 것을 의미했다. 이 암묵적인 협력에 대한 정부의 최종적이고 제도화된 확인은 공간의 발전이 합법적인 궤도 위에서 진행되도록 하는 것이었다.

최초 입주한 예술가와 갤러리 경영자들은 문화자본을 활용한 공간 실천 활동을 벌여 798 공간에 '당대예술'의 분화구라는 기능을 부여했다. 단기간의 경제적 이익만 따지자면 이 공간에 IT산업단지를 세우는 것에 비교할 바 못 되었지만 그들의 활동은 베이징시의 정책 즉 전국의 정치, 문화의 중심도시라는 정체성에 부합하는 것이었다. 798 예술가들의 적극적인 공간실천과 정부의 태도는 치싱그룹이 기존의 결정을 바꾸어 예술공간의 건립을 지지하도록 유도했다. 이 결과를 표면적으로만 살필 경우, 치싱그룹이 임대자인 예술가와 같은 입장이라는 오해가 생기기도 한다. 그러나 사실 치싱그룹은 임대료의 상승, 798 예술운동 지도자의 추방 등으로 자신의 예술상업기구를 건립했다. 치싱그룹은 효과적으로 공간의 상징권력을 조정하고 더 많은 경제적 이득을 취했다. 따라서 공간권력의 전체 체제에서 지배적 위치를 차지한 것은 치성그룹이라 할 수 있다.

2003년과 2004년에 798에서 일어난 예술가들의 도시운동은 기존 건축물을 철거하려는 치싱그룹의 의지를 정부가 저지하도록 만들었

물업

다. 이로 인해 718단지의 바우하우스 풍격의 건축물은 보존되었지만, 그렇다고 치싱그룹이 점유한 이 공간이 예술구로 변모했다고 확신할 수는 없다. 물질적 공간은 보존되겠지만 공간의 성격은 치싱그룹의 경제적 이익을 목적으로 하는 문화예술활동과 상업활동의 복합적 공간이 될 가능성이 높기 때문이다.

이러한 예상에는 시정부의 역할 또한 중요한 이유로 작용한다. 시정부의 개입은 직접적인 방식이 아니라 물업을 통한 간접적인 방식을 취하고 있다. 그러나 시정부는 물업의 단순한 일부 구성원일 뿐만 아니라 물업을 관할하는 위치에 있다는 점에서 배후의 조정자 역할을 하고 있다고 할 수 있다. 티베트 문제와 파룬궁 문제를 제외하면 798 예술구는 어떤 것이든 가능한 공간이라고 하지만,[34] 예술절을 주최하고 관리하는 주체가 예술가에서 물업으로 변경됨에 따라 예술절 특유의 사회문제에 대한 적극적 발언과 시사성, 자유로운 예술적 창의성

34) 쉬융, 2012년 4월 17일, 시태공간에서 필자와 인터뷰.

은 퇴화되고 있다. 물론, 여기에는 표면에 나서지 않은 시정부의 무언의 의지가 작용했을 것이라 짐작할 수 있다. 사회를 향한 비판과 풍자의 정신을 제거당한 예술절은 예술가들로 하여금 방향성 없는 신기성을 추구하도록 부추기고 있다. 물론 이 신기성은 상업성과 쉽게 결합할 수 있는 성격이다. 이로 인해 예술가들 또한 주체적인 의지나 독창적인 예술 정신보다 자신의 경제적 부를 위해 시류에 편승하려는 경향이 점점 강해지고 있다.

4. 798 예술구의 곤경

매체와 자본이 798 예술구를 베이징 문화의 새로운 상징으로 주목한 이유는 798 예술구의 활기찬 창의성과 화제성 때문이었다. 798 예술구의 창의성은 "다른 예술지구에서는 불가능한 전위적인 행위예술이 798 예술구에서는 가능하다"[35]는 공간적 의미와 특권에 힘입은 것이었다. 그러나 이런 당대적·예술적이고 창조적인 798 예술구는 이제 과거가 되었다.

통계에 의하면, "2006년 798 예술구의 연간 수입은 20억 위안에 달한다. 이곳은 이미 베이징의 중요한 문화산업중심지가 되었다. 2008년 올림픽 기간에 33만 명이 이곳을 다녀갔는데 하루 3만 명을 넘는 수치였다. 798 예술구의 성장에 힘입어 2009년 11월 말 차오양구 문화창의산업의 총수입은 1,200억 위안에 달했다. 차오양구 생산수입은 11%가 증가했으며 16만 명 이상이 취업할 수 있었다."[36] 이는 798

35) 위와 동일. "别的艺术区不可能实践前卫艺术活动, 可是798艺术区可以实行。"
36) 田呢, 「798的困境」, 『中国美术CHINESE ART DIGEST』, 2011年 第3期, 16쪽.

쉬용

2007년 798 창의문화절

예술구가 베이징 문화창의산업 발전의 중심이라는 것을 여실히 보여준다. 역설적이게도, 이런 경제수입의 증대가 798 예술구의 창의적인 예술성을 점차 퇴색시키는 요인이 되었다. 798 예술구의 예술적 분위기는 점차 사라져가는 반면 상업적 분위기가 농후해지고 있다. 정부는 문화창의산업의 발전을 지지하지만 상업의 과도한 발전은 798 예술구의 뿌리인 예술의 생존에 악영향을 미치고 있다.[37)]

예술구로 발전하느냐 아니면 특색 있는 상업구로 완전히 변모하느냐 하는 기로에 서 있는 것이 현재 798 예술구의 현실이다. 그 이유는 798 예술구에서 가장 핵심적인 역할을 수행해온 예술가들이 마주한 상황 때문이다. 대부분의 예술가들은 임대료의 엄청난 상승을 견디다 못해 예술구를 떠나거나[38)] 식당을 개업하고 있다. 더구나 갤러리는

---

37) 오늘날 798 예술구는 이미 완전히 당대예술품의 전시와 경영만을 할 수가 없는 상황이다. 지금의 추세는 상업화와 다원화이다. 중국어와 영어로 된 식단메뉴를 가진 식당, 고급 의복상가, 기존의 창의상품만을 판매하던 데서 벗어나 저가의 관광상품을 파는 상가들이 증가했다. 많은 갤러리의 경영자는 상업화의 추세는 피할 수 없지만 798 예술구에 부합되는 소비공간이 되어야 한다고 주장한다.

38) 韩风, 앞의 논문, 98쪽.

2002~2009년 798 예술구 임대료 변화:

연도	2002	2003	2004	2005	2009
임대료 상승(%)	0.8	1.2	1.5	2.0	5.0

일반적으로 투자 후 3년 이후에나 이익이 창출되기 시작하는데, 1년마다 재계약해야 한다는 치싱그룹의 계약규정으로 인해 798 예술구의 갤러리는 장기적인 계획을 설계할 수 없다.

718단지 50년을 기념하는 2007년의 798 예술구 창의문화절에서는 문화절 개막식을 제외하곤 관중들의 참여가 저조했다. 718 연합공장이 798 예술구로 변하는 과정을 주도하고 목격한 따산즈 예술절 발기인 쉬용은 그 이유를 이렇게 말한다.

> 798 예술절과 달리 현재 진행되는 창의문화절에서 중요한 것은 문화산업 발전을 추진하는 것이다. 경제적인 면에 편중되어 있는 것이다. 창의문화절은 예술과 긴밀히 관련하는 데서 출발하지 않았고 특별한 예술활동 같은 것도 없다. 자연히 예술가들이 관심을 가지지 않기에 한산한 편이다.[39]

현재 798 예술구는 보존되었고 정책상의 보호까지 받고 있다. 그러나 보존된 것은 토지이고 형식이지 사람과 내용이 아니다. 현재 장기간 거주하는 예술가는 없으며 갤러리도 점차 떠나가고 있는 실정이다. 배후의 든든한 자금 지원을 받고 있는 외국 갤러리도 금융위기로 인해 798 예술구를 떠나고 있다.

많은 예술가, 평론가, 심지어 갤러리의 경영자들은 현재의 798 예술구를 뉴욕의 소호구와 비교한다. 798 예술구는 뉴욕의 소호와 같이 예술구에서 상업구로 전환하고 있다는 것이다. 798 예술구의 발전은 최초 여기에 입주했던 예술가들의 공이지만 지금 분명한 것은 예술가

---

39) 쉬용, 2012년 4월 17일, 시태공간에서 필자와 인터뷰. “与798艺术节不同, 现在进行的是创意文化节, 主要是推动文化产业发展, 偏重经济方面。创意文化节的出发点跟艺术关系不是很大, 也没有特别像样的艺术活动, 所以艺术家不关注, 也就显得冷清了。”

중앙미술학원 조소과 건물 앞의 수이젠궈

들의 발언권은 사라졌다는 것이다.

그러나 쉬용은 798 예술구의 존재 의미와 그 가치에 대해 적극적이다. "중국의 도시진행 과정에서 볼 때 예술구는 필요한 공간이다. 예술구라는 존재로 인해 도시나 국가는 이미지 면에서 높은 평가를 얻을 수 있다. 예술구는 창조력과 자유의 허용도를 증명하는 것"이기 때문이라는 것이다.[40]

798 예술구에 가장 먼저 입주했다가 지금은 퇴거한 중앙미술학원 교수 수이젠궈 역시 798의 현실이 어떻든 그 존재 가치는 확고하다고 단언한다. "798 예술구는 이미 베이징 및 중국 예술의 상징이다. 이 지위는 결코 변함이 없을 것이다. 798 예술구의 가장 큰 의미는 교과서에서는 배울 수 없는 중국 당대예술을 만인에게 공개할 수 있다는 것이다. 베이징 시민들이 가족과 함께 주말을 보내면서 성장하는 어

40) 위와 동일. "在中国的城市化进程里, 的确需要艺术区这种空间状态。对于一个城市乃至国家来说, 有艺术区的存在, 会获得很高的形象分, 证明了对创造力和自由的容忍度。" 쉬용은 2012년 10월에 798 예술구 10년의 역사를 돌아보고 미래를 설계하는 회의를 계획 중이라고 했다.

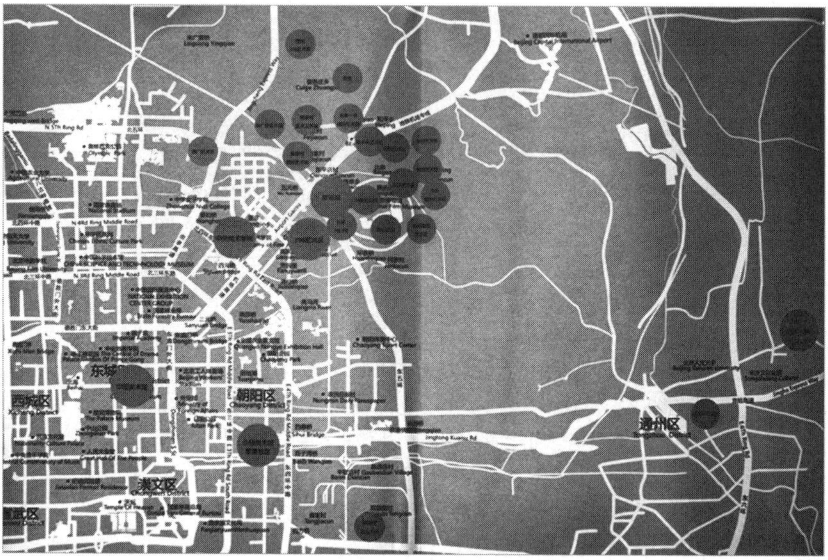

베이징의 예술구 분포도

린 세대에게 중국의 현대사와 중국 당대예술을 직접 보고 느끼게 하는 것이 798 공간이 가진 가장 큰 의미다"고 말한다.41) 그는 798 예술구의 성격 변화에도 불구하고, 예술가들에게 있어서 798 공간의 가장 중요한 의미는 당대예술의 전시공간을 확보할 수 있다는 점이라고 강조한다. 사실 중국에서 당대예술은 한동안 홀시되었다. 798 예술구가 출현하기 전 베이징에는 갤러리가 5개 정도밖에 없었고 그나마도 당대예술을 전시할 기회는 거의 없었다. 중국 당대예술은 1970년대 말부터 1990년대 말까지 주변적 지하상태에 처해 있었다. 798 예술구를 통해 중국 당대예술은 개인적인 창작과 평론 공간에서 벗어나 대중적으로 공론화되기 시작했다. 현재 당대예술을 논할 때 798 예술구는 여전히 중요한 참조대상이다.42)

41) 수이젠궈, 2012년 4월 20일, 중앙미술학원에서 필자와 인터뷰.

수이젠궈는 "현재 중국 현실에서 당대예술 활동을 하는 예술가 그리고 관련 활동을 하는 사람에게 있어서 798 예술공간은 여전히 중요한 무대다. 그들은 798 예술구를 떠났지만 그 주변에서 작품 활동을 하고 있으며, 그들의 작품 전시회와 관련 활동은 여전히 798 예술구에서 이루어진다"[43]고 말한다. 이로 볼 때, 현재 798 예술구가 현실적으로 이룰 수 있는 최선책은 예술가들의 창의성에 기반한 798 예술구만의 개성 있는 브랜드화라고 할 수 있다.

---

42) 黄锐, 『北京798: 再创造的"工厂"』, 成都: 四川美术出版社, 2008, 9~18쪽.

43) 수이젠궈, 2012년 4월 20일, 중앙미술학원에서 필자와 인터뷰.

참고문헌

김성희, 「북경 따산즈 798 지역 변천과정을 통해 본 예술시장 형성과정에 관한 연구」, 『예술경영연구』 제15호, 2009.

김성희, 「예술창작촌의 형성요인과 문화예술 콘텐츠화에 관한 연구: 북경 따산즈 798 지역을 중심으로」, 『문화경제연구』 제14권 1호, 2011.

김태만, 「따산즈 예술촌과 베이징의 도시문화 아이콘」, 『동북아문화연구』 제17집, 2008.

김태만, 「베이징의 창의도시 전략과 창의산업클러스트의 특징」, 『동북아문화연구』 제19집, 2009.

도시재생네트워크, 『뉴욕 런던 서울의 도시재생이야기』, 픽셀하우스, 2010.

안태선, 「중국과 한국의 문화·예술을 매개로 한 도시재생 비교 연구: 베이징 타산즈 지역과 서울 문래동 지역을 중심으로」, 『아시아연구』 제13권 3호, 2010.

치슈위, 「모더니즘을 입은 베이징: 798 예술지구의 과거, 현재, 미래」, 『플랫폼』 14호, 2009.

程磊·朱其, 『北京 798』, 北京: timezone 8, 2008.

黄　锐, 『北京798: 再创造的工厂』, 成都: 四川美术出版社, 2008.

刘子华, 『798: 亚洲崛起的艺术新聚落』, 台北: 南方家园文化事业有限公司, 2009.

李九菊·黄文亚, 「做艺术和经营在我身上是一种矛盾: 徐勇访谈」, 『现场: 798 艺术区实录』, 北京: 文化艺术出版社, 2005.

孙立雯, 『骤变 798(2001~2007)』, 长沙: 湖南美术出版社, 2011.

葛守昆·金毅, 『生产关系论』, 南京: 南京大学出版社, 1998.

韩　风, 「工业遗址保护与经济发展的关系研究: 北京798艺术区案例分析」, 『装饰』, 2010年 第12期.

田　呢, 「798的困境」, 『中国美术CHINESE ART DIGEST』, 2011年 第3期.

刘明亮, 「对北京798艺术区当下发展困境的分析」, 『文艺理论与批评』, 2011年 第1期.

马学东, 「当代艺术的城市嘉年华: 北京798艺术区大山子国际艺术节: 黄锐访谈」, 『大美术』, 2006年 第6期.

马　地, 「798创意产业区形成因素研究」, 『中国城市经济』, 2008年 第10期.

马　地, 「创意产业区形成及影响因素研究——北京798创意产业区」, 『中国集体经济』, 2008年 第23期.

马　地, 「创意产业区形成及影响因素研究——以798创意产业区为例」, 『管理观察』, 2008年 第12期.

李世忠, 「北京"798"艺术创意产业园区可持续发展之关键」, 『商业文化』, 2010年 第1期.

孔建华, 「北京798艺术区发展研究」, 『新视野』, 2009年 第1期.

李雪梅, 「北京798从军工厂到艺术区」, 『中国国家地理』, 2006年 第6期.

2부
베이징을 기억하는 장소와 문화들

| 6장 | 문화텍스트 속의 베이징 상상
| 7장 | 베이징 따자위엔의 문화기억
| 8장 | TV드라마 〈따자이먼〉을 통한 민족기억의 재구성
| 9장 | 닝잉 영화 '베이징 3부작'에 재현된 1990년대 베이징

6장

문화텍스트 속의 베이징 상상

1. 경미소설과 베이징 상상

1980년대 이후의 중국 현대화 과정에서, 도시의 기억 찾기를 시도하는 글쓰기 행위는 지금 막 사라지고 있는 전통과 기억에 대한 추적 행위였으며 회고라는 형태의 상상행위였다. 전통문화를 회복하는 작업은 '잊혀진' 전통문화를 기억에서 추출하여 현대인 앞에 전시하는 작업인 동시에 현대를 재구성하는 작업이었다. 베이징 문화에 대한 묘사 역시, 베이징이라는 특정 지역을 전시하는 것일 뿐만 아니라 현대의 시각으로 민족문화를 발굴하고 재건립하는 행위, 나아가 베이징을 민족문화의 본령으로 자리매김하는 적극적인 행위였다. 이런 의미에서 베이징과 경미문학은 중국 민족문화의 핵심적인 대상인 동시에 결과였다. "베이징은 중국에서 자기만의 문학 전통을 세운 몇 안 되는 도시 중의 하나로, 경미문학은 이 도시의 지역문화 특징을 기초로 하

스허위엔(라오서 고가)

여 형성된 문학양식을 지칭했다."[1]

문화요소를 고찰하려는 시도로 탐구된 '라오베이징老北京'의 형상은 경미소설에서 유사한 모습으로 그려졌다. 라오베이징을 다루는 텍스트들은 '경미京味'의 문화적 측면을 강조하는데, 스허위엔四合院, 따자이먼大宅门 등의 도시공간을 배경으로 선택하고 역사와 전통을 느낄 수 있는 구시대 인물의 정신과 행동양식을 그림으로써 전통문화 중에서도 민간풍습을 구체적으로 되살리고자 했다.

특히, 1980년대 베이징의 상상은 특정한 건축 공간을 중심으로 전개된다는 점에서 주목할 필요가 있다. 라오서老舍의 소설을 모범으로 삼은 1980년대 경미소설은 따자이먼의 귀족과 부호들의 생활이 아니라 베이징 후통의 스허위엔, 여러 가구들이 모여 사는 따자위엔大杂院 생활을 주로 묘사했다. 1980년대 경미소설은 이 건축공간 속의 사람

1) 贺桂梅, 「时空流传现代:1980~1990年代小说中的北京记忆」, 『北京: 都市想像与文化记忆』, 北京: 北京大学出版社, 2005, 433쪽. "北京是中国少有的几个建构了自身的文学传统的城市, 京味文学, 则是基于这一城市的地域文化特征所形成的文学形态的一种命名。"

따자이먼

따자위엔

들뿐만 아니라 스허위엔과 따자위엔이라는 건축 공간 자체를 묘사의 주요 대상으로 삼기도 했다. 이런 점에서 볼 때, 경미소설에서 건립하려 한 베이징의 형상은 라오베이징의 형상이었으며, 이것은 풍부한 민간문화와 전통생활 방식에 대한 기억과 연결되었다. 그리고 이러한 형상은 소실되었거나 곧 사라질 역사의 장면에서 가장 극적으로 표현되었다. 과거의 전설적인 인물에 대한 이야기 그리고 그들의 생활방식과 신념에 대한 기억은 애도가 식의 회고를 통해 진행되었다.

경미문화는 만청晚清부터 민국民國시기까지 베이징에서 형성된 특유의 지역풍습을 가리킨다. 베이징은 제왕이 거주하는 수도로서의 위상과 밀집한 고급관료들이 만들어낸 대가의 풍모를 지니고 있다. 그러나 베이징에는 경제적·사회적 지위가 다르고 문화소비에서도 차이가 있는 다양한 부류의 인간이 거주했기에, 그들의 문화수준과 취향 또한 다양했다. 경미문화에 참여하는 정도와 경미문화를 감상하는 시각도 많이 다르고 이질적이기까지 했다. 따라서 경미문화에 대한 경미작가들의 해석과 서술 태도 역시 다양했다. 라오서, 덩여우메이邓友梅와 비교하여 예광친叶广芩 작품의 특징을 살펴보면 그 차이를 뚜렷하게 알 수 있다.

라오서와 덩여우메이가 묘사한 베이징은 대부분 협소하고 혼란스

라오서

『찻집·정홍기하』

러운 후통, 낡고 비좁은 따자위엔이었으며, 그 곳에서 생활하는 인물은 서민이나 몰락한 귀족이었다. 그들이 그린 것은 베이징 서민사회의 풍속사, 베이징 보통 시민의 후통문화였다. 하지만 예광친의 작품은 황족이 사는 따자이먼을 묘사했다. 그녀의 소설은 시정의 서민이 아닌 청조清朝 귀족들의 생활 즉 귀족문화의 일상과 취향, 귀족의 운명과 애환 등을 그렸다. 예광친은 라오서와 덩여우메이의 평민 베이징의 예술세계에서 벗어나 베이징 귀족문화의 생활로 눈을 돌렸다.

청조 황족의 후손인 예광친은 만주족 귀족 생활에 대해 라오서나 덩여우메이와는 다른 내용을 증언한다. 중하층 만주족 출신의 라오서는 『찻집茶馆』, 『정홍기하正红旗下』에서 만주족 제도와 상층의 귀족생활을 집중적으로 풍자하고 비판했다. 1980년대 덩여우메이 또한 라오서와 마찬가지로 상층 만주족에 대해 비판의 태도를 지니고 있었다. 허나 그는 만주족 귀족생활과 골동품에 대한 기호 취향을 보이기도 했는데, 이런 태도는 앞서 살펴보았듯 귀족생활을 흥미롭게 바라보는 『담배합烟壶』에서 잘 드러난다.

경미소설이 모범으로 삼는 라오서의 소설은 베이징의 민속언어로

연극 <찻집>

연극 <정홍기하>

하층인물을 묘사하면서도 시민사회에 대해 시종 객관적이고 냉정한 태도를 고수했다. 그러나 1980년대 경미소설이 그려낸 베이징 형상은 상당부분 특정한 의도의 산물이었고 따라서 상상의 결과물이었다. 대부분의 경미소설은 있는 그대로의 베이징을 묘사한 것이 아니라 특정한 문화논리에 입각하여 베이징 형상을 만들어냈다. 실제 역사가 지니고 있는 다면성, 다층성을 이들 소설은 보여주지 않았다. 이들 소설이 구성해낸 스허위엔, 골동품과 구식 인물들은 중국 전통의 상징으로 차용되었지만 전통문화를 사후적으로 상상하여 구현한 결과이기도 했다. 이미 오래전에 사라진 베이징의 '전통성'을 탐색하면서 그들은 베이징의 전통적 신분 또한 재정립해 나갔다.

1980년대부터 현재까지의 '베이징 상상' 과정은 새로운 서사가 시대의 변화에 민감하게 반응하면서 이전의 서사를 대체하는 과정의 반복이었다. 1980년대부터 최근까지의 문화텍스트에서 베이징 기억의 글쓰기는 각 시기 주류담론과 밀접한 관련을 맺고 있었고, 이것이 기억 재현의 방식이 각기 달랐던 핵심적인 원인이었다. 이 장에서는 문화텍스트가 경미문화의 전통을 다루고 재구성하는 방식의 변화를 살펴봄으로써, 1980년대부터 최근까지의 베이징 상상이 어떻게 변화하고 있으며 이런 상상이 당시 문화에서 어떤 역할을 하는지를 알아본다.

2. 경미소설에서 베이징 전통의 재구성

1980년대 중국 사회전환기의 경미소설은 현대화 과정 중에 있는 고도古都의 시민생활과 민속풍속을 표현했다. 이 작품들은 소멸해가는 베이징의 지역문화와 풍습을 담아냈다. 라오서의 작품들엔 베이징 색채가 농후한데, 이는 단지 스허위엔, 후통, 베이징 성곽 등 고도의 경관을 묘사했기 때문만이 아니다. 베이징은 삼천 년의 역사 동안 중국의 정치, 경제, 문화의 중심지로서, 다민족이 교류하고 융합할 수 있는 인문지리적 환경을 배경으로 각 민족의 전통문화를 받아들여 독특한 경미문화를 형성했다. "경미문화는 서민의 대중문화, 유가문화, 귀족문화와 황실문화가 오랜 세월 동안 융합하고 관통하여 만들어낸 문화의 정수다."[2] 이러한 경미문화는 황성皇城 베이징의 생활 각 방면에 스며들어 베이징 사람의 생활태도에 영향을 미쳤다.

1980년 초반 한 무리의 작가들이 베이징의 '전통 형상'을 적극적으로 재구성했다. 그들은 라오서의 문화 비판의식이 위축되는 것을 감내하면서, 현대문화에 떠밀려나는 라오베이징의 민속과 전통문화에 대해 깊은 애정과 애도의 태도를 보였다. 왕쩡치汪曾祺, 덩여우메이邓友梅, 천젠궁陈建功, 류샤오탕刘绍堂, 린진란林斤澜 등은 주로 베이징의 생활,

2) 周月亮·韩骏伟, 『电视剧艺术文化学』, 北京: 中国传媒大学出版社, 2006, 166쪽. "京味文化属于平民式的大众文化与儒家文化, 贵族文化, 皇权文化上千年来融合贯通而成的文化精髓。"

린진란

류샤오탕

문화, 역사를 그렸다. 어떤 이는 베이징인도 아니고 베이징을 배경으로 작품을 쓰지도 않았지만, 이들은 중국 민족의 전통문화 속에서 창작의 자원을 모색하려는 공통된 주제의식을 가지고 있었다. 1982년 왕쩡치는 『베이징문학北京文学』 제2기에 「현실주의로 회귀하고 민족전통으로 회귀하자回到现实主义, 回到民族传统」를 발표했다.[3] 그는 작가들에게 과거를 쓰는 것을 두려워하지 말고 과감하게 "민족전통으로 회귀할 것"을 호소했다. 중국 역사에서 가장 유명한 제국도시이자 유구한 문화의 도시는 베이징이기에 민족전통으로 회귀하려면 당연히 베이징에서 시작해야 한다는 것이었다. 왕쩡치와 같은 견해를 가진 작가들이 많았는데, 이들 대부분은 『베이징문학』을 중심으로 활동하면서 당대 중국문화에 상당한 영향을 끼쳤다.

3) 汪曾祺, 「我的创作生涯」, 『汪曾祺全集』 第三卷, 北京: 北京师范大学出版社, 1998, 289쪽.

자금성(황성)

당연히, 베이징의 '전통 형상'을 재건하자는 주장은 문혁에 대한 그리고 1980년대 초기 과도한 정치화 현상에 대한 불만과 저항을 내포하고 있었다. 왕쩡치는 「나의 창작생애我的創作生涯」[4]에서 민족전통으로 돌아갈 것을 제기한 이유에 대해 설명했다. 1980년대 초기 즉 사회가 막 전격적으로 개방되어 미래가 불투명한 시기에 미래를 뚜렷이 파악하기 위해서는 전통을 다시 돌아보아야 한다는 것이 그의 주장이었다. 왕쩡치와 천젠궁의 소설이 묘사한 대상은 각각 달랐지만, 그들이 표현하고자 한 사상, 그들이 인정한 전통의 질서관념과 도덕의식, 인간관계는 유사했다.

1980년대 초, 왕쩡치, 덩여우메이, 천젠궁 등은 도시 시민사회의 묘사를 통해 자연스럽게 도시 풍속도를 그려냈다. 이들이 소설에서 재구성한 사람과 도시의 관계는 대립적이지 않고 조화로운 융합을 지향했다. 이들의 경미소설은 라오서가 개척한 서사양식을 계승한 것이었다. 그들은 베이징을 강력한 융합력을 지닌 전통적인 도시로 상상하

4) 위의 책, 496쪽.

왕쩡치

『수계』

면서 서민의 생활을 주로 묘사했다. 이들의 경미소설은 문화전통과 역사 속에서 베이징을 재구성함으로써, 베이징을 혁명정치담론이 구성한 정치적 형상에서 벗어나게 하고자 했다.

이런 의도는 베이징의 스허위엔을 소설의 주인공으로 삼은 천젠궁, 자오다녠赵大年의 소설 『황성근皇城根』(1992)에서 잘 드러난다. "스허위엔은 전통적 규칙에 따라 어느 방에 어느 항렬의 사람이 거주하는지를 따진다. 대문은 어느 방향으로 열고 부엌은 어디에 배치하는지도 규범에 따른다. 진金씨네 집안도 예외가 아니다."[5] 이것이 그들이 추구하는 베이징의 전통문화였지만 이는 허구였다. 이 소설을 각색한 드라마에 대한 평가에서도 이와 같은 내용이 언급되고 있다. "드라마

5) 陈建功·赵大年, 『皇城根』, 北京: 作家出版社, 1992, 134쪽. "按照老派的规矩, 一座四合院, 哪间房子住什么辈分的人是有讲究的。大门开在哪儿, 厨房安在哪儿, 同样也有讲究。金家也不例外。"

천졘공·자오따녠의 『황성근』

TV드라마 〈황성의 뿌리〉

〈황성의 뿌리皇城根儿〉(1992)의 환경과 배경, 인물과 사건은 기본적으로 진실하지 않고", "〈황성의 뿌리〉가 조성하는 분위기는 허구적이다."6) 여기에 그려진 스허위엔은 전통 베이징이라는 논리에 기대어 상상적으로 재구성된 것이었다. 이 소설은 1990년대를 다룸에도 불구하고 중국 현당대사의 현실 변화를 고려하지 않았다. 중화인민공화국 건립 후 드라마의 내용 전개에서 중요한 역할을 담당하는 진단金丹은 중국현대사에서 사유재산으로 남겨둘 수 없었으며 중의학의 보고인 동인당同仁堂마저 국유화되었기에, 드라마 〈황성의 뿌리〉의 서사내용은 현실상황에서는 불가능했다.7)

---

6) 杜嘉夫, 「细节的真实掩盖整体的不真实: 谈〈皇城根儿〉在人物塑造上的失误」, 『中国戏剧』, 1993年 第2期, 48~49쪽. "「皇城根儿」剧大环境大背景上的人物和事件, 基本上是不真实的。" "「皇城根儿」所营造的故事氛围基本上是虚假的。"

7) 「戊子风雪同仁堂」(2008)은 1948년부터 1949년 사이 동인당과 공산당의 합작화 과정을 다루고 있다.

1980년대 초 경미작가군은 '베이징 문학'을 건립하고자 했지만, 대다수 경미작가들의 전통에 대한 인식은 상상적 층위에 머물러 있었다. 그들이 묘사하려는 대상은 현실세계에 속하지 않거나 막 사라지는 기물과 문화 같은 것이었다. 이 같은 베이징 상상에는 전통에 대한 애호가적인 기호가 작용하고 있었다. 덩여우메이의 『담배합烟壶』, 『나우那五』, 『사해거일화四海居轶话』과 『수오치의 후인索七的后人』은 현실에서는 사라져가는 몰락한 귀족의 후예인 라오베이징인을 묘사했다. 더욱이 일부작가들은 전통 표상체의 자연주의적 묘사에 더욱 더 침잠하면서 전통문화의 창조적 재건에서 멀어져갔다. 담배합은 세태를 묘사하기 위해 라오서가 선택한 수많은 소재 중 하나일 뿐이었지만, 덩여우메이가 『담배합』을 쓸 시기에 이르러선 담배합에 대한 지식은 이미 역사적 사실이 되어버렸고 이런 역사적 사실에 익숙한 작가들에겐 심미적 취향의 오락이 되었다. 그러나 덩여우메이 등이 상상으로 재구성한 '전통적인' 공간 베이징은 그 한계도 뚜렷했고 현실의 현대화 과정과도 괴리되어 있었기에 큰 반향을 불러내지는 못했다.

1990년대 전환기 베이징 소설의 문화적 위치는 개혁개방으로 촉발된 경제발전과 사회변화로 인해 큰 변화를 겪게 되었다. 시장경제가 가져온 현대문명이 베이징인의 생활방식에 충격을 가하기 시작했고, 이로 말미암아 전환기의 베이징 문화에는 전통과 현대의 충돌과 공존이라는 새로운 국면이 형성되기 시작했다.

경미소설 창작계에서 이러한 문화적 변동을 가장 정확하게 파악한 작가는 천젠궁이었다. 그는 1980년대 초반 경미소설 창작에서 탁월한 성과를 거두었을 뿐만 아니라 베이징의 역사, 베이징인의 생활방식, 심리적 특징, 문화성격을 깊이 탐색했다.[8] 1991년 그는 「스허위엔의 비애와 문학의 가능성四合院的悲戚与文学的可能性」[9]에서, 베이징 전통문화

형상을 상징하는 스허위엔이 현대문명의 충격에 이미 "어쩔 수 없이 와해되고 퇴락하고 있음"을 지적했다. 천젠궁은 전환기 베이징 문화의 전통과 현대적 변주 그리고 필연적인 변화 추세를 예리하게 지목하고 관찰했다.

1980년대 말 1990년대 초 경미문학이 마주한 현실은 스허위엔 생활방식이 붕괴되는 베이징이었고 현대와 전통의 충돌을 몸으로 경험하고 있는 베이징인이었다. 경미문학은 이 급격한 변화의 시대에 베이징인이 감정의 균형을 잡아가는 문제, 그리고 스허위엔 생활방식과 고별하는 과정에서 베이징인의 내면에 새겨진 영혼의 흔적을 탐문하는 문제에 직면했다.

라오베이징 전통의 재구성에 중점을 두고 문화적 영향력을 발휘하던 경미소설은 1990년대 초반에 그 힘을 상실했다. 이런 상황에서 베이징 전통문화는 점차 실제적 위치와 내용은 탈각된 채 '정신적 고향'이라는 상상을 투사하는 대상이 되었다. 1990년대 중반 이후 경미소설은 문화 비판에서 문화 애도식의 글쓰기로 뚜렷하게 변화해 갔다. 1980년대 경미소설이 추구했던 문화 성찰적 분위기와 전통/현대라는 이원대립의 시각은 사라졌다.[10] 현실에서 베이징은 국제적 도시로 변화하고 있었고 전통적 문화기억 또한 갈수록 상실하고 있었다. 문화

---

8) 천젠궁은 수필집 『사실대로 말하다从实招来』에서 각기 다른 계층, 각기 다른 유형의 베이징인과 교류한 체험을 기술했고 베이징 민속, 풍습, 민요 등을 수록했다. 천젠궁은 베이징 문화와 관련된 풍부한 자료를 자기의 '잡담谈天说地' 시리즈 경미소설에 활용했을 뿐만 아니라 경미문화와 경미문학의 발전 추세를 탐구하는 등 이론적 작업도 병행했다.

9) 陈建功, 「四合院的悲戚与文学的可能性」, 『文学自由谈』, 1992年 第3期, 62~64쪽.

10) 1980년대 경미문학은 '문화열', '뿌리찾기寻根' 문학사조와 밀접한 관계가 있었다. 문화열, 뿌리찾기 문학은 1980년대 중국의 현대화와 맞물려 있었다. 당시 '문화열'은 중국(전통)문화와 서구(현대)문화 간의 차이와 비교에 집중했고, '뿌리찾기 문학'은 중국문화와 문학의 '뿌리'에 대한 탐색, 전통문화에 대한 성찰과 사고가 현대화의 필요조건이라고 생각했다. 어떻게 하면 중국의 전통문화를 현대화와 대비되게 재구성낼 수 있을까 하는 것이 당시 문화계의 화두였다.

텍스트에서 '베이징'의 형상은 문화적 근원을 찾을 수 없는 국제적 도시, 그리고 풍부한 문화기억을 가진 황성의 도시라는 두 개의 융합될 수 없는 이미지로 분열되었다.

베이징 전통문화를 상상해낸 덩여우메이 등의 경미소설가는 실제 중국의 전통문화가 직면한 처지를 제유적으로 표상했다. 그들이 경미소설에서 묘사한 베이징 전통문화가 현대화의 과정에서 만나는 곤경은 중화민족의 전통문화가 처한 운명의 축소판이었던 것이다. 1990년대 문화열이 쇠퇴함에 따라 경미소설 창작은 영화와 드라마 창작으로 옮아갔다.

3. 문화텍스트로 본 따자이먼의 상상과 서사

1990년대 이후, 따자이먼大宅门의 이야기가 1980년대의 스허위엔 이야기를 대신하게 되었고 베이징 문화 기억의 주요 부분으로 부각되기 시작했다. "청황실 드라마清宫戏", TV드라마 〈따자이먼大宅门〉, 〈따칭야오왕大清药王〉, 예광친叶广芩의 소설 「차이상즈采桑子」와 이를 각색한 TV드라마 〈차이상즈: 부인과 자녀采桑子: 妻室儿女〉 등은 한편으로는 현실 정치관계를 우회적으로 서술하면서, 한편으로는 따자이먼 내 귀족생활의 여러 일에 대한 중산층의 호기심을 충족시켜 주었다. 이처럼 예광친의 소설은 이중의 내용 즉 경미문학과 따자이먼 이야기로 대중의 시선을 끌었다. "만주족 문화, 궁정문화가 베이징 문화의 면모 조성에 지대한 영향을 미쳤지만 경미소설에서는 따자이먼에 관한 작품이 오히려 적다"[11]고 자오위안이 언급한 적이 있었는데, 1990년대에 이르러 따자이먼 이야기는 베이징 문화기억의 중요한 부분이 되었다.

동인당을 다룬 TV드라마 〈따칭야오왕〉과 〈따자이먼〉

경미문학이 영화, 드라마를 주요매체로 삼으면서, 1990년대 중반 이후 청황실 드라마가 유행하기 시작했고, 21세기 이후엔 〈따자이먼〉(2001), 〈따칭야오왕大清药王〉(2001) 등 드라마에서 따자이먼이 중요한 공간과 문화적 배경으로 부각되었다.[12] 따자이먼 문화는 중국의 독특하고 특유한 문화현상으로, 황족의 문화와 뚜렷한 지역문화를 교묘하게 배합한 것이었다. 드라마 〈따자이먼〉에서는 각기 다른 문화의 결합으로 형성된 인물들이 특유의 개성을 드러내면서[13] 대중의 시선을 집중시켰다.

드라마 〈따자이먼〉은 베이징 민속문화를 재구성하여 중국 민족문

---

11) 赵园, 『北京: 城与人』, 北京: 北京大学出版社, 2002, 116쪽. "旗人文化, 宫廷文化对于造成北京的文化面貌为力甚巨, 京味小说却少有写大宅门儿的作品。"

12) 두 드라마 모두 동인당同仁堂을 제재로 하고 있다. 〈따자이먼〉은 만청부터 현대까지의 동인당 가족사를 다루고, 〈따칭야오왕〉은 만청부터 근대까지의 동인당 역사를 다룬다.

13) 郭五林, 「〈大宅门〉的文化特征」, 『深圳大学学报』, 2002年 第18卷 第4期.

화를 재건립하는 데 중요한 역할을 했다.[14] 감독 궈바오창郭宝昌은 〈따자이먼〉에서 바이白씨 집안의 대가족을 묘사함으로써 따자이먼 문화에 대한 기억을 생산해냈다.[15] 〈따자이먼〉이 동시기 홍콩·타이완의 만청 역사극과 다른 점은 이 드라마가 거대역사 서사극이라는 점이었다. 1880년부터 1980년까지 바이징치白景琦의 일생과 가족에 대한 기억을 통해서 격동의 현대사를 살았던 중국인의 생활을 표현했다. 감독은 민간의 입장과 민족주의적 정서를 결합해서, 민간예술의 취향 그리고 중의학이라는 중국 특색으로 중국의 전통문화를 생산했다. 이 드라마는 개인의 운명과 개인·가족의 선택을 통해서, 20세기 역사의 전환기, 위기의 시대를 살아가는 중국민족 전체의 생활상을 그려냈다. 궁극적으로 이 드라마는 민족의 정체성 강화라는 효과와 깊이 관련되었다.[16] 이 드라마는 보수적이고 맹목적인 숭배라는 의미에서 이데올로기적 효과를 거두었던 셈이다. 심층의 민족적 집단심리에 저장된 대중의 기억에 영합하고 대중의 공통된 역사와 문화적 사건에 의지하여 형성된 민족정서를 활용함으로써, 사회 구성원이 인정하는 가치체계를 만들어냈던 것이다.

이 드라마가 생산하고 제공한 전통문화로서의 생활 형태와 관념은 강력한 영향력을 행사했다. 〈따자이먼〉이 창조한 전통문화, 정신적 고향으로서의 베이징과 같은 라오베이징 노스탤지어는 지난 과거의 단순한 재현이 아니라 과거와 현재, 허구와 사실의 대비를 통해 생동

14) 〈따자이먼〉 감독인 궈바오창郭宝昌은 자신의 가족사를 그린 〈따자이먼〉 시나리오를 40여 년에 걸쳐 완성했다. 이 드라마는 2001년 3월 중앙TV에서 방영되었는데 그 독특한 문화로 인해 높은 시청률을 얻으며 인구에 회자되었다.

15) 郝雨, 「学术视野中〈大宅门〉的“内”与“外”: 对〈大宅门〉艺术价值及文化意义的综合透视」, 『上海大学学报』, 2002年 第9卷 第3期.

16) 姚峰, 「家族回忆中的民族主义想象: 看〈大宅门〉的现代性」, 『渭南师范学院报』, 2002年 第8期, 27쪽.

감 넘치는 현실감을 획득했다.

〈따자이먼〉의 심미적 가치 중에서 주목할 만한 것은 윤리감정에 대한 표현이었다. 이 드라마는 가족윤리 중에서 '정情' 즉 가족 간의 사랑과 사람 간의 인의를 강조했다. 〈따자이먼〉에서 바이씨 집안의 가훈은 "남이 보지 않더라도 양심에 위반되는 일을 하지 않으며 이익을 위해 옳음을 저버리지도 않는다. 네가 하는 모든 일은 하늘이 안다"[17]로 도덕의 자각성을 강조했다. 여기서 심心은 사회도덕, 원칙의 근원이자 윤리도덕의 실체이며, 도덕은 단지 심心의 외재적인 표현이다. 도덕 원칙의 근원인 심心이 드라마에서 어떻게 구체적으로 표현되는지는 바이잉위엔白颖圆과 주순朱顺의 예를 통해 볼 수 있다. 바이잉위엔은 주순의 어머니가 병으로 쓰러지는 것을 우연히 목격하여 그녀를 집으로 데려와 치료해주고 불쌍한 처지에 측은지심이 생겨 돈까지 주어 돌려보낸다. 그 후 주순은 자신의 어머니를 도와준 것에 감사하며 곤경에 처한 바이잉위엔을 위해 자신의 인생을 바쳐서 보답한다. 리져허우李泽厚는 중국의 전통문화에 대해 다음과 같이 언급했다. "이 민족이 생존과 발전을 통해 축적해 온 내재적 문화는 상당히 확고하며 힘, 기능과 독립성을 가지고 계승되어 왔다. 이 문화는 그 내용에서부터 형식, 도덕기준 등에 이르기까지 나아가 진리관념, 사유방식, 심미적 취향에 이르기까지 직간접적으로 알게 모르게 현재의 사람들을 통제하고 있다."[18]

이처럼 〈따자이먼〉은 중국민족의 독특한 정서를 재현하고 강화하

---

17) "修合无人见, 存心有天知"는 1669년에 창립한 베이징 동인당의 가훈이다.

18) 李泽厚, 『中国古代思想史』, 北京: 人民出版社, 1986年, 297쪽. "这个民族得以生存发展所积累下来的内在的存在与文明, 具有相当顽固的持续力量, 持久功能和相对独立的性质, 直接间接地, 自觉不自觉地影响支配甚至主宰着今天的人们, 从内容到形式, 从道德标准, 真理观念到思维模式, 审美趣味等。"

는 드라마다. 〈따자이먼〉의 주선율은 지배 이데올로기를 대중적이고 통속적으로 변조한 것이다. 이데올로기는 대중문화 텍스트를 통해 대중을 호명함으로써, 대중이 민족주의에 동의하고 민족주의를 내재화하여 민족적 정서의 주체가 되도록 독려한다.[19] 〈따자이먼〉은 민족의 기억으로 치장된, 그러나 위에서 아래로 재구성하여 구현된 지배 이데올로기의 담지물인 셈이다.

그러나 예광친의 작품 그리고 이와 관련된 외부상황의 변화 양상에 대해서는 조금 더 섬세하게 접근해야 한다. 그의 소설 『차이상즈采桑子』가 처음 출판된 1999년만 해도 이 작품은 황족을 다룬 이야기라는 이유로 조심스럽게 출판되었다.[20] 중국 현당대사에서 황족은 사회적으로 비판받는 계층이었기 때문이다. 그러나 2009년 이 소설은 드라마로 각색되어 상영되었을 뿐만 아니라 화려하게 재판되었다. 물론 이런 변화는 시대와 담론의 변화를 말해준다.

1980년대 예광친은 적지 않은 작품을 썼지만, 지난날 황족이었던 자신의 가족에 대한 기억은 당시의 창작 분위기에서는 자유롭게 표현할 수 없었다. 중국 현대사의 격동기를 살아낸 작가에게 있어 가족에 대한 기억은 무의식적으로 금기시되어 있었다.

> 외국에 유학을 가게 되면서 완전히 낯선 환경으로 인해 나는 중국 문화와 철저하게 거리를 두게 되었다. 나는 다른 시각으로 우리 민족과 문화를 성찰하게 되었고 더욱 넓은 시야를 갖게 되었다.[21]

---

19) 姚峰, 「家族回忆中的民族主义想象: 看〈大宅门〉的现代性」, 『渭南师范学院报』, 2002年 第8期, 27쪽.

20) 叶广芩, 『采桑子』, 北京: 北京出版社, 2009, 1쪽.

21) 위의 책, 4쪽. "我到国外去留学, 那完全陌生的领域又使我与中国文化彻底拉开了距离, 从另一个角度来审视我们的民族与文化, 这些无异于给我开辟了一个更为广阔的视野。"

TV드라마 〈차이상즈〉

예광친은 1990년부터 1992년까지 일본의 대학에서 수학할 기회를 갖게 되었는데, 이는 그에게 창작상 큰 변화를 일으키는 전환의 계기가 되었다. 작가는 과거를 은폐하려는 마음에서 벗어나게 되면서 1994년 「본시동생근本是同根生」부터 가족생활을 제재로 삼아 작품을 쓰기 시작했다. 가족 소재의 소설을 시리즈로 발표했고 그것을 묶어서 『차이상즈』를 출판했다.

그러나 이 소설은 순수한 개인, 가족의 추억 이야기라기보다는 베이징의 기억에 관한 이야기라고 해야 할 것이다. 소설은 개인과 가족에 대한 기억에 대해 필요 이상의 분량을 할애하고 있다. 『차이상즈』는 진씨 집안의 만주족 풍습, 일상생활, 건축형태와 여러 기물, 오락을 즐기는 방식에 대해서 묘사하며, 그것을 베이징 문화기억의 중요한 부분으로 서술한다. 이 소설에서 개인의 기억과 도시의 기억은 긴밀하게 연결되어 있다. 현대사에서 베이징의 변천사는 황족의 퇴락과 소멸과정이라 할 수 있는데, 『차이상즈』의 작가가 지닌 기억은 만청의 몰락한 귀족자제의 기억이다. 따라서 그의 기억과 작품은 어느 누구의 기억이나 작품보다 황성으로서의 베이징의 변화를 충실히 담아낸다. 경미소설에서 따자이먼을 배경으로 한 작품의 수는 비교적 적었고, 특히 귀족생활을 묘사한 작품은 거의 없었다. 라오서의 『정홍기하』, 덩여우메이의 『담배합』에서 겨우 이런 묘사를 찾아볼 수 있을 뿐인데, 이 작품들은 따자이먼의 귀족생활을 풍자하고 희화화한다. 이 소설들이 황족의 일원이었던 예광친의 만주족 귀족생활에 대한 묘사만큼 섬세하기란 쉽지 않았다.

예광친은 상층귀족 출신이라는 신분과 그녀의 생활 경험으로 인해 라오서, 덩여우메이와는 다른 경미소설을 창작했다. 따자이먼의 음식 조리에 대한 이야기를 다룬 「주의웅출몰注意熊出没」, 골동품 감별과 지식을 상세히 다룬 「우야소소雨也萧萧」, 따자이먼 내의 경극무대, 아마추어 배우에 대한 깊은 이해와 애정을 서술한 「수번악부처량곡谁翻乐府凄凉曲」, 황궁의 어의 가족을 찬탄하고 호의적으로 묘사한 「황련 후박黄连厚朴」, 전통 건축가와 라오베이징의 변화에 대한 감개무량을 토로한 「부지하사영회포不知何事萦怀抱」, 전통의복 치파오를 제작하는 사람의 출신 내력과 진씨 집안과의 관계를 다룬 「몽야하증도사교梦也何曾到谢桥」, 따자이먼 내 만주족의 예의관습이 사라지고 있는 현실을 묘사한 「수진등화우일소瘦尽灯花又一宵」 등, 예광친 소설은 청대 귀족생활을 세밀하고 충실하게 그려냈다.

점차 퇴락하는 황성과 몰락하는 귀족 집단에 대한 예광친의 글쓰기는 고향으로서의 베이징에 대한 기억행위이며 베이징의 문화전통과 문화기억에 대한 재구성 작업이라 할 수 있다. 개인의 신분과 경험을 토대로 한 예광친의 『차이상즈』가 1980년대의 경미소설과 다른 점은 인문경관이 순수한 '문화'나 '지식'으로 표현되는 것이 아니라 몰락한 귀족생활에 대한 정감으로 채색되었다는 점, 남에게 들은 이야기나 소문에 의한 것이 아닌 서정적인 주인공의 가족사를 자신의 기억으로 전개해 나갔다는 점에 있다. 작가의 출신 배경과 일인칭 서술방식으로 인해, 그녀의 소설은 여타의 경미소설과는 달리 문화 지향적 자세를 의식적으로 취할 필요가 없었다. 그녀의 작품이 표현해내는 베이징 이미지는 더 이상 모종의 문화지식의 표본으로서가 아니라 풍부한 개인의 기억과 미시적인 역사 내용으로 구성되었다. 개인기억의 풍부함과 섬세함을 강조하는 글쓰기는 강한 감정적 요소를 내장했다. 현실에서는 이미 소실된 고향이 개인기억 속에서는 '정신의 고향'으로 재생되었는데, 이 '정신의 고향'은 현재 생활의 조건들로 인해 '고향'을 상상하는 활동과 긴밀히 연결되었다. 그 고향에는 다시는 존재하지 않는 일상생활이 있고, 잊을 수 없는 감정이 있고, 어린 시절의 생명경험이 생생하게 살아 있다. 후통, 집, 정원, 건축공간, 사계절의 변화와 그 속에서 생활하던 사람들은 모두 그렇게 익숙하고 친근하다. 따라서 작가의 글쓰기에는 따뜻한 정이 흘러들어가 있다.

> 내 마음은 갑자기 흥분되었다. 형제의 친근함이 저절로 생겼다. 우리 엄마는 그들의 생모는 아니었지만 우리 엄마에 대한 순지舜錤와 순탕舜鏜의 감정은 진실하고 애절한 것이었다. 실제로 그것은 집에 대한 그리움이고, 그 오래된 저택에 대한 그리움이고, 지난날에 대한 그리움이다.[22)]

예광친의 소설은 민속을 본격적으로 묘사하여 친근하고도 생활정서가 충만한 분위기를 창조했다. 인물의 개성을 생동감있게 표현할 뿐만

22) 위의 책, 85쪽. "我心里一阵发热, 一股手足亲情油然而生, 舜錤和舜鏜一样, 亦非我母亲所生, 他对我母亲感情的真挚与依恋, 实则也有对家的依恋, 对老宅的依恋, 对往事的依恋。"

청황실 TV드라마 〈황제의 딸〉

〈옹정황제〉

아니라 인물이 내포하는 전형적인 성격을 충실하게 그려냈다. 그녀의 소설이 관찰하고 묘사하는 민속은 민속학적 지식의 기재나 귀납이 아니라 살아있는 개인의 심리 그 자체인 동시에 변화하는 사회심리였다. 풍속의 형식을 빌어 인물을 쓰고 사회를 쓰고 역사를 쓰고 있기에, 그녀의 작품에는 심층 문화의 함의가 응축되어 있었다. 만청 귀족생활을 배경으로 한 예광친의 소설에는 선명한 경미의식이 배어 있었다.

> 경미문학의 특징은 고도古都 베이징의 지역문화 경관을 되돌아보고 고도 베이징의 위치를 정립하고 현대에 쇠락하고 있는 구체적인 베이징의 인정풍속을 되돌아보는 방식으로 일종의 지역문화 경관을 체험하게 하는 데 있다.[23)]

1980년대가 문학텍스트를 통해 전통 베이징을 재구성하고자 하였

---

23) 王一川, 「京味文学第三代: 泛媒介场中的20世纪90年代北京文学」, 北京: 北京大学出版社, 2006. "京味文学的特质在于, 它是一种回瞥到的故都北京的地缘文化景观, 是定位于故都北京, 定时于它的现代衰颓时段, 借助具体的北京人情风俗, 通过回瞥方式去体验到的一种地缘文化景观。"

다면, 1990년대 이후는 문학텍스트보다는 TV드라마 등 대중문화 텍스트가 제공하는 의미와 이미지 등을 통해 '전통적' 문화형식과 실천을 보충하거나 그 정서적 힘을 점진적으로 대체해 버렸다. 전통문화의 힘은 대개 대중문화를 이용해 (재)유포됨으로써 유지된다.[24] 찬란한 문화와 역사를 가진 베이징의 이미지를 강화할 수 있었던 데에는 1990년대 중반 이후부터 최근까지의 대중문화 특히 청황실 드라마의 유행이 큰 공헌을 했다. 황성이었던 베이징의 자금성, 풍부한 귀족문화를 대표하는 따자이먼 공간 등 이데올로기적으로 충만한 민족적 경관을 대중문화를 통해 전시함으로써 중국문화의 오랜 역사와 상징적 가치의 우수성을 생산하고 공고화할 수 있었다.

따자이먼 문화는 수백 년 고도 베이징 경미문화의 중요한 부분으로서 궁정문화, 관료문화, 후통문화가 결합하여 형성된 문화이다. 따자이먼 문화는 경미문화의 중요한 특징을 내포하고 있었고, 따자이먼을 공간적 배경으로 한 창작물은 당시 중국 민족문화의 발흥과 밀접한 관련을 맺고 있었다. 사회주의 시기의 계급투쟁과 계급대립 의식이 약화된 후, 중국 정부는 경제건설 중심의 정책을 전개하면서 민족정신과 문화의식을 통해 국민을 결집시키고자 했다. 중국의 전통문화와 베이징 민속문화의 발굴은 베이징을 오랜 문화전통을 가진 황성의 도시로 자리매김하기 위한 토대였으며, 황성으로서의 베이징은 오랜 역사와 찬란한 문화를 가진 중국을 상징했다. 민족문화의 정리와 발굴은 '현재의' 중국에 필요한 작업이었기에 민족문화를 재현하는 대중매체와 문화텍스트는 중요한 문화적 역할을 수행하고 있는 셈이었다.

24) 팀 에덴서, 박성일 역, 『대중문화와 일상, 그리고 민족정체성』, 도서출판 이후, 2008, 43쪽.

4. 또 다른 베이징에 대한 상상

많은 문학작품은 베이징을 현대도시적 성격이 부족한 공간으로 표현한다. 상하이와 유사한 정도의 현대화가 베이징에서 진행되었지만 베이징은 언제나 전통적이고 보수적이라는 느낌을 준다는 것이다. 1980년대 이후 사회 전환기에 중국 당대작가들은 점차 베이징의 문화기억을 회복하고자 했다. 그들은 이미 사라진 이 도시의 전통을 찾고 만들고자 했다. 그러나 작가가 상상하는 베이징의 전통은 사회의 변화에 따라 달라져갔고 이러한 변화과정 중에 만들어진 베이징의 전통은 또다시 새로운 서술로 대체되었다. 1980년대 중반 이후 베이징 전통의 상상을 대체한 것은 새로운 베이징의 건립이었다. 향토적 전통에서 벗어나 현대적이고 도시적인 베이징을 만들자는 것이었다.

1986년 이후, 린진란林斤澜과 리투오李陀가 주편과 부주편을 맡게 되면서 경미문학을 중점적으로 게재하던 정기간행물 『베이징문학』의 성격은 변하기 시작했다. 『베이징문학』은 덩여우메이 등의 경미소설이 아닌 위화余华의 「18세에 집을 떠나 먼 길을 가다十八岁出门远行」(1987), 류전윈刘震云의 「단웨이单位」(1989) 등을 게재했다. 이런 변화는 기존의 베이징 상상을 지양하고 새로운 베이징 상상을 건립하려는 의지를 반영한 것이었다. 물론 새로운 베이징 상상이란 기존의 베이징에 채색된 향토성 등을 배제하고 현대화된 도시 베이징을 건립하는 것이었다. 왕쑤오王朔[25] 등의 작가들이 베이징의 새로운 형상을 재구성하고자

25) 1980년대 중반 이후 왕쑤오는 베이징을 묘사한 작품을 대량으로 창작하였다. 「顽主」, 「过把瘾就死」, 「橡皮人」, 「千万别把我当人」, 「我是狼」, 「无人喝采」 등 그의 소설에서 우리가 보게 되는 것은 놀고먹는 도시의 건달이다. 그의 소설에서는 『나우』(1982)와 『담배합』(1984)이 그린 노인들은 볼 수가 없다. 왕쑤오는 베이징의 전통에 대해 불만을 토로하는데, 이는 라오서에 대한 그의 비평을 통해서도 알 수 있다. 왕쑤오는 라오서의 경미소설은 아주 제한적이라고 여겼다. 그는 라오서의 『사세동당』은 베이징어를 방언으로 하는 제한

차오꾸이린의 『뉴욕의 베이징인』

TV드라마 <뉴욕의 베이징인>

했다. 1990년대 중반 이후 베이징은 기존의 전통 형상에서 더욱 더 멀어져갔다. 전지구화의 와중에 베이징 역시 국제적 도시로 급변해갔다. 이 시기에 펑밍옌彭明艳의 『베이징 생활: 사랑하는 베이징 톈안먼北京生活——我爱北京天安门』,[26] 치우화동邱华栋의 『로큰롤 베이징摇滚北京』,[27] 차오꾸이린曹桂林의 『뉴욕의 베이징인北京人在纽约』[28] 등 베이징을 묘사한 소설이 대량으로 창작되었다. 이 소설들은 베이징을 세계화시대의 현대화된 국제적인 대도시로 상상했다. 특히 치우화동은 베이징을 현대화된 '거대한 짐승'으로 묘사했다. 덩여우메이, 천젠궁 등과 달리 치우화동은 베이징을 정신적 근원지나 문화적 고향으로 상상하지 않았다. 외지인의 시각을 견지한 그는 베이징을 정신적 의미는 존재하지 않는 거침없이 유혹적이고 이화된 물질적 공간으로 간주했다.[29] 그러

성을 지니고 있다고 보았다. 보통어와 아주 유사하고 많은 구어가 문자로 쓰였지만, 통용될 수 있는 서면어는 역시 풍부하지 않다는 것이었다. 王朔, 「我看老舍」, 『王朔文集·随笔集』, 昆明: 云南人民出版社, 2003, 163쪽 참고. 베이징에 대한 왕쑤오의 비판은 간접적으로 당시 덩여우메이 등의 '경미소설'을 겨냥한 것이었다.

26) 彭明艳, 『北京生活——我爱北京天安门』, 北京: 作家出版社, 1997.

27) 邱华栋, 『摇滚北京』, 北京: 中国文联出版社, 1998.

28) 曹桂林, 『北京人在纽约』, 北京: 中国文联出版社, 1991.

나 치우화동의 상상은 그다지 성공적이지 않았다.

그가 새롭게 재구성하여 상상한 도시는 베이징의 전통적인 위치와는 지나치게 이질적이었고, 역사와 문화 축척의 청사진이 결여된 공간이었다. 게다가 베이징에 대한 그의 상상엔 모방의 흔적이 강했다. 그의 베이징에는 1930년대 상하이를 배경으로 화려한 도시공간을 전시한 무스잉穆时英, 류나어우刘纳鸥 등의 소설의 음영이 짙게 드리워져 있었다. 결국, 치우화동의 베이징 상상은 오히려 베이징의 독특성을 말살하는 것이었다. 베이징의 독특성은 도시의 전통성을 상상할 수 있는 공간이 풍부하다는 데 있는데, 이런 가능성을 포기한 베이징 상상은 대중의 공감을 얻기가 힘들었다.

어떻게 베이징의 전통을 확장해가느냐 하는 문제는 어떤 목적을 위해 그리고 어떤 방식으로 전통을 현대사회에서 재구성할 것인가 하는 문제로 귀착된다. 한편 이 문제를 관찰하는 작업은 전통을 발명하는 힘의 주체는 누구인지를 탐색하는 행위이다. 1990년대 이후의 베이징과 상하이를 비교하면, 베이징의 도시적 상상력은 확실히 쇠락했고 자신만의 특색도 상실했다고 할 수 있다. 반면 현대화의 진전으로 상하이에 대한 도시적 상상력은 그 특색이 더욱 뚜렷해졌다.

> 이제 양극은 존재하지 않는다. 경제개혁으로 인해 상하이 지역이 강화되면서 결국 두 양극의 위치는 해체되고 약화되었다. 그러나 베이징과 상하이의 문화적 역량은 여전히 계속해서 확대될 것이다. 이 과정에서 베이징과 상하이 형상은 재구성될 것이다. 두 대도시는 여전히 의미가 풍부한 텍스트다. 단지 기호와 해석의 방식이 달라질 뿐이다.[30]

29) 邱华栋, 「手上的星光」, 『摇滚北京』, 北京: 中国文联出版公司, 1998, 67~68쪽.

30) 赵园, 『北京: 城与人』, 北京: 北京大学出版社 2002, 209쪽. "'两极'正不复存在。经济改革

자오위안의 지적처럼, 문화텍스트를 통해 진행되는 베이징 상상은 시대담론의 필요에 의해서 재구성될 것이다. 일체의 전통은 행위를 정당화하는 제도와 민족을 통합하는 접착제로 활용하기 위해 만들어지는데, 이때 만들어지는 전통은 민족이 과거와 상상적으로 맺어지는 관계양상을 규정한다. 전통 베이징 상상은 역사 속의 실제 모습이라기보다는 재구성된 것임이 명백하고, 베이징 상상의 변화 과정은 시대담론과 작가들이 역사를 선택적으로 서술하고 묘사하고 대중화하여 결국 제도화하는 과정의 순환이라고 할 수 있다. 이렇게 시대담론의 필요에 의해 과거의 이미지들을 창출하고 해체하고 재구성하여 만들어낸 전통들은 최근 중국의 민족주의·민족국가·민족적 상징들 그리고 민족사 등과 깊이 관련되어 있다.[31]

이 장에서는 1980년대부터 최근까지 시대담론에 따른 베이징 상상의 내용을 살펴보았다. 베이징을 찬란하고 유구한 문화를 가진 도시로 재구성하려는 시대적 흐름을 통해 현재 중국문화의 변화 추세를 읽을 수 있다. 전통 베이징의 재구성을 통해 중국의 민족 전통성을 더욱 더 강화해가고 있는데, 중화주의는 이런 흐름의 궁극적인 도달점이다.

最终拆毁着两极格局, 削弱着同时又可能强化着上海的地位, 却不会是在原来的意义上。京沪两地所用的文化力量仍将继续扩张。在这过程中, 北京与上海形象都将被重塑。作为两个大城, 它们仍是意义丰富的文本, 只是语码及读解的方式不同罢了。”

31) 에릭 홉스봄 외, 박지향·장문석 역, 『만들어진 전통』, 휴머니스트, 2004, 39~41쪽.

참고문헌

에릭 홉스봄 외, 박지향·장문석 역, 『만들어진 전통』, 휴머니스트, 2004.

팀 에덴서, 박성일 역, 『대중문화와 일상, 그리고 민족정체성』, 도서출판 이후, 2008.

叶广芩, 「采桑子·风也萧萧」, 『采桑子』, 北京: 北京出版社, 2009.

邱华栋, 『夏天的禁忌』, 北京: 北京十月文艺出版社, 2003.

王　朔, 「我看老舍」, 『王朔文集·随笔集』, 昆明: 云南人民出版社, 2003.

邱华栋, 「手上的星光」, 『摇滚北京』, 北京: 中国文联出版公司, 1998.

汪曾祺: 「我的创作生涯」, 『汪曾祺全集』 第三, 六卷, 北京: 北京师范大学出版社, 1998.

王　朔, 『王朔文集(1~4)』, 北京: 华艺出版社, 1995.

邓友梅, 『双猫图(短篇小说集)』, 北京: 作家出版社, 1994.

陈建功·赵大年, 『皇城根』, 北京: 作家出版社, 1992.

陈平原·王德威, 『北京:都市想像与文化记忆』, 北京: 北京大学出版社, 2005.

王俊秋, 『当代影视剧中的"清宫戏"研究』, 长春: 吉林大学博士学位论文, 2008.

王　鹏, 『当代京味小说的怀旧视野与北京记忆』, 长春: 吉林大学硕士学位论文, 2007.

王一川, 「京味文学第三代: 泛媒介场中的20世纪90年代北京文学」, 北京: 北京大学出版社, 2006.

许　艳, 『末世贵族的命运书写』, 武汉: 武汉大学硕士学位论文, 2004.

赵　园, 『北京: 城与人』, 北京: 北京大学出版社, 2002.

周月亮·韩骏伟, 『电视剧艺术文化学』, 北京: 中国传媒大学出版社, 2006.

李泽厚, 『中国古代思想史』, 北京: 人民出版社, 1986.

叶广芩,「历史的旋回碎片: 写在『大登殿』发表的时刻」,『民族文学』, 2009年 第1期.

王流丽,「女性视角里的城市记忆: 叶广芩, 铁凝, 安妮宝贝的北京故事」,『安徽文学』, 2008年 第2期.

李春燕·周燕芬,「行走与超越: 叶广芩创作论」,『小说评论』, 2008年 第5期.

姚　峰,「家族回忆中的民族主义想象: 看〈大宅门〉的现代性」,『渭南师范学院报』, 2002年 第8期.

贺桂梅,「九十年代小说中的北京记忆」,『读书』, 2004年 第1期.

王一川,「与影视共舞的20世纪90年代的北京文学: 兼论京味文学第四波」, 北京:『北京社会科学』, 2003年 第1期.

吕智敏,「在传统与现代的文化变奏中开拓新的审美空间: 转型期陈建功的京味小说」,『北京社会科学』, 1999年 第2期.

杜嘉夫,「细节的真实掩盖整体的不真实: 谈〈皇城根儿〉在人物塑造上的失误」,『中国戏剧』, 1993年 第2期.

7장

베이징 따자위엔의 문화기억

1. 「수다쟁이 장따민의 행복한 생활」

1990년대 후반부터 베이징에 대한 향수적 글쓰기가 유행하였다. 1990년대 이후 베이징에 대건설붐이 일면서 베이징 문화의 상징이었던 후통胡同, 따짜이먼大宅门, 스허위엔四合园, 따자위엔大杂院이 사라졌고, 그 건축공간이 지니고 있던 문화적 기억 또한 사라져갔다. 베이징에 대한 향수적 글쓰기는 이러한 현실적 변화와 긴밀한 관련을 맺고 있었다.

이 장에서 살펴볼 류헝刘恒[1]의 소설 「수다쟁이 장따민의 행복한 생

1) 류헝刘恒: 1954~ . 그의 초기 작품으로는 식욕과 성욕 등의 기본적인 욕망이 억압당할 때의 뒤틀린 마음을 그린 신사실주의 작품 「개 같은 날의 양식狗日的粮食」, 「복희복희伏羲伏羲」 등이 있다. 류헝의 작품은 삶에서 가장 중요하고 유일한 목적을 생존으로 간주하면서 생명의 비극과 숙명을 그려냈다. 류헝은 영화 시나리오도 많이 썼는데, 〈본명년本命年〉(셰페이谢飞, 1990), 〈국두菊豆〉(장이머우, 1990), 〈취우쥐 이야기秋菊打官司〉(장이머우, 1992), 〈예쁜 엄마漂亮妈妈〉(쑨주孙周, 2000)와 〈운수요云水谣〉(인리尹力, 2006) 등이 있다.

류헝

『수다쟁이 장따민의 행복한 생활』

활贫嘴张大民的幸福生活」[2]은 베이징의 변화 즉 후통이 철거되면서 아파트로 이주하는 서민의 생활상을 구체적으로 보여준다. 베이징의 서민인 장따민张大民은 구러우鼓楼 부근 후통의 두 칸짜리 방에서 어머니를 모시고 다섯 형제와 함께 산다. 작가는 이들 6명의 식구가 좁은 공간에서 함께 거주해야 하는 열악한 생활을 자세하게 묘사했다.

「수다쟁이 장따민의 행복한 생활」은 TV드라마, 영화, 라디오 연속극, 만화, 평극评剧[3] 등 다양한 문화매체로 제작되었다. 특히 이 작품은 영화 〈틈틈이 즐겨라没事儿偷着乐〉(양야줘杨亚洲 감독, 펑공冯巩 주연, 1998)와 TV드라마 〈수다쟁이 장따민의 행복한 생활〉(양관화杨冠华 주연, 1999)로 제작되어 중국에서 상당한 호평을 얻었다. 영화 〈틈틈이

2) 刘恒, 「贫嘴张大民的幸福生活」, 北京: 『北京文学』, 1997.10.

3) 평극评剧: 베이징北京, 톈진天津, 화북华北과 동북东北 지방에서 유행한 연극으로 70여 년의 역사를 가지고 있다. 도시의 서민생활을 주요 다루는데 내용은 통속적이다. 토속적인 생활분위기가 농후하여 도시 하층계급이 주로 즐긴다.

즐겨라〉는 저명한 상성相声 연기자 펑공冯巩의 고향인 톈진天津을 배경으로 톈진 방언을 사용함으로써 톈진 사람들에게 특히 환영 받았다. 펑공은 장따민을 연기하면서 언어 마술사로서의 역량을 십분 발휘하여, 그해 중국영화제金鸡奖에서 남우주연상을 받기도 했다. TV드라마 역시 중국 시청자들의 높은 호응을 얻었다. 장따민이 아파트로 이사한 후의 이야기를 다룬 속편 〈아름다운 집美丽的家〉(안잔쥔安战军 감독, 양관화杨冠华 주연, 2000)이 설영화로 제작되기도 했다. 이렇게 작품이 영화와 TV드라마를 통해 대중의 높은 관심을 받게 되자 화이출판사华艺出版社에서는 새해맞이 총서로 소설 단행본을 출판했는데, 이 책은 당시 베스트셀러가 되었다.

1990년대 후반은 문학의 주변화가 이미 심각하게 진행된 시기였다. 당연히 문학작품의 영화 제작도 별다른 성과를 거두지 못했다. 이러한 상황에서 이 작품이 대중매체의 생산방식을 통해 제작되고, 전에 없이 높은 호응을 받게 된 이유는 무엇일까? 도대체 어떠한 힘이 관객의 마음을 움직인 것인가?[4)]

그 출발점이 되는 작품으로 돌아가 보자. 소설은 베이징 서민인 장따민의 개인사 즉 결혼, 아들의 출생, 직장 해고, 그리고 후통의 철거와 아파트로의 이사 등과 같은 생활의 변화를 그린다. 그리고 이 큰 줄기 속에서 장따민과 동생들의 자질구레한 일상사를 자세하게 묘사한다.

주인공 장따민은 낙천적이고 열정적이며 유쾌한 성격의 인물이다. 그는 부친이 보온병 공장에서 일하다 보일러 폭발사고로 사망한 후

4) 解玺璋, 「张大民: 群体精神的历史演化——电视剧「贫嘴张大民的幸福生活」文化评析」, 北京, 『北京电影学院学报』, 2000年 第2期, 2쪽. 베이징 방송국의 통계에 의하면 이 드라마의 시청률은 70%에 이르렀다. 그리고 전국의 방송국에서는 이 드라마를 재방까지 했다.

수다스러워지기 시작한다. 원래 멍청하고 동작이 굼뜨던 그의 이러한 변화는 아버지의 죽음으로 인한 내적 고통의 표현이라고 할 수 있다. 장따민의 수다는 힘든 생활을 견디게 하는 힘이자 자신의 자아를 실현하는 방식이기도 하다. 주인공의 수다와 풍자, 그리고 낙천적인 태도는 류헝 기존 작품을 관통하는 무거운 분위기와는 사뭇 다르다.

류헝은 이 소설에서 구어체를 사용하여 실제에 가까운 베이징 서민의 생활을 표현하고자 하였다고 말했다.[5] 생존의 최소 조건조차 마련하지 못한 후통 따자위엔의 서민들이 베이징의 전통적인 정신문화를 중시하거나 계승하기란 쉽지 않았다. 그런데 「수다쟁이 장따민의 행복한 생활」은 분명한 경미문화의 특징을 지니고 있다. 즉 경미문학의 특징인 분명한 언어형식 그리고 경미문화의 풍부한 내용을 갖고 있는 것이다. 이와 관련해 탕홍펑唐宏峰은 이렇게 단언했다.

> 그럼에도 불구하고 이 소설은 경미문학의 범주에 포함시킬 수 있다. 언어라는 뚜렷한 표지 외에도 일종의 풍격과 유파로서의 경미문화가 갖는 보다 넓은 내용들에 있어서도 그러하다. 경미문화의 핵심은 '세속적'인 것에 있다. 그런데 이 작품은 자질구레한 일상사를 다룸으로써 세속적 성격을 철저히 구현했다. 생활할 곳이 없는 상황, 더블베드를 배치하는 일, 가난과의 싸움 등 일상의-세속적 생활을 흥미진진하게 풀어놓은 일은 경미문화의 특징과 밀접한 관계를 갖고 있다.[6]

---

5) 洪博, 「平民作家刘恒谈平民兄弟张大民」, 北京: 『北京广播电视报』, 2000年 2月 15日. 작가 류헝이 어느 인터뷰에서 언급했듯이 작가 자신과 소설의 주인공 장따민의 상황은 비슷했다. 작가도 어린 시절부터 오랫동안 베이징의 후통에서 살았고 거주환경도 장따민과 비슷했다. 탕산 지진 때 집의 담이 무너지자 류헝 부친의 직장에서 시멘트를 지원하기로 했다. 그때 류헝 집에서는 방을 하나 짓게 되었는데 집의 뜰에는 빈틈이 없어서 오래된 포도나무를 베고서 그 곳에 6평의 방을 지었다. 포도나무는 베어졌지만, 나무의 뿌리는 죽지 않아서 시멘트로 덮었다. 류헝은 그 방에 2인용 침대를 놓고 결혼 후 십여 년이 넘게 살았다. 소설에서 장따민이 새로 지은 방도 6평이다. 단지 소설에서는 방의 중앙에 석류나무가 더해졌을 뿐이다. 이런 의미에서 이 소설은 실제 생활이 준 은혜라고 할 수 있다.

이런 점을 고려하면서 소설 「수다쟁이 장따민의 행복한 생활」, 영화 〈틈틈이 즐겨라〉, 그리고 TV드라마 〈수다쟁이 장따민의 행복한 생활〉을 대상으로 원작 소설이 대중문화의 방식으로 제작된 후 어떤 효과를 갖게 되었는지 살펴보자. 나아가 베이징 문화의 특성과 관련하여 이들 작품 속에서 베이징 언어의 특색인 '수다耍贫嘴', '칸따산侃大山', 유머 등이 일상생활에서 어떻게 표현되고 있는지, 또 베이징 서민의 생활공간인 따자위엔大杂院의 생활이 어떻게 묘사되고 있는지 알아보자.

2. 매체전환과 변화양상

류헝의 「수다쟁이 장따민의 행복한 생활」은 중편소설로서 영화로 제작하기에는 적당하나 TV드라마로 제작하기에는 그 길이가 짧다. 원작소설이나 영화는 주인공 장따민의 생활 속 고난과 슬픔과 기쁨을 중점적으로 그려나가는 반면 주변 인물들의 이야기는 비중 있게 다루지 않는다. 그러나 TV드라마는 복잡한 사건과 인간관계의 얽힘을 필요로 한다. 그래서 류헝은 시나리오를 집필하면서 원래의 이야기와 주제를 기초로 하여 훨씬 많고 복잡한 이야기를 첨가했다. 장따민 가족의 이야기 그리고 주변 이웃들의 이야기가 그것이다. 예컨대 따쥔大军과 샤샤沙沙, 따위大雨와 싸오즈勺子, 따시에大雪와 빙원炳文, 장따민의

6) 唐宏峰, 「平民的幸福及其限度——论刘恒的「贫嘴张大民的幸福生活」」, 北京: 北京社会科学, 2006年 第5期, 45쪽. "我们仍然可以一眼就把「贫」列入京味文学的行列之中, 这里除了语言这个最鲜明的标志之外, 还涉及京味文化作为一种风格派别所包含的更广阔的内容.京味文化, 骨子里有一种世俗", "「贫」中的世俗性是彻底的, 完全的生活琐事, 如何没地方住、如何摆下双人床、如何没有钱花、如何吵架. 这种对于日常世俗生活的津津乐道, 与京味文化的特色有着密切联系."

TV드라마 〈수다쟁이 장따민의 행복한 생활〉

영화 〈틈틈이 즐겨라〉

엄마와 라오류老刘, 이웃에 사는 구샨古三과 샤샤, 구샨의 엄마와 라오왕터우老王头, 그리고 윈팡云芳의 처갓집 식구 이야기가 서로 얽혀 있는 것이다.[7] 드라마에서는 수많은 관계와 사건들이 장따민을 중심으로 서로 얽혀서 전개된다.

특히 TV드라마에는 간호사로서 우수 근로자상을 9번이나 받으면서도 연애 한번 제대로 못하고 백혈병으로 세상을 떠나고 마는 따시에(소설과 영화에서의 쓰민)의 이야기가 더해진다. 따시에는 약혼한 연인이 사고로 갑자기 죽자 그 충격으로 백혈병에 걸려 세상을 떠나는 비운의 여인이다. 여기에 장따민의 치매 걸린 엄마 이야기가 더해진다. 그리고 샤샤의 외도로 인한 따쥔 부부의 갈등, 샤샤의 성형수술과 실패 등은 당시의 세태를 보여준다. TV드라마에서는 윈팡의 친정 식구 이야기가 재미있게 그려지고 장따민의 직장생활과 해고 후의 경력 등이 자세하게 묘사된다.

7) 원작 소설과 영화에서는 장따민张大民 5형제의 이름이 장따민, 장얼민张二民, 장싼민张三民, 장쓰민张四民, 장우민张五民이지만, TV드라마에서는 장따민, 장따위张大雨, 장따쥔张大军, 장따시에张大雪, 장따궈张大国이다.

TV드라마는 원작자인 류형이 시나리오를 썼기 때문에 원작의 면모를 그대로 살리면서 흥미로운 이야기를 첨가하여 내용이 보다 풍부해졌다. 작가는 TV드라마의 특성에 맞게 베이징 따자위엔의 세세한 일상생활과 삶의 희로애락을 다양한 시각으로 묘사했다. 이는 원작과 영화에서는 볼 수 없는 수확이었다.

문학작품을 영화매체로 개작하면서 가장 표현하기 어려운 중 하나는 인물의 심리이다. 영화 〈틈틈이 즐겨라〉에서는 정지의 기법을 사용하여 여운을 남김으로써 이러한 효과를 거두고자 했다. 정지된 흑백 화면이 작은 단락의 사이사이에 삽입되고 음악이 흐른다. 이렇게 삽입된 흑백 화면과 음악은 영화의 감성적인 측면을 강조하면서 긴 여운을 느끼게 한다. 정지 기법은 이야기의 단락이 아닌 곳에서도 자주 사용된다. 그 예로 장따민이 결혼을 위해 가구의 위치를 재배치하는 장면을 보자. 장따민은 TV를 어디에 둘지 미리 고려하지 않아 싼민과 갈등을 일으킨다. 장따민은 이것을 트집 잡아 자신을 몰아붙이는 동생 때문에 마음이 상한다. 영화는 장따민의 뒷모습을 정지된 흑백 화면으로 세 차례 보여줌으로써 그의 난처함과 섭섭한 마음을 표현한다. 또 싼민의 결혼식에 우민이 술에 취하여 주사를 부리는 장면에도 정지된 흑백 화면이 삽입된다. 우민은 자신을 꾸짖는 장따민에게 우리 집은 숨이 막힌다며 흐느끼고 장따민은 우민을 부축해 집으로 돌아간다. 두 형제의 심정을 표현하기 위해 영화에서는 두 형제의 뒷모습을 보여준 뒤 정지된 흑백의 화면을 삽입한다. 또 싼민의 신혼생활에 잠을 설치던 장따민이 지붕 위에서 방 문제를 해결할 방법을 궁리할 때도 동일한 기법이 사용된다. 화면은 원경으로 그의 집과 지붕 위의 장따민을 잡은 채 정지한다. 그리고 다시 두 차례 장따민을 줌인하고 정지한다. 이러한 장면이 있은 뒤 장따민은 방을 마련하기 위해 자기 집의 담장을 무너뜨린다. 이처럼 영화에서는 인물의 감정을 표현할 때 정지된 흑백 화면을 삽입하는데 이로 인해 장따민의 기쁨과 슬픔은 더욱 깊이 있게 전달된다.

영화와 TV드라마의 서술어조가 다르게 표현되는 이유 중 하나는 주제음악과 서술방법이 다르기 때문이다. 영화 〈틈틈이 즐겨라〉의 음악은 비애를 느끼게 한다. 이에 비해 TV드라마 〈수다쟁이 장따민의 행복한 생활〉 속 대부분의 음악은 슬픈 선율을 띄지만, 주제가에서만큼은 즐겁고 열정적인 리듬과 유쾌한 가사가 두드러진다. 그래서 TV드라마에서는 활발한 분위기와 비참하고 불행한 장따민의 생활이 선명하게 대조된다. 장따민은 아내와 아들과 함께 안정적으로 생활하지만 인간사의 거의 모든 비애를 맛보며 살아간다. 경쾌한 분위기 속에서 아버지의 사고사, 누이의 병사, 모친의 치매, 아내의 유산, 직장에서의 해고 등 장따민의 고단한 삶의 비애가 그려진다. 영화에서는 이와 정반대여서 그 기본적 분위기는 우울하지만 장따민의 생활은 비교적 안정적인 것으로 묘사된다. 어머니는 건강하고, 아내는 순조롭게 출산하며, 아들은 무난하게 성장한다. 그리고 장따민은 직장에서 해고되지도 않는다.

원작에 어느 정도 충실한지가 영화나 TV드라마의 질을 판단하는 중요한 평가기준은 아닐 것이다. 오히려 영화나 드라마 제작과정에서 원작소설의 변화 혹은 개작은 불가피한 일이다. 그러나 개작할 경우에도 작품의 내적 조화를 유지해야 하며, 인물의 성격과 생활환경의 조화 역시 유지해야 한다. 매체의 특성상 일반적으로 영화는 인물을 구성하면서 이상화하는 경향이 있고, 드라마는 일상에 근접한 인물로 그린다. 그래서 TV드라마의 장따민은 원작의 장따민과 유사하게 그려졌고 반대로 영화 속 장따민은 미화되었다. 여기에 원작과 TV드라

TV드라마 〈수다쟁이 장따민의 행복한 생활〉

영화 〈틈틈이 즐겨라〉

마의 작가는 류헝이라는 점, 영화 시나리오 작가는 쑨이안孙毅安, 추이옌쥔崔砚君이라는 점 또한 영향을 미쳤으리라 짐작할 수 있다.

구체적인 예를 살펴보자. 얼민二民이 무샤오木勺와 싸우고 집에 돌아오자 영화에서의 장따민은 얼민의 상처를 보고 "이걸 보니 내 마음이 아프다"고 고통스러운 듯이 말한다. 여기서 장따민은 관대하고 후덕한 인물로 등장한다. 반면 드라마에서의 장따민은 속으로는 가슴 아파하면서도 전혀 다른 방식으로 말한다. "네가 무어라고 했는지 기억하지? 너는 산동 당나귀에게 시집간다고! 남은 상관할 바 없다며"라고 한다. 옛날의 기억까지 들추며 매섭게 쏘아붙이는 이 태도에서는 오빠로서의 관대함을 찾아볼 수 없다. 비록 그의 마음은 따뜻할지라도 말이다. 이처럼 영화에서 이상화된 장따민은 말이 각박한 드라마의 장따민보다는 높은 인격을 가진 인물로 표현된다.

그런데 장따민의 특징인 '수다贫'는 오히려 그 때문에 제약받게 된다. 영화의 장따민이 보여주는 해학은 지혜의 발휘일 수는 있으나, 원작이 보여준 "수다"와는 다른 차원의 것이 되었다. 해학은 사람을 웃게 하지만 '수다'는 그 신랄함 때문에 간혹 사람을 난처하게 만든다. 장따민의 '수다'에는 베이징 언어의 특색인 '풍자调侃'적인 요소가 들어 있다. 원작이 그린 장따민은 장점과 결점을 함께 갖춘 인물이며, 어떤 상황에서도 '수다'를 떨 수 있는 '수다쟁이'다. 지혜롭고 후덕하게 이상화된 영화 속 장따민이 흡인력을 갖지 못하는 이유는 원작이 표현한 인물의 성격과 일치하지 않기 때문이 아니라 그의 출신환경과 조화를 이루지 못하기 때문이다.

3. 베이징 언어의 특색: 쏴핀쭈이耍贫嘴, 칸따산侃大山과 유머

베이징 사람은 언변에 능하다. 베이징 사람은 특별한 언어재능과 유머감각을 갖고 있어 언술이 뛰어나다. "라오베이징 사람들은 언어능력이 뛰어나고 구변이 출중하여, 예전에는 '베이징 뺀질이京油子', '쏴핀쭈이耍贫嘴'라고 불렀다. 상성相声예술의 발전은 바로 이 재능의 산물이다."[8] "'칸侃'은 베이징에서 아주 중요한 능력이자 자랑스러운 자산이다.' 그리고 '베이징 언어능력의 또 다른 특징은 유머다."[9]

경미 문학작품에서는 베이징 사람의 언어유희에 대해 많이 언급하고 있다. 경미 문학작품 속의 베이징 사람들은 무엇을 말하느냐가 아니라 어떻게 말하느냐에 중점을 둔다. 그래서 베이징 사람들의 말에는 쓸데없는 말이 첨가되게 마련이다. '베이징 뺀질이'와 '쏴핀쭈이(수다)'는 베이징 사람의 이런 특성을 가리킨 말이다. 이러한 베이징의 언어특징은 지리적 환경 탓이라는 관점도 있다. 즉 베이징의 겨울은 춥고 길기 때문에 집안의 소일거리로 '수다'가 유행하게 되었다는

8) 杨东平,『城市季风: 北京和上海的文化精神』, 北京: 东方出版社, 1994, 487쪽. "老北京人之善于辞令, 口才出ㄴ众者，旧时谓"京油子", "耍贫嘴", 相声艺术的发达便是这一才能的产物."

9) 위의 책, 487~488쪽. "能'侃'在北京绝对是一种能力, 一种值得骄傲的资本." "北京人语言能力的另一大特色是幽默."

것이다. 그러나 시대의 변화에 따라 베이징 사람들의 '수다' 방식도 변하게 되어, 그들의 '수다'에 여러 가지 생활 정보와 시사적 내용이 첨가되었다. 1980년대 이후 베이징에는 '칸따산侃大山'이라는 단어가 유행했는데,[10] '칸따산'은 원래 '한담聊大天'이란 뜻이었지만 '칸따산砍大山'으로도 쓰이면서 월급, 방문제, 물가 등 각종 생활정보가 첨가된 '수다'를 총칭하게 되었다. '쏴핀쭈이耍贫嘴'가 단순한 수다를 의미한다면, '칸侃'은 여러 정보의 집합 즉 여러 의견과 사상을 말하고 교류하는 것을 가리킨다.[11] 한편 베이징 언어의 특색으로 '띠야오칸调侃'을 꼽기도 하는데, 이것은 수다에 풍자와 조소적 색채가 더해진 것을 말한다. 장따민의 '수다'에는 이러한 요소들이 모두 포함되어 있다.

대체로 베이징 연예계에서는 외모는 출중하지 않지만 유머 감각이 있고 어떤 말도 거리낌 없이 쏟아놓는 말재주 뛰어난 호방한 기풍의 남성 연기자가 인기가 있다. 펑공冯巩과 양관화杨冠华가 각각 영화와 TV 드라마에서 장따민의 역할을 맡게 된 이유도 여기에 있는 것으로 보인다. 이들은 외모가 뛰어나지는 않지만 대체로 소탈하고 호방한 기질의 사나이들이라 할 수 있다. TV드라마에서 윈팡이 결혼 전에 사귀었던 상하이 남성은 겉모습은 단정하고 말은 그다지 없는 사람이다. 중국인들은 보편적으로 베이징 남성과 상하이 남성을 사나이汉子와 샌님小生으로 구분하는데, 대중매체에서도 이를 활용하고 있다.

장따민이 사람 앞에 생기발랄한 모습으로 등장해 서민적 유머로 베이징 특유의 수다인 '쏴핀쭈이耍贫嘴'를 떨기 시작하면 누구도 말릴 수 없다. 장따민의 수다는 베이징 문화의 특징인 생활에 대한 낙천적인 태도를 보여준다. 장따민은 어릴 적부터 생활환경이 빈곤하며 그

10) 慎锡赞, 『"京味": 从文学到文化』, 北京: 北京大学博士研究生学位论文, 1999, 85쪽.
11) 张德祥·金惠敏, 『王朔批判』, 北京: 中国社会科学出版社, 1993, 59쪽.

양관화

펑공

가 만나는 사람들은 거의 다 하층계급의 서민들이다. 따라서 그의 언어는 품격과 격조를 갖춘 고상한 것이 될 수 없다. 그러나 장따민의 수다 속에는 생활에 대한 풍자보다 생활에 대한 이해 그리고 베이징 언어문화의 특성인 유머가 담겨 있다. 장따민과 결혼하기 전 리윈팡李云芳은 애인이자 직장동료인 엔지니어가 미국으로 떠나면서 이별을 통보하자 며칠 동안 식음을 전폐한다. 이때 장따민은 자신의 생명을 가볍게 여기는 것은 수지가 맞지 않는다며 특유의 수다로 그녀를 설득한다. 그가 그녀를 설득하기 위해 동원한 것은 가장 통속적인 것으로 연령과 음식의 계산법, 금전 가치 등이다.

윈팡, 내가 너를 대신해 계산을 해볼게, 네가 밥을 안 먹으면 매일 3원이 절약돼. 이미 9원이 절약됐어. 네가 만일 다시 9원을 절약하면 화장을 해도 될 거야. 너 무슨 말인지 알겠니? 이 일은 누구한테도 이득이 없어. 네가 굶어 죽으면 너의 엄마는 단 18원만 절약할 수 있을 뿐이야. 너는 유골함이 얼마인지 알아? 우리 아버지 유골은 항아리에 담았는데도 30원이 들었어! 너는 아주 예쁘니 80원짜리 유골함을 사지 않고서야 어떻게 너를 담을 수 있겠니! 이렇게 거의 1개월을 먹지 않으면 돼. 한 달도 버티지 못하고 일은 마무리될 거야. 너는 아직도 너를 담을 유골함을 살 돈도 벌지도 못했는데 말이야! 윈팡, 시위엔의 샤오산의 할머니는 아흔여덟 살이라고 하더라. 너는 스물셋, 아직 칠십오 년을 더 살아야 아흔여덟이 돼. 아직 칠십오 년의 밥이 네가 먹어주기를 기다리고 있어. 지금 먹지 않는 것이 부끄럽지도 않니! 내가 너 때문에 부끄러워 죽겠어! 내가 너 대신 밥을 먹어줘도 돼. 하지만 내가 먹는 것이 무슨 소용이 있겠니? 신을 신고 얼른 내려와, 윈팡, 밥 좀 먹어라. 세상에서 가장 좋은 것이 밥이란다. 좀 먹어라.[12]

영화에서는 이 장면을 더욱 생동감 있게 묘사하기 위해, 이 긴 설득에 이어 다음과 같은 말을 덧붙인다.

윈팡, 이 세상에서 가장 좋은 것은 바로 밥이고, 밥 중에서 가장 맛있는 것은 바로 국수고, 국수 중에서 가장 맛있는 것은 마늘이 든 국수다. 마늘이 아무리 좋을지라도 너보다는 예쁘지 않다. 윈팡, 제발 밥 좀 먹어라.

장따민의 설득에 마음이 움직인 윈팡은 그에게 청혼한다. 그녀를 사모해왔던 장따민은 결혼의 꿈을 이룰 수 있게 되었지만 방 문제라는 큰 난관에 부닥친다. 지금도 여섯 식구가 두 칸의 방에서 살고 있는데 어디에 신혼방을 꾸민단 말인가? 결혼에 대해 가족들의 양해를 구하는 것조차 쉽지 않은 상황이지만, 장따민은 특유의 수다를 통해

---

12) 刘恒, 앞의 글, 6쪽. "云芳, 我帮你算一笔账, 你不吃饭, 每天可以省3块钱, 现在你已经省了9块钱了. 你如果再省9块钱, 就可以去火葬了, 你看出来没有? 这件事对谁都没有好处, 你饿到你姥姥家去, 也只能你妈省下18块钱. 你知道一个骨灰盒多少钱吗? 我爸爸的骨灰放在一个坛子里, 还花了30块钱呢! 你那么漂亮, 不买一个80块钱的骨灰盒怎么好意思装你! 这样差不多就一个月不能吃东西了. 你根本坚持不了一个月, 这件事就这么算了, 你还没挣够盒儿钱呢! 云芳, 西院小山他奶奶都98岁了. 你才23岁, 再活75年才98岁, 还有75年的大米饭等着你吃呢, 现在就不吃了你不害臊吗! 我都替你害臊! 我要能替你吃饭我就吃了, 可是我吃了有什么用? 穿鞋下地，云芳, 你吃饭吧. 世界上最好的东西就是饭了, 吃吧."

자신의 결혼이 꼭 필요한 일이라는 데 가족의 동의를 얻어낸다. 소설 속 장따민은 보온병 공장에서 일하는 자신의 직업을 이용해, 끓는 물을 보온병에 담아야 하는 것에 결혼을 비유한다.

> 한 달 후 나는 결혼한다. 원래는 석 달 후에 하기로 했지만 난 더 이상 기다릴 수가 없다. 물이 갑자기 끓는 것은 아니지만 잘못해서 갑자기 끓게 되어 보온병에 담을 수밖에 없게 되었다. 끓는 물을 보온병에 담고 뚜껑으로 닫아야만 마음이 놓인다. 그런 후 차를 마시든 발을 담그든 마음 가는 대로 하면 된다. 무슨 말인지 알지? 이것은 나의 첫 결혼이다. 나는 밤새도록 잠을 못자고 나에게 부족한 것이 무엇인지를 생각해 보았다. 생각할수록 잠이 오지 않았다. 결혼할 사람이 바로 문 앞에 서있지 않느냐. 문제는 신방을 차릴 데가 없다는 거다.[13)]

영화에서는 이것이 "봄이 왔다. 봄이 왔으니 농작물을 심어야 하고, 가을에 거두어들여야 겨울에 편안할 수 있다"로 바뀌었다. 얼마 지나지 않아 그 좁아터진 두 칸의 방에서 동생 싼민이 장따민에게 결혼하겠다고 이야기할 때에도, 소설에서는 "나의 물도 끓는다. 나도 보온병에 담아야 한다"고 한다. 그런데 영화에서는 "형, 나에게도 봄이 왔어"라고 말하며, 형에게 자신들의 신방을 꾸며달라고 요청한다. 구체적인 내용은 다를지라도 소설이나 영화에서나 수다가 효과적인 의사전달의 중요한 방식이다.

윈팡의 전 남자친구가 미국에서 잠시 귀국하여 윈팡 공장의 직원을 식사에 초대하면서 윈팡도 초대한다. 그녀는 내켜하지 않지만 장따민

---

13) 위의 글, 7쪽. "再过一个月我就结婚了。本来说好再过三个月结婚。可是我等不及了。水不是一下子烧开的, 不小心一下子烧开了, 也只好灌暖壶了。把开水灌到暖壶里, 盖上盖儿就踏实了, 沏茶还是洗脚, 就随你的便了。明白吗?这是我第一次结婚。我整夜整夜睡不着, 老想我还缺哪几样东西, 越想越睡不着, 人我是不缺了, 在门口坐看呢。我就缺个结婚的地方。"

은 가보라고 흔쾌히 말한다. 그러나 장따민은 내심 불안하여, 망설임 끝에 결국 그녀가 초대받은 고급 음식점에 몰래 뒤따라가 음식점에 있는 그녀를 훔쳐본다. 그 곳에서 장따민은 일생일대의 위기와 맞닥뜨리게 되는데, 서른여섯 해 동안 열심히 살아왔지만 손에 잡히는 것은 아무 것도 없다는 자괴감이 위기의 정체다. 쏟아지는 비를 맞으며 늦게 집에 돌아와서는, 엔지니어가 윈팡에게 준 달러를 거실 탁자 위에서 보게 된다. 모임 참석자 전부에게 주는 선물 속에 동봉돼 있었기에 윈팡 자신도 집에 와서야 돈을 받았다는 사실을 알게 되었지만, 부부싸움은 이미 시작된 상태다.

장따민이 사는 후통

다음 날 돈을 돌려주기 위해 장따민은 미국으로 떠나는 엔지니어를 만난다. 기가 죽은 전날과는 달리 장따민은 허풍과 수다로 엔지니어를 어쩔 줄 모르게 만든다. 그 모습을 소설에서는 "입, 목소리에서 개가 솟구쳐 오르는 것처럼 멍멍멍멍 하고 그 자신조차 무엇이라고 짖어대는지 몰랐다"[14]고 표현하고 있다.

장따민과 엔지니어가 징룬京伦호텔의 로비에서 만나는 때는 비행기 출발시간이 얼마 남지 않은 때다. 엔지니어는 장따민이 돌려준 돈 봉투를 받고서는 겸연쩍어 얼굴을 붉히고, 난감하여 시계를 보며 우물쭈물한다. 그의 이런 모습이 장따민에게는 의외다. 장따민은 조소 섞인 수다를 늘어놓기 시작한다.

미국에서 생활하신 게 짧은 세월은 아니지요. 미국인은 사람도 아닙니다. 항상 우리 중국사람을 시켜 접시를 닦게 합니다. 그래서 전 세계 사람들로 하여금 중국인이라고 하면 접시닦이가 생각나게 만들지요. 영어 단어에서는 중국을 도자기瓷器라고 한다는데 그게 진짜입니까?15) 중국어에서는 미국을 아름다운 나라라고 부르는데, 나라면 됐지 아름답기까지, 그들을 너무 치켜세워요! 당신은 지금 미국인이니 잘 알겠네요. 그 곳은 아름답습니까? 사람이 살만한 곳입니까? 그들이 우리를 도자기라고 부르니 우리는 미국을 접시라고 부르면 되겠네요!16)

엔지니어가 비행기 출발시간이 얼마 남지 않았다고 하는데도 그의 말은 끝이 없다. 헤어지는 순간까지 그의 수다는 멈출 줄 모른다.

내가 문을 열어드리지요. 비행기 타서 조심하세요. 지난주에 콜롬비아에서 비행기가 떨어져서 사람이 숯처럼 탔다고 합디다. 미국에 가면 자주 연락합시다. 당신이 에이즈에 걸리면 나를 찾아오세요. 내가 어떤 노인을 알고 있는데, 그

---

14) 위의 글, 34쪽. "一张嘴, 嗓子眼儿蹿出一条狗, 汪汪汪汪, 连他自己都不知道叫的是什么."

15) 영어에서 China가 도자기라는 의미여서 이런 표현을 한 것임.

16) 刘恒, 앞의 글, 34쪽. "在美国年头儿不短了吧? 学会刷盘子了么? 美国人真不是东西, 老安排咱们中国人刷盘子。弄得全世界一提中国人, 就想到刷盘子, 一提刷盘子, 就想到中国人。英文管中国叫瓷器, 是真的么?……中文管美国叫美国，国就得了, 还美! 太抬举他们了! 你现在是美国人, 你心里最清楚, 那儿美吗? 是人呆的地方吗? 他们叫咱们瓷器, 咱们管美国叫盘子得了!"

> 노인이 고약을 배꼽에 부치기만 하면 어떤 병도 나아요. …… 뉴욕에 가면 길거리에서 조심하세요. 누가 당신의 귀구멍에 총을 쏠지도 모르니까요. 하느님이 당신을 보호하시기를. 아멘![17]

엔지니어가 탄 차가 떠난 후에야 비로소 그는 입을 다문다. 여동생 쓰민이 죽고 자신이 직장에서 해고되고 엔지니어를 만나면서 느낀 슬픔과 질투 등 여러 억눌린 감정의 찌꺼지들이 마음껏 수다를 떨자 훌훌 날아가 버리고 태양과 푸르른 하늘과 맑은 구름이 보이는 것을 장따민은 느낀다.

일상생활 속의 궁핍, 굴욕, 난처함 등은 지속되나 장따민은 자신의 '수다'로 고통을 조롱하고 생활을 즐기며 살아간다. 수다는 생활에 대한 열정의 표현으로, 장따민으로 하여금 불완전한 인생에 직면해서도 즐겁게 살아가도록 만든다. 장따민의 '수다'는 도시 서민의 생활에 대한 일종의 항의이며, 회색빛 생활 속에서 빛을 되찾게 만드는 개인적 즐거움이다.

4. 베이징 후통 따자위엔의 생활

베이징은 1990년 초반부터 많은 변화를 겪었다. 후통은 철거되고 새로운 현대식 건물이 들어서서 예전의 모습은 찾아볼 수가 없게 되

17) 위의 글, 12쪽. "我给您开门。上飞机小心点儿, 上礼拜哥伦比亚刚掉下来一架, 人都烧焦了, 跟木炭儿似的。到了美国多联系, 得了爱滋病什么的, 你回来找我。我认识个老头儿, 用药膏贴肚脐, 什么病都治……回纽约上街留点儿神, 小心有人用子弹打你耳朵眼儿, 上帝保佑你, 阿门了。"

었다. 「수다쟁이 장따민의 행복한 생활」은 베이징의 변화 즉 후통이 철거되어 아파트로 이주하는 서민들의 생활상을 구체적으로 보여준다. 장따민의 이야기를 많은 관객들이 좋아하는 이유 중 하나는 이 작품이 그들의 과거 생활을 떠올려주기 때문이다.

장따민이 추구하는 행복한 삶이란 평범하고 편안한 생활이다. 그러나 운명적인 고통과 갈등이 끊임없이 이어지는데 특히 심각한 것은 방 문제다. 협소한 집 때문에 방 문제로 인한 마찰이 끊이지 않는다. 장따민은 그렇게 원하던 리윈팡과의 결혼에 성공하지만 신방을 차릴 곳이 없다. 이로 인해 가족 간에 한 차례 충돌과 갈등이 일어난다. 곧이어 이 좁은 공간에 다시 싼민三民의 신방을 차려야 하는 상황까지 벌어진다. 우민五民은 협소한 집에서 벗어나기 위해 멀리 시베이西北대학에 입학하는데, 떠나면서 다시는 이런 좁은 집에 돌아오지 않겠다고 선언한다. 우민은 싼민의 결혼식 날 자신의 대학 합격 소식을 듣고 술에 취해 말한다.

> 더 이상은 참을 수 없어! 나는 다시는 돌아오지 않을 거야. 졸업하고 내몽골이나 신장에 갈 거야. …… 나는 평생 넓은 곳에서 살 거야! 참을 만큼 참았어! 개미굴 같이 너무 답답해. …… 우리 집은 너무 답답해서 숨을 쉴 수가 없어.18)

이 가족의 문제는 대부분 방 문제와 관련되어 있다. 그것은 베이징 일반 서민들이 살아가야 하는 생활 현장인 후통의 보편적인 문제이기도 했다. 집안에서 발생하는 자질구레한 문제를 해결할 방법이 없음

18) 위의 글, 12쪽. "我受够了!我再也不回来了。毕了业我上内蒙, 上新疆, ……我找个宽敞的地方住一辈子!　我受够了!　蚂蚁窝憋死我了。………咱们家太憋了, 喘不过气来。"

에도 불구하고 장따민은 큰형으로서 해결책을 궁리해서 찾아내는 지혜를 보여준다. 싼민의 신혼생활로 인한 소음 때문에 장따민 부부의 잠자리는 편하지가 않다. 장따민은 싼민에게 식사를 대접하면서 남의 고통 위에 자신들의 행복을 세우지 말라고 부탁도 해보기도 하지만 다른 대책을 세울 수밖에 없다. 장따민은 여러 방법을 모색한 끝에 자기 집의 담을 허물고 이웃집과의 통로에 아내와 곧 태어날 아기를 위한 새로운 방을 만들기로 한다.

이 과정에서도 장따민의 수다는 한몫을 한다. 장따민이 이웃집과의 통로에 있는 자신의 담장을 무너뜨리기 시작하자 이웃사람 량즈亮子가 와서 이유를 묻는다. 장따민은 "답답해서 미칠 것 같아서, 바람 좀 들어오게 하려고" 하고 대꾸한다. 량즈가 담을 무너뜨려도 되냐고 따지자 장따민은 이렇게 응수한다.

> 내가 천천히 담을 무너뜨리면 네가 와서 도와줄까봐. 빨리 무너뜨려 일을 끝내 버리면 네가 도와주지 않아도 되기 때문이야. 다른 뜻은 없어. 너에게 폐 끼치고 싶지 않을 뿐이야.[19)]

장따민이 여기에 방을 지을 것이라 하자, 량즈는 담 옆에 서 있는 나무를 베면 관리사무소에 고발해서 엄청난 벌금을 물게 할 것이라고 언성을 높인다. 량즈는 여기에 방을 지으면 통로가 좁아져 자신의 뚱뚱한 엄마가 지나다니는 데 불편할 것이라며 방을 짓는 것에 반대한다. 그러자 장따민은 나무는 절대로 자르지 않을 것이고, 기름통도 다닐

19) 위의 글, 16쪽. "拆慢了, 怕你跑出来帮忙. 快点儿拆, 等你跑出来帮忙, 已经拆完了, 想帮忙也帮不上了. 没别的意思. 我是不想麻烦你."

수 있는데 너희 엄마는 왜 지나다닐 수 없냐고 응수한다. 이어 한술 더 떠 너의 엄마 허리둘레가 4척尺 4라면 당연히 지나다닐 수 없다고 말하여 량즈를 약 올린다. 량즈가 흥분하자 장따민은 4척 6인가 참 4척 8이지 하여 량즈를 더 이상 화를 참을 수 없을 지경으로 몰아넣는다. 결국 량즈가 벽돌로 장따민의 머리를 치고 장따민의 머리에선 피가 흐르기 시작한다. 주변에서 파출소에 신고해야 한다고 하자 장따민은 마치 기다렸다는 듯이 누구라도 신고하면 가만 안 둘 것이라고 하고는 병원에 간다. 사실 상처는 피부가 조금 찢어진 것일 뿐 그다지 심각한 것이 아니다. 의사가 붕대를 감아주지 않자 장따민은 사정사정해서 머리에 붕대를 감게 한다. 그는 마치 승리한 혁명자인 양 집에 돌아온다. 머리를 때린 허물이 있는 량즈는 어쩔 수 없이 어떤 반대도 할 수 없게 된다. 나중에 량즈의 엄마가 장따민을 찾아와서 자신의 허리는 3척 6이라고 정정하면서 도와줄 일이 없느냐고 묻는 일까지 벌어진다. 이 모든 결과는 장따민의 치밀한 계략에서 나온 것이다. 이리하여 새로 지은 방의 중앙에 석류나무가 있게 된다. 환경은 곤란하지만 장따민의 행복한 생활은 계속된다.

똑같은 일의 반복처럼 보일지라도 생활은 거의 언제나 순탄하지 않다. 온순하고 착한 쓰민의 경우도 마찬가지다. 그는 결벽증이 있어서 누가 자신의 침상에 앉거나 자신의 협소한 공간을 침범하는 것을 병적으로 싫어한다. 후통이 철거되면서 주민관리사무소가 배분해준 아파트에 자기의 방이 생긴다는 것을 알고는, 쓰민은 자신이 그 방에 살 수 없을 것이라는 것을 알면서도 주위 사람에게 방을 꾸며달라고 부탁한다. 자기가 갖게 될 아름다운 방에 대한 상상이 죽음 직전의 그녀를 행복하게 만든다. 살아갈 날이 얼마 남지 않은 쓰민에게 있어 그 무엇보다 중요한 것은 커튼이다. 원팡이 아무리 비싼 커튼을 사서 보여주어도 만져보고는 고개를 흔든다. 윈팡이 고심 끝에 쓰민이 좋아하는 옅은 녹색의 커튼을 사서 보여주자 비로소 웃음을 지으며 미래의 자기 방에 걸 커튼을 상상하며 만족해한다. 그리고 죽음을 앞두고 그의 조카 샤오수小树에게 "고모가 죽은 후 네가 고모를 위해 방청소를 해 줘!"[20]라는 유언을 남긴다. 그녀다운 유언이다.

쓰민이 죽고 그녀의 이름이 호적에서 지워지기도 전에 주민관리사무소는 배정받을 방을 세 칸에서 방 두 칸으로 정정하는 내용의 계약서에 서명하라고 종용한다. 장따민은 이를 거부하면서 몸싸움을 벌인다. 이로 인해 결국 장따민은 2주일 동안 구류소에 갇힌다. 그 동안에 후통은 철거되고 그는 새로운 집인 아파트로 가야만 하는 처지가 된다. 영화와 TV드라마에서는 장따민의 고집대로 세 칸의 방을 배정받는 것으로 처리되지만 소설에서는 두 칸을 받는 것으로 끝맺는다. 이 작품은 베이징 후통에 사는 서민에게 방 문제가 얼마나 심각했는지를 보여준다. 방 문제는 생활의 터전이었던 후통이 1990년대 후반부터 본격적으로 철거되면서 아파트로 이주해야 했던 서민들의 생활상 나아가 베이징의 변화와 연결되어 있다.

5. 베이징인 장따민의 삶 철학

일상에 대한 가치 부여와 낙천적인 태도, 생과 사에 대한 관조와 유머 등은 원작소설 「수다쟁이 장따민의 행복한 생활」의 핵심이다. 이것들은 사람이 살아가는 데 가장 기본적인 의식주와 관련된 것들이

20) 위의 글, 32쪽. "姑走了以后, 你帮我打扫房间啊!"

TV드라마 <수다쟁이 장따민의 행복한 생활>
윈팡, 싸오수, 장따민

고 평범한 인생의 평범한 생활사 그 자체라고 할 수 있다. 영화와 드라마는 원작소설의 이 요소들을 그대로 계승하여 원작의 내용과 풍격을 유지함으로써 대중적 성공을 이룰 수 있었다. 물론 연기자들의 생활에서 우러나온 자연스러운 연기도 큰 몫을 했다.

이처럼, 원작과 영화 그리고 TV드라마 모두 생과 사에 대한 관조를 효과적으로 형상화했고, 이를 통해 산다는 것의 진지함을 잘 드러냈다. 산다는 것에 대한 진지한 태도 역시 원작이 갖고 있는 뚜렷한 특징이었다. 생과 사에 대한 장따민의 관조적이고 진지한 태도는 그가 윈팡에게 밥 먹기를 권할 때 잘 드러난다. 장따민에게 있어 '산다'는 것은 모두에게 주어진 기회를 의미하는데 기회는 제한적이다. 아버지의 사고사, 누이의 병사, 어머니의 치매 등은 모두 산다는 것과 대조되면서 역설적으로 산다는 것의 귀중함을 강조한다. 싼민이 "사람이 산다는 것이 무슨 의미가 있느냐"며 삶에 대해 회의할 때, 소설은 죽음을 앞둔 쓰민이 삶에 강한 애착을 갖는 모습을 애틋하게 그림으로써 산다는 것이 얼마나 소중하고 감사한 것인지를 웅변한다.

소설의 끝부분에서 장따민은 어머니, 윈팡, 그리고 아들과 함께 샹산香山에 오른다. 이때 아들 샤오수小樹가 '사람은 왜 사는가'라는 질문을 던진다. 윈팡은 "어떤 때는 아무 의미가 없다. 막 아무 의미가 없다고 느꼈는데, 다시 생각해보면 특별한 의미가 있다"고 대답한다. 샤오수가 다시 "사는 것이 의미가 없다면 어떻게 하냐"고 묻자 장따민은 "의미가 없어도 살아야만 한다. 죽으려고 해서는 안 된다!"고 대답한다. 또 여기에 덧붙여 말한다.

> 누가 너를 죽이려고 한다면 방법이 없다. 너는 죽을 수밖에 없다. 아무도 너를 죽이려고 하지 않는다면 너는 살아야 한다. 그것도 잘 살아야 한다.21)

말장난 같은 이 대답에서 우리는 장따민과 같은 보통 서민들에게 있어 산다는 것이 무슨 의미를 갖는 것인지 이해하게 된다. 가정생활의 자질구레한 일, 일상생활에서의 경제적 압력과 가족을 잃은 고통 등을 겪으면서 장따민은 더욱 성숙하고 자신과 용기를 키우게 된다. 소설의 결말에서 장따민은 "내가 하늘을 위로 하고 우뚝 서 있는데 삶이 어떻게 행복하지 않을 수 있겠느냐!"22)고 말한다. 그러면서 장따민은 아들에게 말한다.

> 네가 잘 살아가기만 한다면, 많은 행복들이 있을 것이다. 나의 아들아, 틈틈이 즐겨라.

21) 위의 글, 35쪽. "有人枪毙你, 没辙了, 你再死, 死就死了。没人枪毙你, 你就活着, 好好活着。"
22) 위의 글, 35쪽. "我顶天立地的张大民在, 生活怎么不幸福呢!"

고난의 생활 속에도 행복이 있음을 믿고 그것을 추구하며 희망을 버리지 않는 것. 이것이 장따민이 언제나 낙천적인 태도를 유지할 수 있었던 비결이다. 그리고 그때마다 장따민은 수다로써 힘든 생활의 균형을 회복하고자 한다. 생활에 대한 장따민의 진지함과 강인한 태도는 감동적이다. 장따민 이야기는 사람에게 있어 산다는 것은 힘겨운 일이라는 것을, 그러나 산다는 것 그 자체가 바로 행복이라는 것을 들려주고 있다.

> 이 작품에서 내가 적극적으로 표현하려 한 것은 장따민의 강인함이다. 중화민족이 오천 년 역사의 격변을 거치면서도 여전히 세계의 민족 속에 설 수 있는 것은 국민의 그러한 강인함에 공을 돌려야 한다.[23)]

「수다쟁이 장따민의 행복한 생활」의 외면적인 형식은 희극이지만 그 내면은 비극적이다. 유머스런 서술어조로 어쩔 수 없는 슬픈 이야기를 하고 있다. 이 작품의 성공은 바로 이 비극과 희극의 결합에서 비롯한다. 단순한 희극의 해학은 사람을 웃게 하나 그것이 남기는 의미는 깊지 않으며, 순수한 비극의 비장미는 사람을 비통하게 할 뿐이다. 이 작품은 비극과 희극의 융합을 통해 관중과 독자의 영혼을 감동시킨다.

「수다쟁이 장따민의 행복한 생활」은 고통스러운 삶에 대한 작가의 관심을 보여주는 동시에 좌절과 고난을 해학과 풍자라는 성숙한 태도로 맞서는 베이징 후통의 서민들을 생동감 있게 재현했다. 또한 이 작품은 베이징 문화의 언어특색과 생활예술의 특징을 날카롭게 포착

23) 张颐雯, 「刘恒的幸福生活」, 中国新闻网 www.chinannews.com, 20002.11.1. “在这部作品中, 我积力表现的是张大民身上的那种韧性. 中华民族经过五千年历史沧桑, 依然能够歧立于世界民族之林, 应该归功于国民身上那种倔强的韧性.”

하여 베이징 후통 따자위엔 서민들의 자질구레한 일상생활과 낙천적인 생활태도를 흥미진진하게 묘사했다.

참고문헌

沈好放, 〈贫嘴张大民的幸福生活(20集)〉(1998).

杨亚洲, 〈没事偷着乐〉(1998).

刘　恒, 「贫嘴张大民的幸福生活」, 北京: 『北京文学』, 1997年 第10期.

孟繁华·程光炜, 『中国当代文学发展史』, 北京: 人民文学出版社, 2005.

甘海岚·张丽妧 主编, 『京味文学散论』, 北京: 北京燕山出版社, 1998.

洪子诚, 『中国当代文学概要』, 香港: 青文书屋, 1997.

吴建雍 等, 『北京城市生活史』, 北京: 开明出版社, 1997.

樊　星, 『当代文学与地域文化』, 武汉: 华中师范大学出版社, 1997.

侯仁之·邓辉, 『北京城的起源与变迁』, 北京: 北京燕山出版社, 1997.

辛锡赞, 『"京味": 从文学到文化』, 北京: 北京大学博士研究生学位论文, 1999.

秦俊红, 「小说「贫嘴张大民的幸福生活」中的幽默话语赏析」, 广州: 『外语艺术教育研究』, 2006年 第1期.

唐宏峰, 「平民的幸福及其限度: 论刘恒的「贫嘴张大民的幸福生活」」, 『北京社会科学』, 2006年 第5期.

张颐雯, 「刘恒的幸福生活」, 中国新闻网 www.chinannews.com, 20002年 11月 1日.

赵大年, 「作家刘恒的幸福生活」, 『北京文学』, 2001年 第1期.

李跃森, 「"贫嘴张大民"的现实主义——读片随笔之一」, 『中国电视』, 2000年 第7期.

沈好放·吴冠平, 「显微镜下的生活: 关于「贫嘴张大民的幸福生活」」, 『电影艺术』, 2000年 第3期.

李越华, 「"贫"在嘴里 "福"在心田——我看「贫嘴张大民的幸福生活」」, 『电视研究』, 2000年 第6期.

解玺璋, 「张大民:群体精神的历史演化——电视剧「贫嘴张大民的幸福生活」文化评析」, 『北京电影学院学报』, 2000年 第2期.

纪 全, 「贫嘴张大民的幸福生活」, 『大众电影』, 1998年 第10期.

张颐武, 「共同的想象与共同的追寻——90年代小说与电影的互动」, 『当代电影』, 1997年 第4期.

吕智敏, 「论京味文学的源流与发展」, 『中国文化研究』, 1997年 第4期.

8장

TV드라마 〈따자이먼〉을 통한 민족기억의 재구성

1. 문화연구와 TV드라마 읽기

분명, 대중매체는 현대 사회에서 가장 강력한 '이데올로기 기구'다. 그리고 이데올로기 기구의 총아는 텔레비전이다. 텔레비전은 일상적인 리얼리티를 기록하고 전달하는 것처럼 보이는 이미지들을 연속적으로 공급함으로써 생생함과 현재성이라는 감각을 창출한다.

스튜어트 홀의 "텔레비전 화면의 투명성은 환영이다"는 말에서 읽을 수 있듯이 이데올로기는 생생하고 말끔한 투명성 밑으로 은폐된다. 텔레비전이 우리에게 실제로 제공하는 것은 리얼리티 그 자체가 아니라 세계에 대한 재현과 내러티브로서의 이미지들이다. 이런 이미지 혹은 이미지의 연속 즉 재현은 집안의 개인과 가족을 호명한다. 캐스린 우드워드가 논의한 것처럼 "재현들은 우리의 경험과 우리가 존재하는 감각을 만들 수 있는 의미들을 생산한다." 그것들은 '개별적이고 집합적인 정체성'을 형성하고 "다음과 같은 질문에 대한 대답을 제공한다. 나는 누구인가? 나는 무엇으로 존재하는가, 나는 어떤 존재가 되고 싶은가?"1) 이런 규정 행위가 곧바로 이데올로기 행위이며, 규정의 결과는 움직일 수 없는 이데올로기적 효과이다.

문화연구 이론가들은 헤게모니라는 개념을 사용하여, 지배 체제를 공고히 하기 위해 피지배계급의 자발적인 동의를 이끌어내는 과정을 묘사했다. 자발적 동의에 의한 헤게모니 획득은 끊임없이 진행되어야 한다. 피지배계급의 물질적이고 사회적인 경험은 종속의 불이익을 계속해서 부각시킴으로써 지배 체제에 대한 위협으로 작용하기 때문이다. 헤게모니는 정적인 권력 관계를 재현하는 것이 아니라 끊임없는 투쟁의 과정을 나타낸다.

이처럼 문화를 헤게모니적 관계의 동학으로 설명하면 현실에 대한 긍정이나 부정 같은 이원론에 매몰되지 않고 비판적이면서도 현실 개입적인 실천을 모색해 나갈 수 있다. 대중문화를 사회 순응의 도구나 사회 저항의 기제 중 어느 하나로 귀결 짓지 않고, 가치와 실천의 측면에서 주제를 매개로 한 지배와 저항이 동시에 일어나는 관계의 장으로 파악할 수 있게 된다.

스튜어트 홀은 대중문화의 장에서 해석과 관련하여 헤게모니가 어떻게 행사되는지를 밝힌다. 이는 수용자를 이데올로기적 효과의 수동적인 대상으로 취급하던 알뛰세르 문화비평에 전환점을 가져오는 계기가 된다. 스튜어트 홀은 대중문화 중에서도 가장 대중적인 텔레비전 프로그램을 분석대상으로 삼고 텔레비전을 열려 있는 텍스트로 간주하면서 수용자에 따라 의미 파악이 달라진다고 주장한다. 시청자

---

1) 수 손햄·토니 퍼비스, 김소은·황정녀 역, 『텔레비전 드라마: 이론, 본질, 정체성 그리고 연구방법론』, 동문선, 2008, 122쪽 재인용.

는 텍스트에 나타난 이데올로기와 논쟁을 벌여서 교섭하거나, 심지어 텍스트의 의도를 비판적으로 읽어내는 능력을 갖고 있다고 가정한다. 스튜어트 홀은 대중문화와 수용자 사이에서 벌어지는 이런 일련의 과정을 '의미를 둘러싼 투쟁'이라고 부른다. 대중문화가 담지한 이데올로기는 피지배집단에게 일방적으로 전파되기만 하는 것이 아니라 피지배집단에 의해 도전받기도 하는 지속적인 교섭의 과정에 놓인다는 것이다. 그는 텔레비전 담론을 해독하는 시각에 따라 지배적 헤게모니적 코드, 타협적 코드, 대항적 코드로 구분한다.[2)]

스튜어트 홀은 알튀세르의 기능주의적 설명에서 벗어나 문화수용에서 대중의 능동성을 도입하려 시도한다. 즉 이 세 가지 규칙 중 지배 헤게모니적 의미 규칙 이외에 타협적 독해와 저항적 독해를 첨가함으로써 이데올로기에 동의하지 않고 타협하거나 저항하는 해석의 능동적 차원을 상정하고자 한 것이다. 시청자의 역능과 의미 투쟁에 대한 이러한 강조는 텍스트를 더 이상 지배 이데올로기의 전달 수단으로 보지 않고 다양한 방식으로 촉진될 수 있는 의미 협상의 장으로 보게 한다. 이는 텍스트 해석에서 대중의 능동성을 인정하는 것으로 대중문화를 이데올로기적 장치로만 보던 아도르노 식의 부정적 관점과 구분되는 영미 문화연구의 특징을 잘 드러낸다.

각 대중문화는 헤게모니 획득 여부에 따라 중심, 다수, 지배문화와 주변, 소수, 종속 문화로 구분된다. 어느 시대나 그 시대의 지배적 가치 규범에 따르는 보수적인 문화와 그러한 가치에 저항하여 새로운 삶의 방식을 모색하는 대항문화가 공존한다. 이처럼 지배문화와 대항문화가 분리되지 않고 중첩된다는 지적은 주로 중심문화에 저항하는

---

2) 피스크 J., 「영국문화연구와 텔레비전」, 스토리 J., 백선기 역, 『문화연구란 무엇인가?』, 커뮤니케이션북스, 2000, 251~253쪽.

TV드라마 〈따자이먼〉 제1부(1~40집)

대중의 잠재적 능동성과 현실문화의 변화가능성을 긍정하는 계기로 작용한다.

이 장에서는 헤게모니의 관점에서 대중문화에 접근하고자 한다. 대중문화를 헤게모니 관계로 이해한다는 것은 대중문화를 지배가치와 대항가치가 충돌하고 협상하는 가치 대립의 격전지로 파악한다는 것을 의미한다. 대중문화를 헤게모니의 관점에서 접근할 때, 대중문화가 지배 이데올로기에 종속되어 있음을 비판적으로 확인하는 동시에 저항적 실천의 가능성을 발견할 수 있다.

능동적 독해는 협상을 통해서 의미를 획득하는데 대중문화는 이런 협상의 격전지라는 시각으로 TV드라마 〈따자이먼大宅门〉을 살펴보자. 〈따자이먼〉은 20세기 말 중국 최고의 대중예술이라고 할 수 있다. 왜냐하면 이 드라마는 이 시대의 문예사조와 예술의 전형을 충실히 반영하였기 때문이다.[3] 이 TV드라마는 남성 중심주의와 여성에 대한

TV드라마 〈따자이먼〉 제2부(41~72집)

왜곡된 시선 혹은 도덕적 가치관의 부패라는 이유로 혹독한 비판을 받기도 했다. 그럼에도, 대전환기를 살고 있는 현재의 중국은 개인을 결집시킬 '신화'가 필요했는데, TV드라마 〈따자이먼〉은 이러한 요구에 적합한 텍스트이기도 했다. 이 TV드라마를 고평하는 사람이건 비판하는 사람이건, 이 드라마의 영향력에 대해서는 일치된 견해를 보였다. 〈따자이먼〉은 CCTV의 황금시간대에 방영되어 높은 시청률을 기록하면서 이데올로기적 효과를 창출했기 때문이다. 이 장에서는 대중문화를 지배적 가치와 저항적 가치의 격전지로 바라보는 시각에서 TV드라마 〈따자이먼〉에 접근함으로써 중국 대중문화의 일면을 통한 중국사회와 문화 읽기를 시도한다.

---

3) 郝雨, 「学术视野中〈大宅门〉的"内"与"外": 对〈大宅门〉艺术价值及文化意义的综合透视」, 『上海大学学报』, 2002年 第9卷 第3期, 37쪽. "应该说, 如果没有这20年的时代变迁, 如果没有这20年的具体的时代环境, 「大宅门」要拍出现的水平是难以置言的。而笔者认为「大宅门」代表了20世纪尤其是20世纪末期的最高艺术水平, 是因为它典型而全面地反映了这一时代的文化思潮和艺术观念。"

2. TV드라마 속의 따자이먼 문화

TV드라마 〈따자이먼大宅门〉(2部 72集)[4]은 민족문화와 역사를 재현함으로써 민족문화의 상상을 소환하고 불러일으키는 동시에 호방한 기세로 보편적인 민족가치를 고양했다는 평가를 받는다.[5] 감독 궈바오창郭宝昌은 베이징 대가족 바이白씨 집안의 묘사를 통해서 시대의 이러한 요구에 응했던 것이다.[6]

이 드라마는 베이징 동인당同仁堂의 흥망사라는 실화를 소재로 삼았고 감독 궈바오창은 실제 이 따자이먼 가족의 일원이었다. 궈씨 집안은 일찍이 딸을 베이징의 부호집안인 동인당에 하녀로 팔았는데 이 딸은 이후 위에乐씨 집주인의 둘째 부인이 되었다. 그러나 부인은 자식을 낳지 못해서 리바오창李保常을 양자로 들여 자신의 성을 물려받게 하고 궈바오창郭宝昌으로 개명시켰다. 궈바오창은 자신의 체험을 바탕으로 16세부터 56세까지 40여 년 동안 심혈을 기울여 소설 『따자이먼大宅门』을 완성하고 이를 드라마로 만든다.[7]

TV드라마는 바이징치白景琦의 출생부터 죽음까지를, 즉 광서光緒 6년(1880년)부터 문혁이 끝나고 개혁개방이 시작하는 1980년까지 백 년의 베이징을 다룬다. 제1부(1~40집)는 항일전쟁이 일어난 1937년까

---

4) 제1부(1~40集)는 2001년에 방영되었고 제2부(41~72集)는 2003년에 방영되었다.

5) 张兵娟, 「性别视角中的家族, 历史, 民族叙事: 对电视剧〈大宅门〉的女性主义文化批评」, 『湘潭大学学报』, 2008年 第32卷 第4期, 89쪽.

6) 郝雨, 앞의 글.

7) 郭宝昌, 『大宅门』, 北京: 人民文学出版社, 2001. 드라마 〈따자이먼〉을 통해 알 수 있듯이 궈바오창은 경극에 심취하였으나 집안의 반대로 경극을 배우지 않고 북경전영학원北京电影学院에 입학한다. 경극에 대한 애정은 드라마에서도 심심찮게 볼 수 있다. 그는 따자이먼이라는 출신성분 때문에 "반동"으로 낙인찍히고 하방하여 힘든 시간을 보내게 된다. 졸업 후에도 한동안 직장을 배정받지 못하다가 平反이 된 후에야 광시广西영화 스튜디오에 자리잡는다. 궈바오창은 중국 현대사와 자신의 인생사를 담은 〈따자이먼〉 3편을 찍을 예정이라고 밝힌 바 있다.

TV드라마 〈따자이먼〉 촬영지

지를 제2부(41~72집)는 그 이후를 다룬다. 드라마 속의 모든 인물은 실존인물을 바탕으로 했는데 바이위팅白玉婷은 궈바오창의 고모였다. 샹시우香秀, 바이인탕白荫堂 등도 실존 인물을 바탕에 두었다. 그러나 〈따자이먼〉의 인물과 사건은 모두 실제 인물과 가족 창업과 흥망사를 바탕으로 했지만, 작가는 실화에 얽매이지 않고 그 위에 예술적 상상력을 발휘하여 그 함의를 더욱 풍성하게 만들었다.

〈따자이먼〉은 1880년대부터 1980년대까지의 중국현대사를 주인공 바이징치의 일생으로 농축해서 표현했다. 즉, 이 TV드라마는 베이징 지역 민간예술과 중의학中医学이라는 고유하고 독특한 문화를 통해 중국의 생활사를 재현한 드라마였다.[8] 감독 궈바오창은 특히 따자이먼 문화에 주목했다.

따자이먼 문화는 다양한 물질문화, 예술문화, 정신문화가 결합된 독특한 문화 유형으로, 중국의 각 시대를 배타적으로 장악했던 대부

8) 张兵娟, 앞의 글, 89쪽.

TV드라마 〈따자이먼〉에서 바이징치로 분장한 천바오궈陈宝国

호나 귀족, 관료의 문화와 그 성격이 달랐다. 이 문화는 황족문화의 영향을 많이 받았지만 민간의 성격 또한 농후했다. 따자이먼의 인물들은 귀족의 색채와 함께 평민의 속성 또한 갖추고 있었다. 장중함과 조화로움, 고상함과 통속성 등이 다채롭게 뒤섞여 있는 것이 따자이먼 문화의 특징이었다. 이 문화는 여느 부호집안의 문화와는 달리, 고관귀족은 아니지만 귀족적이면서도 평민적이고, 황족의 문화를 흡수했지만 민간적 색채도 짙게 품고 있었다.

궈바오창은 "〈따자이먼〉은 나의 생명"이라고 하면서, "40년간의 꿈"으로 따자이먼 문화를 표현하고자 했다고 말한다.[9] 순수 경미작품인 〈따자이먼〉은 따자이먼의 독특한 분위기를 담아내기 위해 언어와 각종 장치들을 섬세하게 사용했다. 그는 따자이먼 문화는 중국 특유의 문화이지만 문혁 이후 완전히 소실되었다고 보았다. 궈바오창은 따자이먼 문화 연구의 가치와 필요성을 호소했다. 그러나 자신의 드

9) 谢晓·李亦菲, 「郭宝昌: 〈大宅门〉是我的生命!」, 『南方都市报』, 2000年 11月 2日.

따자이먼

그림으로 보는 따자이먼 풍경

라마에서는 문화의 근원에 대한 것은 다루지 않고 따자이먼 문화 속의 인물과 이야기만을 전개해나갔다.10)

우선, 드라마 〈따자이먼〉의 등장인물과 서사를 통해 드러나는 따자이먼의 물질문화, 예술문화, 정신문화 등을 살펴보면, 세대를 이어서 황성皇城에 거주하는 베이징 사람에게 내재되어 있는 자존감을 엿볼 수 있다. 이런 정서는 따자이먼의 생활환경에서 직접적으로 드러난다. 홍색 대문을 상징으로 하는 따자이먼은 대칭 구조를 기본으로 하고, 정원은 기능을 확실히 구분하면서도 각 정원 사이의 질서와 조화를 중시한다. 황색의 유리 기와, 암홍색의 가구, 정방형의 탁자, 청회색의 계단 등이 서로 대칭과 평형을 이루어 질서정연하게 자리잡아 전체적으로 장엄하고 아름다운 느낌을 준다.

따자이먼 문화·건축의 표면적인 특징은 이런 장중함에 있지만, 그 심층적 토대는 봉건예교·봉건제도에 있다. 베이징은 원元대 이후부터

---

10) 郭宝昌, 앞의 책, 4쪽.

지금까지 국가의 수도였으며 윤리예교의 중심지였다. 백년의 역사를 가진 따자이먼 역시 이런 성격을 충실히 반영하고 있다. 따자이먼의 통치와 국가의 통치는 그 형식 구조가 동일했다. 따자이먼 주인의 권력과 지위는 가족 구성원 누구도 침범할 수 없는 절대적인 것이었다. 물론, 따자이먼 내에도 드라마 〈따자이먼〉의 셋째나리三爷처럼 자신의 이익만을 위하는 이기적인 인물도 있었고, 바이징치처럼 원수 집안의 딸과 결혼하거나 팔국연합군과 전쟁 시 적국이었던 일본인과 친구가 되는 반항아도 있었고 바이징예白敬业같은 무뢰한도 있었다. 그러나 따자이먼을 뒤엎을 정도의 도발이나 저항은 거의 없었다. 부잣집 자식으로 호강스럽게 성장한 셋째나리는 아버지가 형수 바이원스白文氏에게 집주인의 자리를 물려 준 것에 불만을 품어 분가하려고 하지만, 아버지의 말을 위배해서는 안 된다는 규율을 깨뜨리지 않으며 자신의 집안 이익과 관계되는 일에서는 자기 집 편에 선다. 모든 규율과 질서에서 자유로운 반항아 바이징치도 어머니 바이원스의 명령에는 어쩔 도리가 없이 "나는 엄마의 말을 들어야 한다"고 말한다. 아들인 바이징예가 약재를 구입하기 위한 돈을 도박으로 다 잃고 아편까지 피우는 것을 알게 되자, 바이징치는 아들의 다리를 부러뜨려 결국 불구로 만든다. 바이징예는 불구가 되었는데도 아버지인 바이징치에게 복종할 뿐 저항하지 않는다. 이처럼 따자이먼을 가장 강력하게 지배하는 것은 "부위자강, 부위처강父为子纲, 夫为妻纲"과 인의예지를 믿는 삼강오상三纲五常 사상이다. 군벌이 난무하고 토비가 횡행하는 혼란한 시대에도 따자이먼이 질서정연하게 유지되고 관리되었던 가장 중요한 이유는 여기에 있다. 정국 안정 시대나 위기의 시대에도, 외재적 제도의 제약과 내부의 규율로 인해 따자이먼 사람들은 장중한 기세를 유지할 수 있었고 따자이먼 문화는 독특한 문화로 자리잡을 수 있었다.

바이징치는 바이징예가 원재료를 줄여 불량약품을 만들어 파는 것을 알고는 그 약품을 불태워버린다.

〈따자이먼〉의 가훈은 '어느 누구도 감시하지 않지만 양심에 위반되는 일을 하지 않고 이익을 위해 옳음을 저버려서도 안 된다. 왜냐하면 네가 하는 모든 것은 하늘이 알고 있기 때문이다修合无人见, 存心有天知'이다. TV드라마에서, 바이씨 집안은 약의 질을 제고하기 위해 세대를 이어가며 고심하면서 적지 않은 비방을 발명하여 많은 사람을 고통에서 구한다. 비록 가세가 기울 때에도 일처리에 있어 품위와 자존심을 지키려 노력한다. 약재를 줄여 약의 질을 낮추어야 하는 어쩔 수 없는 곤경에 처했을 때도, 이에 타협하지 않고 설령 손해를 볼지언정 가짜약을 만들거나 약의 질을 떨어뜨리려고 하지 않는다. 바이징예가 원재료를 줄여 불량약품을 만들어 파는 것을 알았을 때 바이징치는 그 약품을 불에 태워 없앤다. 이 일로 인해 바이 집안은 다른 약재상들의 찬탄과 소비자의 인정을 받게 되며, 전통명가白家老号로서의 명성을 더욱 견고하게 유지해간다. 〈따자이먼〉은 물욕이 횡행하고 도덕이 상실된 현대사회의 보편적인 도덕적 초조감을 반영하고 있다.[11]

11) 陈友军, 「历史语境下的"家族文化": 略论电视剧〈大宅门〉的文化视野」, 『当代电影』, 2002

그리고 따자이먼은 통속적인 문화를 배척하지도 않았다. 중의학中医学을 생업으로 하는 따자이먼은 일반 대중과의 교류에 각별히 신경 쓸 수밖에 없었다. 드라마에서도 바이 집안은 약재를 사기 위해 방문하는 사회 각 계층의 사람과 교류를 맺는다. 따자이먼 고유의 우아함과 민간문화의 통속성의 결합은 따자이먼 문화가 민간에 깊이 뿌리를 내리는 조건이 되었다.

또한, 드라마 〈따자이먼〉은 따자이먼 문화의 막강한 경제력을 잘 그려냈다. 따자이먼의 경제력은 중약中藥 제조와 판매를 기반으로 했다. 드라마에서는 사업이 번창하여 바이씨 집안 3대가 같은 집에 거주하며 하인과 종업원의 수가 백여 명에 이르는 것으로 묘사한다. 집안을 유지하는 경제적 근거는 가족 경영 사기업인 바이차오탕百草堂 운영에 있었다. 그들은 이런 경제적 여유를 바탕으로 각종 예술 활동과 오락에 많은 시간을 보냈다. 그중에도 경극은 따자이먼 문화의 가장 중요한 일부였다. 〈따자이먼〉에서 등장인물과 경극은 끊을 수 없는 인연을 맺고 있다. 주인공 바이징치 역시 경극 듣는 것을 좋아할 뿐 아니라, 직접 경극을 부르는 데도 뛰어난 재능을 보인다. 일상생활에서 즐겨 부르는 경극 〈도활차挑滑车〉의 대사 "저 깜깜한 동굴을 보라. 틀림없이 도적의 소굴일 것이다. 내가 앞장서 깨끗이 처리하리라"를 경극 분장을 한 채 집안에 설치된 무대에서 부르기도 한다. 경극 곡조의 선택에서 바이징치는 개성이 강한 인물이라는 것을 보여준다. 경

年 第2期, 104쪽. "〈大宅门〉这种突破单一的视点和单一的角度对家族文化生态的描述, 有助于我们全面认识和研究当前以描写家族为特色的长篇电视连续剧这类大众文化文本的审美特征, 成败得失。家族文化是一个有组织, 有系统的存在, 是一种诸种因素相互作用, 相互影响的模式, 〈大宅门〉对修合无人见, 存心有天知"这一道德本体的最终偏离, 对传统伦理道德的生命力和时代变易的揭示, 对其扼杀人性的展露, 对道德元素的多元复合存在的表现, 与当前面临的复杂的社会道德问题不谋而合, 〈大宅门〉所表现的道德内容与现代社会物欲横流, 道德论丧的普遍焦虑相互触发, 也是这部电视剧的价值所在。"

TV드라마 〈따자이먼〉에서 바이위팅으로 분장한 장원리蔣雯丽

극은 극중 인물의 성격과 긴밀하게 연결되어 사용되었다.

물론, 따자이먼 구성원은 직접 경극을 연기하며 일상에서 이를 즐겼다. 바이원스의 70세 생일에 딸인 바이위팅白玉婷이 경극을 연기하자 모두 그녀에 찬사를 보낸다. 바이원스는 당시의 유명 경극 배우인 완샤오쥐万筱菊에 필적할 만하다며 칭찬한다. 바이징치의 누이인 바이위팅은 극에 자주 등장하지는 않지만 중요한 인물이다. 겉으론 온화하지만 반골정신이 농후한 바이위팅은 어려서 경극에 심취한 이후 줄곧 경극과 밀접하게 관련을 맺는다. 드라마는 바이위팅의 주제음악으로 후친胡琴으로 연주한 〈류칭냥柳青娘〉을 사용했다. 이 음악은 바이위팅이라는 인물의 정서, 성격과 기질 등을 일체감 있게 융합하여 형상화하는 데 일조했다.12)

12) 刘娴丽, 「试评电视连续剧: 〈大宅门〉的音乐运用」, 『电影评价』, 2008年 第15期, 60쪽. "白玉婷在剧中有一段属于自己的造型音乐——京剧曲牌「柳青娘」。这段曲牌是胡琴曲牌, 在

경극은 드라마의 진행에서도 중요한 역할을 담당한다. 규칙적인 리듬감을 특징으로 하는 경극의 타악기는 극중 인물의 감정 고조를 도드라지게 만들며 장면의 분위기를 부각시켜 드라마를 풍부하게 만드는 데 도움을 준다. 제4집에서, 병마사인 주순朱顺은 명을 받들어 바이씨 저택에 와서 모함에 빠진 바이잉위엔白颖园을 붙잡아간다. 그가 바이씨 집안어른에게 온 뜻을 밝히고 문을 열고 나올 때, 〈스지터우四击头〉 음악이 사용된다. 〈스지터우〉 리듬이 느려지면서 장면의 분위기를 조성한다. 주순의 걸음은 힘있게 앞으로 전진하지만 정원은 고요하다. 단지 "바이잉위엔을 잡아가라带白颖园"는 주순의 우렁찬 소리만이 들릴 뿐이다. 느린 리듬의 〈스지터우〉는 관병이 바이잉위엔을 체포하는 긴장된 분위기를 고조시켜 시청자의 흥미를 배가시킨다. 그리고 〈따자이먼〉의 주제가는 "의약을 생업으로 하고 호방한 민족 기개를 가진 따자이먼을 표현하고, 백년간의 고난에도 스스로 강해지고 쉬지 않는 정신을 보여준다"[13]는 내용을 담고 있다.

〈따자이먼〉은 경극을 통해 인물형상을 부각하기도 하고 경극의 타악기를 사용하여 드라마의 감정과 분위기를 고조하기도 한다. 경극은 드라마의 주제를 표현하는 주제가로도 사용되었다. 경극은 따자이먼 내부세계의 복잡다양함과 풍부함을 섬세하게 표현하는 데 유용하게 사용되었다. 어릴 적부터 따자이먼에 살면서 경극에 심취했던 궈바오창 감독의 경극에 대한 애정이 드라마에 짙게 녹아 있다.[14] "내가 찍은 이야기 〈따자이먼〉은 베이징의 이야기이다. 드라마 전체의 분위기

剧中用京胡演奏, …… 与其情感, 性格, 气质融为一体。"

13) 刘娴丽, 앞의 글, 60쪽. "〈大宅门」的片尾主题歌概括了以医药为生, 带有豪迈民族气势的大宅门, 历经百年风雨自强不息的精神。"

14) 石维坚, 「大宅门里走出来的郭宝昌」, 『国际人才交流』, 2001年 第8期, 32쪽. 일찍이 그의 집은 오랫동안 경극무대에 전용석을 지정해 놓고 있었다. 베이징 전통명가 동인당의 도련님인 그는 집에서 임대한 차를 타거나 마차를 타고 자주 경극을 보러 다녔다.

형성에 베이징 음악을 사용하는 것이 적합했기에 경극을 사용하였다"[15]고 궈바오창은 말했다.

〈따자이먼〉은 대중매체를 통해 따자이먼 문화를 구체적으로 표현하고 깊이 이해하게 한 최초의 TV드라마였다. 이 독특한 문화유형이 대중매체를 통해 소개되자 사람들은 따자이먼에 상당한 관심을 갖게 되었다. TV드라마 형식으로 재현된 따자이먼 문화는 중국 시청자들에게 집단기억을 공급하는 원천지 기능을 했다.

3. TV드라마의 역사기억과 서사를 통한 민족주의 상상

이데올로기에 깊이 천착한 대표적인 학자 중 한 사람은 프랑스의 마르크스주의 철학자인 루이 알튀세르다. 그는 이데올로기란 존재의 실제 상황 속에서 개인들의 상상적인 관계성을 재현하는 것이라고 천명한다.[16] 분명, 텔레비전은 세계를 향한 투명한 창이 아니라 이데올로기 장치이다. 특히, 텔레비전이 재현하는 역사는 수용자의 기억을 교정하고 취사선택하는 이데올로기적 기능을 수행한다. 수용자는 지배적 헤게모니 독해에 포섭됨으로써, 지배 이데올로기에 동의하여 마치 문화가 전달하는 현실의 의미가 투명한 것인 양 받아들인다. 지배적 헤게모니 독해란 해석자가 생산자의 의도에 접근하지 못해 편파적 시각을 보편적인 시각으로 받아들여 집단의 이데올로기를 정당하

15) 刘娴丽, 앞의 글, 60쪽. "我拍的整个故事〈大宅门〉是京城的故事。我们整个的风格也提倡是京味儿的音乐, 所以我觉得用京剧音乐应该是最合适的。"

16) 루이 알뛰세, 이진수 역, 『레닌과 철학』, 백의출판사, 1995, 174~175쪽. 알뛰세르는 매스미디어, 문화, 문화 산업을 이데올로기적 국가 장치의 일부로 보고 그것의 이데올로기적 기능을 강조한다.

다고 해석하는 것을 의미한다.

이데올로기적 효과가 발생하는 지점인 기억에 대해 좀 더 논의해보자. 사람은 일반적으로 사회 속에서 비로소 개인의 기억을 획득하고 진행하며 위치시킨다. 개인은 사회적인 집단기억의 자장 내에 위치하여 자신의 지난날을 재구성해 기억으로 저장한다. 그리고 이 과정에서 과거는 이미 존재하는 불변의 어떤 것이 아니라 현재의 시각과 위치에 의해 재구성되고 재편되어 공인된다. 기억은 단순히 과거 어느 사건의 직접적인 재현이 아니라 새로운 탄생으로, 창조적인 구성의 과정을 거쳐 생산된 것이다. 기억은 복잡하고도 심오한 현상으로, 기대와 욕망을 포함해서 일상을 구성하는 모든 요소가 내재화와 강화라는 상호 침투의 과정을 거쳐서 빚어낸 결과물이다. 마찬가지로 기억의 집단적인 틀 역시 확고부동한 실재나 텅 빈 형식적 기표가 아니라, 여러 다른 기억들의 개입에 의해 재구되고 변형된 유동체이다. 과거의 이미지를 재구성하는 집단기억은 현재의 지배 이데올로기를 위해 봉사하는 도구적 성격을 강하게 띤다. 기억은 지금의 필요에 의한 것이므로, 상이한 시대의 사람들이 동일한 과거에 대해 동일한 관점과 견해를 갖는 것은 불가능하다. 사람들이 어떻게 과거를 구성하고 서술하는지는 현재 그들의 이념, 이익과 기대에 의해 결정된다. 개인으로서든 집단으로서든, 인간은 경험을 재현하고 재구성하며 공유한다. 그래서 역사와 기억은 긴밀하게 연결되어 있다.

이런 점에서 푸코의 다음과 같은 지적은 상당히 시사적이다. "역사란 권력의 담론이며, 권력이 사람들을 굴복시킬 때 사용하는 도구인 의무의 담론이다. 그것은 또한 권력이 사람들을 매혹시키고, 공포에 질리게 하며, 얼어붙은 듯 꼼짝 못하게 하는 눈부신 섬광의 담론이다. 요컨대 속박하고 마비시키는 권력은 질서의 창립자이며 수호자이다.

그리고 역사는 정확히 질서 확립의 기능을 강화시키고 더욱 효과적으로 만들기 위한 담론이다."[17]

산업시대에는 소설이 서사시를 대체했지만 이제는 TV드라마가 서사시나 소설을 대체했다. TV드라마는 대중의 환상 요구에 영합하며 가장 통속적이고 자극적인 이야기를 다루는 상업성 강한 문화산업이다. 대중은 TV드라마를 통해 개인의 기억과 집단기억이 연결되는 지점을 찾아 각종 기억을 공유하게 되고 집단체험·집단기억 속에서 자신의 기억을 재구축하게 된다. TV드라마는 집단기억을 확고히 하면서 개인의 기억을 수정하고 재편하는 역할을 수행한다. 선택과 재구를 통한 집단기억은 한 집단의 과거를 새롭게 하고 역사의 계승과 연속을 보장한다. TV드라마가 서술하는 역사는 단지 과거의 일만이 아니며 부단히 창조적이고 가변적인 미완성의 서사이다. 즉 TV드라마 서사는 사회, 개인의 공동의 요구를 서사 형식으로 직조함으로써, 수용자의 취향과 욕망이 투사된 과거를 집단기억으로 재창조해낸다.

전통 승인의 과정에는 감정보다 이성이 더 크게 작용하지만, 그 저류엔 지극히 감정적인 문화 민족주의가 흐르고 있다. 〈따자이먼〉에 대한 기존 논의 또한 이 점을 놓치지 않는다. "의심할 여지없이 TV드라마 〈따자이먼〉에는 이런 경향이 잠재해 있다. 문제는 이런 기억은 비록 개체의 승인을 필요로 함에도 불구하고 가장 '합법적'이고 '권위적'인 것으로 증명되어 버렸다는 점이다. 이런 개인의 기억을 집단의 기억으로 확대하여 한 가족의 기억을 민족기억의 서술로 고쳐 쓰는 담론은 권력의 상징이며 이데올로기의 표현이다."[18]

---

17) 미셸 푸코, 박정자 역, 『"사회를 보호해야 한다": 1976, 콜레주 드 프랑스에서의 강의』, 동문선, 1998, 88~89쪽.

18) 张兵娟, 「历史记忆与历史叙事: 兼对〈大宅门〉的女性主义文化批评」, 『中州学刊』, 2007年 第162期, 217쪽.

뿐만 아니라, TV드라마는 지배 이데올로기가 수용자의 욕망으로 승인되고 내재화되도록 수많은 형식의 호명 작업을 수행한다. 확실히 TV드라마 서사는 기억의 이데올로기화와 밀접한 관련을 맺고 있다. 왜냐하면 TV드라마가 재현하는 것은 표면적으로는 개인기억과 가족기억이지만, 궁극적인 목적은 개인기억·가족기억에 대한 영향을 통해 집단기억의 재구와 재편을 유도하는 것이기 때문이다. 개인의 기억이 집단의 기억으로 변모하면서 자아 정체성·집단 정체성의 재구성과 욕망의 창출과 전환이라는 이데올로기적 효과는 달성된다. 역사서술이 없다면 역사기억 또한 없다. 역사서술은 역사기억의 내용을 규정한다. 문제는 TV드라마의 서사가 어떻게 개인의 상상적 기억을 사회 집단기억의 기호로 전환하느냐이다. 다시 말해, 우리는 TV드라마의 서술자가 개인의 상상적 기억을 어떻게 부호화하여 사회적인 집단기억으로 전환하는가에 유의해야 한다.19)

개인기억이 집단기억의 기호로 전환되는 과정에 작용하는 이데올로기의 기능에 초점을 맞추어보자. TV드라마가 재현하는 가족기억과 개인의 기억은 수용자의 공통된 정서를 조성하여 공동의 문화로 전환된다. 텔레비전은 문화 전반 및 모든 생활에서 각기 각양의 사람에게 서사시적인 작용을 한다. 개인의 기억이 집단의 기억으로 변환되면서 TV드라마의 이데올로기적 효과는 성취된다.

〈따자이먼〉은 가족기억뿐만 아니라 민족 전체의 종족기억을 성공적으로 제공함으로써 민족 공동의 당위적 가치를 표현했다. 가족사를 다룬 〈따자이먼〉은 궈바오창 개인의 기억에서 출발하지만 그 효과는 결코 개인기억의 차원에만 국한되지는 않는다. 그리고 모호하고 다양

19) 위의 글, 216쪽.

한 주체들이 모여 만들어낸 TV드라마라는 이 기억 형상체는 왜곡 없는 절대적 재현이라는 불가능한 목적을 지향한 것도 아니었다.

각 민족은 자신의 시대가 요구하고 자신의 필요에 부합하는 민족 형상과 민족주의 신화를 구성한다. 일반적으로 볼 때, 민족주의를 가장 효율적으로 양성해내고 전파하는 방식은 민족의 이익에 봉사하는 감동적인 전설의 주인공 즉 민족적 영웅을 선택하여 창조해내는 것이다. 민족적 영웅의 선택에는 몇 가지 조건이 필요하다. 민족적 영웅이 이데올로기적 효과를 생산하기 위해서는, 그가 현재성을 구비해야 하고 현시대의 요구에 부합해야 하고 민족 집단의 현재 심리적 요구를 반영할 수 있어야 하며 나아가 민족 집단의 취향과 욕망을 충족시킬 수 있어야 한다는 것이다. 여기서 '현재'는 단순히 '여기'만을 의미하는 것이 아니라 '지금 살아있는'이란 의미를 포함한다. 따라서 민족적 영웅의 현재성이란 현재의 요구에 부합하고 지금의 특징에 적합하게 대답하는 성격을 가리킨다. 문제는 현재의 요구란 것이 합의되고 단일화된 것이 아니라는 데 있다. 아무리 질서정연한 사회라 할지라도 다양하고 이질적이고 심지어는 배타적인 요구가 서로 충돌하여 크고 작은 갈등을 불러일으킨다.

〈따자이먼〉은 주인공 바이징치가 "죽을지라도 매국노가 되지는 않겠다誓死不当亡国奴"며 비분강개하는 장면을 프로그램 광고 장면으로 사용했는데, 이는 이 TV드라마가 민족주의를 표방하고 있음을 상징적으로 보여준다. 특히 사회 기제나 정치 기제, 시장 기제가 급격하게 전환되는 시기엔 사회의 가치관 또한 상당한 변화를 겪게 마련이다. TV드라마가 생산한 민족적 영웅은 이 갈등을 조정하고 판결하는 데 상당한 기여를 한다. 이 드라마는 민족의 정서를 민족주의적 시각에서 농밀하게 담아내는 데서 나아가 국수주의적 입장까지 드러내고

TV드라마 〈따자이먼〉

있다. 진짜 베이징 말씨와 특색, 서민예술의 전시, 그리고 '중의학中医学'이라는 극히 민족적인 성격의 매개체로 중국 전통문화를 표현한다.

TV드라마가 개인의 기억을 어떻게 부호화하여 집단기억으로 전환하는지를 살펴보자. 역사는 언제나 남성의 역사이고 권력자의 역사였다. 유가사상을 중심으로 하는 중국 전통문화는 윤리의식을 가장 중시했다. 이 윤리는 인륜의 질서를 절대적 가치와 표준으로 하는 가정윤리에서 시작해 전제주의적 윤리 정치로 확장되었다. 이 때문에 집(가족)은 중국 전통 사회구조의 비밀을 분석하는 데 중요한 열쇠가 되었다. 가정 혹은 가족의 혈연관계는 전통 중국의 사회관계 일체의 기초였고, 가정윤리 원칙은 중국 전통 문화정신을 통섭하는 가장 중요한 원칙이었다.

유가사상을 통치원리로 한 전통 중국사회에서 집(가족)은 국가의 근본으로 중요한 역할을 담당했다. 인하이광殷海光이 지적했듯이, "자고이래 집은 중국 사회의 한 요소이자 정치조직의 기초였다. 전제시대의 중국은 가족을 중심으로 통치했다. 여기서 우리는 가족이 중국문화의 구조와 발전에서 어떤 위치를 가지는지를 쉽게 이해할 수 있다."[20] 〈따자이먼〉의 서사는 민족이라는 '상상의 공동체'를 가족 중심주의와 긴밀하게 연동시킨다. 이런 성격은 특히 제2부에서 강하게 드러난다. 서술자는 죽음을 무릅쓰고 매국노가 되지 않으려는 바이잉위白颖宇와 바이징치의 영웅적 행위를 전시한다. 집 밖에서나 집 안에서나 일생동안 무뢰한이었던 셋째 나리는 민족이 위기한 처한 시기에 항일의 방식으로 자살을 함으로써 집안의 영웅이 되고 항일의 모범이 된다. 그는 최후에 찬란한 빛을 발한 전설적인 영웅으로 고양된다. 이러한 장면들은 남성에게 새로운 자아 정체성을 부여하는데, 그 효과는 중국 남성 전체를 민족주의 담론의 주체로 소환하여 주류세력으로 자인하게 하는 것이다.

TV드라마에서 각 가족은 각기 다른 '비방秘方'으로 가족의 가치를 강화하는데, 여기서 비방은 중요한 기호로 기능한다. 비방은 '가족 내에서만' 부단히 계승되어야 할 가족의 '가보'이며 가족의 뿌리이다. 이것이 없다면, 가족은 지속적이고 유력한 생계수단을 잃게 되고 가족 존재의 의미를 잃게 될 것이다. 비방을 지키기 위해 일본인에 맞서 싸우는 가족을 그릴 때 수용자는 그 가족사 속에서 민족주의의 기의를 읽어낸다. 가족은 자연스럽게 민족과 동의어가 된다.

'전통명가白家老号' 또한 비방과 유사한 기능을 하는 장치이다. 이 이름을 획득한 약에 대해선 고객은 절대적으로 신임한다. 즉 전통명가는 신뢰의 징표이다. 바이씨 집안의 구성원들은 집안의 일원이라는 이유로 타인의 존중과 자존심을 확보하며 가족에 대한 귀속감과 가족 안에서의 안전감을 느낀다.

---

20) 殷海光,『中国文化的展望』, 上海: 上海三联书店, 2002, 98쪽.

전통명가의 기능은 이뿐만이 아니다. 원래 전통명가는 일종의 상업 조직으로 원시적 형태의 가족기업이었다. 〈따자이먼〉은 이 가족기업의 묘사를 통해서 흥미있는 상업문화를 풍부하게 표현하여 상업사회에 대한 대중의 호기심을 만족시켰다. 이 상업조직에 대한 관심은 단순히 경제적 측면에만 국한된 것이 아니었다. 전통명가는 수용자 당대의 정치와 문화에도 상당할 정도의 영향을 끼쳤다. 가족사가 민족의 거대서사와 긴밀하게 묶이면서, 중화민족의 이미지는 TV드라마 수용자 전체를 끌어들였으며 전통명가는 사상적·정서적으로 중요한 아이콘으로 오랫동안 인정받았다. 전통명가라는 기표는 중화민족이라는 의식을 표면화하여 민족 자존감을 가진 "상상의 공동체"를 형성하는 데 일조했다. 〈따자이먼〉의 모든 등장인물은 전통명가를 자신의 집으로 여기고 공리주의를 중시한다. 이에 비례하여, 드라마의 수용자는 중화민족의 일원으로 소속되고 그것에 자신을 적극적으로 투사한다. 〈따자이먼〉은 대중의 취향에 부합하는 동시에 집단심리·집단기억을 생산하는 대중매체와 수용자의 상호영향 관계를 교과서적으로 구축했다.

'분가'라는 사건 역시 가족주의·민족주의 이데올로기를 강화하는 기제 역할을 한다. 집안의 큰어른은 분가는 안 된다는 유언을 남기며 둘째 마님二奶奶 역시 분가를 불허한다. 바이징치가 집안의 큰어른이 되었을 때 비록 분가하지만 다른 가족과 긴밀하게 연결되어 있다. 셋째 어른三爷은 분가를 계속 주장하다가 결국 분가를 하지만 갈수록 곤궁해져 결국엔 다시 가족의 힘에 의지하게 된다.

등장인물 대부분은 기존의 전통적 윤리관을 강화하는 데 일조한다. 바이징치는 청년기에 선천적으로 자유분방하고 혁명적인 기질로 전통문화와 갈등을 일으키다 집에서 쫓겨나기도 한다. 그러나 다시 집으로 돌아온 후 가족의 실질적 주인이 되면서 자신의 어머니처럼 가족을 위해 가족윤리의 수호신으로 변모한다. 그가 입버릇처럼 하는 말 "왜냐하면 그녀는 우리 엄마이기 때문이다因为她是我妈"는 모친에 대한 절대적인 효심의 표현이다. 이는 따자이먼의 전통적인 가족 중심주의로의 회귀를 의미하는데, 이 과정에서 일종의 시험을 거친 가족 중심주의는 정당성을 확보하여 더욱 강화된다. 셋째 어른은 일찍이 기독교에 귀의한 후 팔국연합군[21]과 연맹하여 매국노가 된다. 그러나 최후에는 참회를 하면서 가족과 국가를 위해 아편을 먹고 장렬하게 사망한다. 따자이먼의 전통적인 가족 중심주의·민족주의를 훼손했을 때 처벌을 받게 된다는 것이다. 더구나 타인에 의한 처벌이 아니라 자발적인 처벌이기에 가족 중심주의·민족주의는 고결한 위상을 더욱 절대화할 수 있게 된다. 중국은 가족의 단합을 중시하는 풍토가 몇천 년의 전통으로 이어져 내려온 사회다. 셋째 어른뿐만 아니라 대부분의 등장인물은 중국 사회의 이런 보편적인 가족 중심주의적 가치관을 강화한다.

이데올로기는 일종의 표상체계다. 이 표상체계를 기반으로 한 개인과 실제 생존환경의 관계는 상상적이다. 알튀세르에 따르면, 인간의 삶이 이 상상적 관계에 근거할 때 이데올로기는 인간 개체를 이데올로기 주체로 소환하고 개조한다. TV드라마 〈따자이먼〉은 이데올로기적 기능과 효과에 대한 좋은 본보기를 제공한다. 〈따자이먼〉은 중국의 전통적인 정신문화에 대한 새로운 승인을 끌어냈다. 수용자 대중은 〈따자이먼〉을 적극적으로 소비함으로써, 공동의 역사와 문화적 사건을 통해 형성된 민족정서와 가치에 동의하고 승인 인증을 보냈다.

---

21) 1900년 의화단은 서태후의 지지를 바탕으로 관군과 함께 외국의 중국주재기관을 파괴했다. 의화단을 공략하기 위해 영국, 미국, 독일, 프랑스, 러시아, 일본, 이탈리아, 오스트리아 등 8개국 연합군이 조직되었다.

〈따자이먼〉은 민족심리의 심연에서 맥박치는 리듬을 파악하고 대중이 요구하는 사후 기억을 효과적으로 선취하여 중국 전통문화에 대한 의식적·무의식적 공감과 자각을 대중에게 공급했다.

4. TV드라마 해독을 통한 타협적/대항적 문화 읽기

스튜어트 홀의 부호화/해독 모델은 미디어의 선호된 의미들이 '타협되거나' 때로는 저항적인 수용자 읽기로 전환되는 방식을 탐색할 수 있는 공간을 열어주었다. "이러한 입장을 취하며 가장 왕성하게 활동하고 있는 존 피스크는 의미와 즐거움에 대한 문화적 투쟁에서 수용자의 독립성을 사실상 공언함으로써 일부 논쟁적인 출판물에서 그것을 극단적인 측면으로 몰아가기도 했다."[22] 이러한 문화 연구에서, 연구자/비평가는 더 이상 대중문화의 억압적인 세계를 비난하는 데 몰두하는 비판적 소외자가 아니라, 수용자의 저항 양상에도 주목하는 실천적 비판자가 된다.

시청자는 어떤 담론이 주는 외연적 의미와 함축적 의미 변화를 모두 이해하면서도 메시지를 완전히 반대로 해석할 수도 있다. 시청자는 어떤 대안적인 준거틀 내에서 메시지를 재구성하기 위해 선호되는 의미규칙에 따라 만들어진 메시지를 해체한다. 시청자의 의미 투쟁에 대한 이러한 강조는 텍스트를 더 이상 지배 이데올로기의 전달 수단으로 보지 않고 다양한 방식으로 촉진될 수 있는 의미 협상의 장으로

22) 이엔 앙, 「문화와 커뮤니케이션: 초국가적 미디어 체제에서 미디어 소비에 대한 민속지학적 비판을 지향하며」, 존스토리, 백선기 역, 『문화연구란 무엇인가』, 커뮤니케이션북스, 2000, 491~492쪽.

보게 한다.

앞서 보았듯, 가족 중심주의가 강하게 작동하는 〈따자이먼〉의 '집'에서 여성은 자유를 누릴 수 없었고 독립성을 획득할 수 없었다. "큰 어른大奶奶에게는 여성으로서 행복을 누릴 권리가 없었고, 바이위팅白玉婷은 애정의 자유를 추구할 수 없었다. 더욱이 후이화槐花에게는 사람으로서의 존엄과 평등의 권리조차 주어지지 않았다. 웅주大格格나 양지우홍杨九红처럼 부권적 질서에 부합하지 않으면 어머니가 될 자격조차 박탈당했다"[23] 당연히, 이런 봉건전제 가정에서 남성은 일종의 특권을 향유했다. "명성과 위엄, 존경, 이익과 지배권이라는 특권은 남성에게만 허용되었다."[24] 그리고 이런 남성중심의 특권은 전통에 의해 계속 보호되어 침범당하지 않았다.

위엄이란 무엇을 의미하는가? 인하이광은 말한다. "지위와 위엄의 외면은 우리들이 일반적으로 이야기하는 '체면'이고, '체면'은 중국문화에서 제2의 생명이다. 중국문화는 '체면을 가장 중시한다'. '체면'을 위해서는 죽기 살기로 다투며, 시비나 선악이나 틀림도 바름도 없다."[25]

〈따자이먼〉은 이런 특징을 현저히 부각한다. 이야기는 '체면' 문제에서 시작된다. '체면'은 여러 비극의 원인이 되는데, 여성은 이러한 '체면을 두고 다투는' 전쟁에서 최대의 희생자다. 누구도 그녀의 생사에 관심을 갖지 않으며 그녀의 체면과 존엄은 배려하지 않는다. 웅주의 비밀이 폭로된 후, 그녀의 아들과 딸은 남에게 보내져 영원한 이별

23) 张兵娟, 「性别视角中的家族, 历史, 民族叙事: 对电视剧〈大宅门〉的女性主义文化批评」, 『湘谭大学学报』, 2008年 第32券 第4期, 87쪽. "在〈大宅门〉也就是'家'中, 女性是没有自由的, 她不属于自己, 女性没有享受幸福的权力(大奶奶), 没有追求爱情的自由(白玉婷), 更没有做人的尊严和平等(如槐花), 倘若不符合父权秩序, 连做母亲的资格都要被剥夺(如大格格, 杨九红)。"

24) 殷海光, 앞의 책, 101쪽. "可以享受应有的声威, 尊敬, 利益和支配权。"

25) 위의 책, 132쪽.

TV드라마 <따자이먼> 바이원스로 분장한 스친가오와斯琴高娃

을 하게 되고 그녀 역시 아버지에게 쫓겨나게 된다. 이후 그녀는 아무런 설명도 없이 드라마 밖으로 사라졌다가 마지막에서야 다시 등장한다. 그녀의 얼굴에선 청춘은 사라지고 황량한 세월만이 보이지만 그 사라진 시간에 대한 수용자의 호기심은 무시된다. 이는 바이잉위엔의 고난을 자세하게 묘사하는 태도와는 너무나 상이하다. 다만 비극적이었을 것이라 짐작될 뿐 그녀가 거쳐 온 세월은 삭제되어 버렸다. 또 다른 '체면'의 희생자인 양지우홍의 운명 역시 그다지 좋지 않다. 그녀는 무정한 세월동안 자신과 타인을 학대하는 악마가 되어 간다. 이런 서사는 중국 봉건시대 여성의 운명을 반영하는 동시에, 남성 권력을 정당화하고 여성의 온유와 순종, 억압과 타협을 강조한다. 그리고 <따자이먼>에서는 '충효인의忠孝仁义'를 강조하고 바이징치의 효를 미화한다. 이것은 전통을 유지하는 데 필요하고 민족정신을 부르짖는 데 중요한 부호이기 때문이다.

그렇지만 여성인 바이원스가 집안의 주인이 되어 대가족을 이끌고 가는 서사를 통해 여성 시청자의 욕망을 이미지화하기도 한다. 이 드라마의 또 다른 흥행요인은 "여인이 한 가족을 이끌어가기에 여성 시청자의 취향에 아주 들어맞는다"[26]는 것이었다. 스친가오와斯琴高娃가 연기한 여주인공 바이원스는 이 드라마에서 가장 예술적인 광채를 갖춘 인물이다. "이 인물의 예술적 매력은 두 가지인데, 하나는 남자에게 양보하지 않는 여장부 성품이고, 다른 하나는 큰 좌절에도 굴복하지 않는 강한 정신이다."[27] 그녀는 이 드라마에서 이성적인 능력이 가장 뛰어난 인물이다. 바이원스는 문제가 많은 집안을 자신의 능력에 의지해 지탱해나가고, 집안의 아랫사람이 잘못을 저질렀을 때에는 관용으로 대한다. 바이원스가 양지우훙을 끝까지 받아들이지 않는 것에 대해서는 의견이 둘로 나뉜다. 하나는 이 드라마가 전통적인 사상을 그대로 답습했다는 비판이다. 그러나 더 우세한 의견은 양지우훙의 낮은 신분 때문이 아니라 바이원스가 양지우훙에게서 자신과 유사한 능력을 발견했기에 그녀를 받아들이지 않았다는 해석이다. 드라마 후반부에 잠시 드러나듯이 양지우훙 역시 일을 처리하는 대단한 능력(약재 구입을 위해 남자로 변장하여 당시 혼란한 동북지방으로 감)과 남을 지배하고자 하는 욕망 등, 바이원스처럼 야심이 강한 유형의 사람이라는 것이다. 드라마는 양지우훙이 바이씨 집안에서 당연히 가져야 할 지위를 갖지 못함으로써 형성된 억압된 심리가 어떻게 왜곡되어 가는지를 잘 보여준다. 그녀는 후이화槐花를 괴롭혀 죽음으로 몰아넣고, 딸에게 보복하거나 샹시우香秀를 공격하는 등 남을 곤경에 빠뜨리는 반인간적인 인물로 그려진다. 후자 의견에 동의하는 사람은 만약에 따자이먼이 그녀에게 정당한 위치를 주었다면 그녀는 제2의 바이원스

26) 陈晓明, 「〈大宅门〉: 说艺术还欠火候」, 『文艺争鸣』, 2001年 第5期, 22쪽. "这部电视剧以一个女人撑起一个家族, 这极大地投合了女性观众群体的口味。"

27) 郝雨, 앞의 글, 41쪽. "而在这个人物身上, 最有艺术魅力的, 应该是两个方面, 一是她的"巾帼不让须眉, 在多么巨大的挫折面前都从不服输的精神。"

가 되었을 것이라고 상상한다. “아마도 바이씨 부인이 살았을 때 두 마리의 호랑이가 서로 겨루는 형국이 연출되었을 것이고, 바이원스가 세상을 떠났을 때는 일체의 권리가 양지우홍의 손으로 들어갔을 것이다.”28)

〈따자이먼〉은 가족문화에 대한 서술로 “한편으로는 가정윤리 중에서 합리적인 요소를 적극적으로 전시하고, 다른 한편으로는 전통 윤리도덕에 존재하는 반역을 제시했다”는 평가를 받았다. 바이잉위엔이 형을 받고 바이 집안 큰어른의 병이 심각해지자, 남권을 핵심으로 하는 봉건문화 속에서도 여성인 “바이원스가 바이집안의 가장이 되는 것은 소위 부위처강夫为妻纲에 대한 뚜렷한 혁신이다.” 그리고 드라마는 봉건윤리의 부패, 잔인, 인성 압살의 면모도 폭로한다. “후이화가 목을 매고, 바이쟈리白佳丽가 양지우홍을 어머니로 인정하지 않고, 바이원스가 임종을 앞두고도 양지우홍을 바이 집안의 사람으로 인정하지 않는 것 등은 모두 봉건윤리의 열등함을 드러내는 것이다.”29)

드라마는 비록 가족흥망의 과정에 대해 탐색하고 있지만 어떤 참신함도 제공하지 않는다. 오히려 서슴지 않고 향락이나 금전을 추구하고, 아무런 염치없이 ‘성공’을 추구하는 시대적 유행과 가치관을 노골적으로 드러낸다. 그러나 드라마의 서술자가 뚜렷한 비판의식에서 이것을 의도적으로 서술한 것은 아니었다. 다시 말해, 드라마는 도덕적 경박함과 가치의 혼돈, 그리고 무목적성을 치명적인 문제로 안고 있

28) 위의 글, 41쪽. “这不仅会造成白老太太在世的时候这大宅门中将形成“二虎相争”的阵势, 而且在白老太太去世之后, 一切大权也肯定会全面落入杨九红手中。”

29) 陈友军, 「历史语境下的“家族文化”: 略论电视剧〈大宅门〉的文化视野」, 『当代电影』, 2002年 第2期, 103쪽. “一方面展示家庭伦理中积极的, 合理的情感因素, 另一方面也揭示了对传统伦理道德存在的悖反。”, “能成为白家的家长, 显然是对所谓夫为妻纲的一种突破。”, “槐花上吊, 白佳丽不认其母杨九红, 白文氏临死不让杨九红进白家的宅门, 以及存活于这种伦理肌体上的种种污秽, 都展示了这种伦理文化的劣根性。”

바이징치로 분한 천바오궈와 감독 궈바오창

는데, 이는 서술자의 의도는 아니었지만 지금 중국이 처해 있는 위기의 일면을 정확하게 보여주고 있다는 것이다. 이런 의미에서 〈따자이먼〉을 아주 전형적인 문화부호로 그려내는 것은 현재 문화정신의 혼란, 창백함과 빈곤을 증명하는 것이다.[30]

〈따자이먼〉은 20세기 이래 중국의 종합예술로는 새로운 지평을 열었다는 평가를 받기도 한다. 이런 평가의 중요한 근거는 인물의 형상화가 성공적이었다는 것이다. 특히 등장인물들의 상징성과 인생관을 심도 깊게 표현했다는 데 많은 전문가와 시청자가 공감했다.[31] 일례로 바이징치는 흔히들 반역자의 형상으로 받아들여진다. 그러나 바이징치의 가치관과 심미관에는 엄밀한 분석이 필요하다. 바이징치는 〈따자이먼〉이 형상화한 인물 중 가장 개성이 강한 매력적인 인물이기도 하지만 어떤 면에서는 가장 논쟁적인 인물이라고 할 수 있기 때문이다.[32]

---

30) 李建军, 「〈大宅门〉的问题」, 『文艺争鸣』, 2001年 第5期, 27쪽.

31) 郝雨, 앞의 글, 40쪽.

32) 谭元炀, 「从人性视角看〈大宅门〉主要人物的塑造」, 『黔东南民族师范高等专科学校学报』, 2006年 第24卷 2期, 111쪽.

궈바오창 감독의 발언을 통해 논쟁의 내용과 드라마의 분열상을 확인할 수 있다. 그는 "사업, 생활, 금전, 여인을 막론하고 그는(바이징치-인용자) 남자로서 마땅히 해야 할 일체를 하였다"고 말한다. 감독은 바이징치의 반역적 행위를 "남자로서 마땅히 해야 할 일체"라고 정의한다. 그려진 것과 그리고자 한 것의 불일치에 대한 우려도 없이, 그는 "내 일생의 가장 의미있는 한 가지 일은 바로 이 형상을 독자와 시청자에게 보여주는 것"33)이라고 말한다.

어떤 이는 「〈따자이먼〉이 뿜어내는 부패의 기운」이라는 제목으로 따자이먼의 부패상을 지적하고 비판하는 글을 쓰기도 했다. 그러나 훨씬 더 많은 이들은 〈따자이먼〉은 봉건 대가족의 부패상과 몰락상을 제대로 그려내지 못했다고 비판한다. 비록 양지우홍이 "이 따자이먼 내에서 어느 누구 하나 정신이 올바른 이가 있느냐这大宅门里哪一个是心术正的?"고 비아냥거렸지만 이 또한 너무 가벼운 평가였다. 폭로와 비판의식은 거리가 멀기 때문이다. 그러나 이 드라마에 대한 비판 중 귀기울여야 할 것들이 있다. "그 결론은 1950, 60년대식의 도식으로 완전히 회귀했다. 아주 설익은 주제를 클라이막스에서 숭고한 미적 정서로 완성하려고 하지만 많은 사람들은 진실성을 느끼지 못한다."34) 그리고 배우 리셰친李雪健이 갑자기 등장하여 "셋째 어르신이여 영원하라白三爷, 千古流芳啊!"며 큰 소리로 고함을 지르는데, 이 장면은 서술자의 과도한 개입으로 인한 과장과 이질성의 돌출로 작품을 해칠 뿐이라고 비판받았다.

---

33) 위의 글, 111쪽. "(白景琦)无论对事业, 生活, 金钱, 女人, 他做了一个男人该做的一切", "我一生最有意义的一件事, 就是把这个形象呈现给读者和观众。"

34) 郝雨, 앞의 글, 42쪽. "那个结尾, 应该说已经完全回到了五, 六十年代的」模式。用一个非常过得硬的主题制造高潮, 用一种"崇高"的美学基调完成全篇, 其中有许多让人感到特别"虚"的东西。"

많은 비판자 중의 하나로 장이우张颐武를 들 수 있는데, 그는 〈따자이먼〉은 상투적인 드라마라고 하였다. 그는 〈따자이먼〉은 가족의 원한이라는 전통적인 도식에서 벗어나지 못했다고 비판했다. 드라마는 베이징 문화의 특색에서 출발하여 대가족의 변화를 통해서 중국사회 전체의 변화상을 담아내려 했지만, 새롭게 바꾸어보려는 작가의 의지와는 무관하게 그려지는 것은 오래된 제재, 오래된 주제뿐 어떠한 참신함도 보이지 않는다는 것이다.[35]

장이우가 관심을 가진 것은 이 드라마의 상업적 요소였다. 그는 〈따자이먼〉은 새로움은 갖추지 못했지만, 잘 만들어지고 시청자의 흥미를 계속해서 이끌어냈다고 평가했다. "내가 보기에 〈따자이먼〉에는 특별히 사람을 감동하게 하는 것이나 아주 새로운 것이 없다. 현재 〈따자이먼〉보다 더 좋은 드라마가 있고, 〈따자이먼〉은 결코 전무후무한 작품이 아니다. 다만 선전 전략이라는 측면에서는 수긍할 만하지만 그러나 자부심을 가지기에는 부족한 작품이다."[36] 실제로 드라마의 광고는 아주 성공적이었다. 스친가오와斯琴高娃, 천바오궈陈宝国, 쟝원리蒋雯丽 등 명배우와 장이모우张艺谋, 지앙원姜文, 천카이거陈凯歌, 톈좡좡田壮壮 등 스타 감독의 카메오 출연이 주목을 끌었다. 그리고 궈바오창은 극 속에 자기의 전설적인 인생 역정을 삽입하여 사람들의 호기심을 유발하고 기대치를 만족시키기도 했다.

이처럼 많은 광고와 높은 시청률을 기록한 〈따자이먼〉에 대해 양가적인 평가가 이루어지고 있다. 긍정적인 평가를 받은 이유 중 하나는 이 드라마가 중의학中医学 같은 전통문화를 새롭게 인식하고 기억하게

35) 张颐武, 「评论家张颐武认为:电视剧〈大宅门〉很老套」, 『羊城晚报』 2001年 5月 6日.

36) 위의 글. "在我看来, 〈大宅门〉中没有出现特别震撼人心, 让人耳目一新的东西, 事实上, 现在有比〈大宅门〉更好的电视剧, 〈大宅门〉并非'空前绝后'的作品, 如果仅仅是宣传策略, 当然可以理解, 但如果真的这么自负, 那就未免有点不够事实求事。"

동인당

만들었다는 점이다. 당시 TV드라마 〈따자이먼〉을 보는 것은 베이징 동인당 직공의 중요한 수업과정이었을 정도였다. 동인당을 창건한 위에乐씨 집안에 대해 잘 모르는 젊은 세대들은 선조들의 창업 과정를 이해하는 데 〈따자이먼〉의 도움을 받았다는 것이다.[37] 또 하나는 〈따자이먼〉이 일제침략에 대한 베이징 상공계 주요 인물들의 저항을 찬양했다는 것이다. 이런 긍정적인 평가는 시청자들이 민족주의 이데올로기에 동의하면서 내린 결론이었다.

동시에 이 드라마는 비판을 받기도 했다. 따자이먼 질서하의 생존 상태와 문화심리를 재현할 때, 감독은 거의 비판의식이 없을 뿐만 아니라 자신에 대한 연민과 찬란했던 기억에 대한 그리움을 드라마에

37) 동인당은 1954년 국영화가 된 이후에도 위에乐씨 집안과 우호적인 관계를 유지했다. 드라마의 준비단계에서 궈바오창은 동인당을 방문하고 협조를 구했으나 위에씨 집안의 후손은 궈바오창을 정통 혈통을 가진 후손으로 여기지 않았고 그가 동인당과 관련된 내용을 쓰는 것에 대해서도 반대했다. 동인당의 책임자는 위에씨 집안의 가족사에 대해 관여할 수 없다면서 드라마 촬영을 거부했다. 〈따자이먼〉이 상영된 후 동인당의 가족은 〈따자이먼〉이 재현한 것은 동인당이 아니라는 입장을 표명했다. 이에 대해 궈바오창은 TV드라마에서 언급하는 것은 바이차오탕百草堂이지 결코 동인당이 아니며 바이白씨 집안이지 위에乐씨 집안이 아니라면서 자신도 동인당 가족의 생각에 완전히 동의한다고 하였다.

투사하고 있다는 것이었다.[38] 역사에 대한 비판의식은 감독 "자신의 가족에 대한 애도가"에 묻혀 실종되고 말았다는 것이다.[39] 가족사와 사회사가 조화를 이루지 못하고 이를 대하는 감독의 시선 또한 균형감을 갖추지 못했기에, "〈따자이먼〉은 중국판의 〈달라스〉라고 하는 것이 적절하다는 평가"[40]가 제기되기도 했다.

〈따자이먼〉에 대한 이런 다양한 해석과 현실에서의 영향력은 지배-헤게모니 독해와는 다른 양상을 보여주면서 문화해석의 공간에 의미투쟁이 일어남을 보여준다. 〈따자이먼〉은 작가의 시선과 수용자의 시선이 충돌하는 지점이면서, 중국사회의 변화방향을 예시하는 것이기도 하다.

5. 대항의 문화이미지를 찾아서

TV드라마 〈따자이먼〉은 개인사로 민족 전체의 역사적 변천을 형상화하였으며, 위기의 시대에 민족·가족·개인이 결단을 내리는 장면을 통해 중국 민족의 역사와 자존감을 자랑했다. 그다지 오래지 않은 가족사를 일상사 하나하나 세세하게 다루는 한편 따자이먼의 역사와 민족의 고난을 공동 운명의 수레바퀴로 묶어냄으로써, 개인·가족·민족의 의존성과 동질성, 일체성을 강조했다. 가치관이 급변하는 시대를 조마조마한 심정으로 살아내야 했던 시청자들은 이 TV드라마를 통해 정서적·사상적 정박처를 발견하게 되고 전 중국 민족적 차원의

38) 曾庆瑞, 「〈大宅门〉里半是挽歌」, 『文艺报』, 2001年 6月 7日.

39) 谭元炀, 「从人性视角看〈大宅门〉主要人物的塑造」, 『黔东南民族师范高等专科学校学报』, 2006年 第24卷 第2期, 108쪽. "因此整部「大宅门」实质上是在唱一首家族挽歌。"

40) 曾庆瑞, 앞의 글.

승인에 동참하게 되었다.

분명 〈따자이먼〉은 중국 민족의 특성을 성공적으로 형상화한 TV드라마다. 더 중요한 것은 〈따자이먼〉은 효용성 높은 이데올로기 장치이고 대중문화 양식의 지배 이데올로기 표상체이며, 주류담론의 문화적 변주물이라는 점이다. 이 TV드라마는 감독 개인의 창작물이지만, 구성적인 측면에서는 지배 이데올로기가 하향하며 형상화의 측면에선 민족기억이 상승하는, 말하자면 지극히 집단적이고 교육적이고 목적지향적인 기자제이다.

참고문헌

郭宝昌, 〈大宅门(1-40集)〉(2001).

郭宝昌, 〈大宅门(41-72集)〉(2003).

수 손햄·토니 퍼비스, 김소은·황정녀 역, 『텔레비전 드라마: 이론, 본질, 정체성 그리고 연구방법론』, 동문선, 2008.

존 스토리, 백선기 역, 『문화연구란 무엇인가?』, 커뮤니케이션북스, 2000.

루이 알뛰세, 이진수 역, 『레닌과 철학』, 백의출판사, 1995.

미셸 푸코, 박정자 역, 『"사회를 보호해야 한다": 1976, 콜레주 드 프랑스에서의 강의』, 동문선, 1998.

郭宝昌, 『大宅门』, 北京: 人民文学出版社, 2001.

殷海光, 『中国文化的展望』, 上海: 上海三联书店, 2002.

张兵娟, 「性别视角中的家族, 历史, 民族叙事: 对电视剧〈大宅门〉的女性主义文化批评」, 『湘潭大学学报』, 2008年 第32卷 第4期.

刘娴丽, 「试评电视连续剧: 〈大宅门〉的音乐运用」, 『电影评价』, 2008年 第15期.

张兵娟, 「历史记忆与历史叙事: 兼对〈大宅门〉的女性主义文化批评」, 『中州学刊』, 2007年 第162期.

谭元炀, 「从人性视角看〈大宅门〉主要人物的塑造」, 『黔东南民族师范高等专科学校学报』, 2006年 第24卷 第2期.

郝　雨, 「学术视野中「大宅门〉的"内"与"外": 对〈大宅门〉艺术价值及文化意义的综合透视」, 『上海大学学报』, 2002年 第9卷 第3期.

陈友军, 「历史语境下的"家族文化": 略论电视剧〈大宅门〉的文化视野」, 『当代电影』, 2002年 第2期.

谢晓·李亦菲, 「郭宝昌: 〈大宅门〉是我的生命!」, 『南方都市报』, 2000年 11月 2日.

陈晓明, 「〈大宅门〉: 说艺术还欠火候」, 『文艺争鸣』, 2001年 第5期.

陆寅生, 「〈大宅门〉得失谈」, 『当代电视』, 2001年 第11期.

李建军, 「〈大宅门〉的问题」, 『文艺争鸣』, 2001年 第5期.

曾庆瑞, 「〈大宅门〉里半是挽歌」, 『文艺报』, 2001年 6月 7日.

张颐武, 「评论家张颐武认为: 电视剧〈大宅门〉很老套」, 『羊城晚报』, 2001年 5月 6日.

9장

닝잉 영화 '베이징 3부작'에 재현된 1990년대 베이징

1. 베이징 도시화와 영화

1990년대 이래 중국의 도시 공간에는 거대한 변화가 발생했다. 베이징의 전통적 도시 건축양식인 후통 등이 철거되고 고급 백화점과 화려한 마천루가 세워졌다. 도시경관의 변화는 도시발전의 뚜렷하고도 가시적인 징표로 간주되었다. 특히 2008년 올림픽 준비를 위해 쓰환四环 이내의 구시가지는 전면적인 철거를 겪었다. 베이징 시장 왕치산王岐山의 발표에 의하면, 1991년부터 2003년까지 베이징에서 150만 시민의 거주지가 철거되었다.[1] 철거는 단지 물질로서의 건축이 파괴되고 사라지는 것만을 의미하지는 않았다. 가족 관계가 와해됐고 심

1) 葛柱宇·杨杨, 「王岐山坦然面对三大现实问题」, 『京华时报』, 2004年 2月 22日.

〈백수건달〉

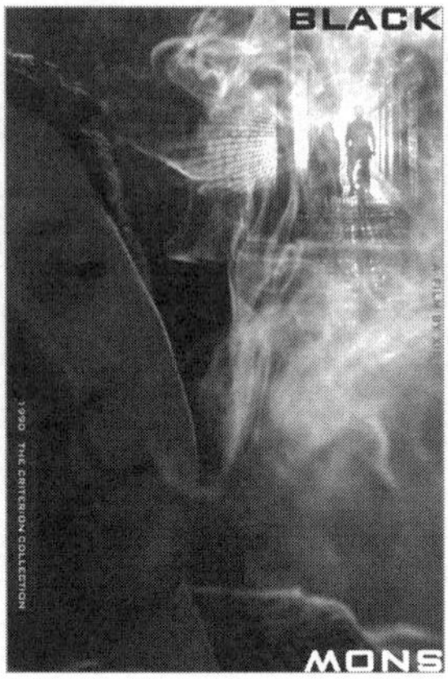

〈본명년〉

〈안녕, 베이징〉

리적이고 정신적인 문제가 연쇄적으로 발생했다. 지금도 진행 중인 중국의 도시화로 인해 기존의 생활방식은 변하고 있다. 각종 매체들은 베이징 후통과 스허위엔의 철거 그리고 이로 인한 도시의 변화에 계속해서 주목해왔다. 많은 문화텍스트들 역시 철거로 인한 정신의 몰락과 가치의 재구성, 철거를 경험하고 있는 시민의 생활문제 등에 초점을 맞추었다. 특히 베이징은 중국의 수도이자 정치문화의 중심이기에, 중국 당대 영화인들은 다른 도시와 비교하면서 베이징의 철거 상황을 계속해서 영화화했다.

미쟈산米家山의 〈백수건달顽主〉(1988), 셰페이谢飞의 〈본명년本命年〉(1988), 장놘신张暖忻의 〈안녕, 베이징北京, 你早〉(1990) 등 1980년대 후반의 영화들은 베이징의 도시화 과정에 주목했다. 이어 주샤오원周晓文의 〈청춘은 후회가 없다青春无悔〉(1991)부터 시작해 1990년대 초반의 영화들은 도시화로 인한 철거와 전통문화의 소실 등을 중요한 주제로 삼았다. 특히 베이징 철거와 주거환경의 변화 그리고 이로 인한 가족문제 등을 반영한 영화들이 점점 증가했다. 관후管虎의 〈머리가 헝클어졌어头发乱了〉(1994),

〈17년〉

〈목욕〉

장위엔张元의 〈17년过年回家〉(1999), 장양张扬의 〈목욕洗澡〉(1999), 안잔쥔安战军의 〈아름다운 집美丽的家〉(2000), 〈후통 속의 햇빛胡同里的阳光〉(2007)과 〈만가등화万家灯火〉(2009) 등이 그 예들이다.

이 장에서 다루고자 하는 닝잉宁瀛[2)]의 베이징 3부작 〈즐거움을 찾아서找乐〉(1992), 〈순경 이야기民警故事〉[3)](1995)와 〈뜨거운 여름夏日暖洋洋〉(2001)

---

2) 닝잉宁瀛: 1959년~ . 베이징에서 성장. 1978년 베이징전영학원北京电影学院 녹음과录音系 입학. 1981년 이탈리아 국비 유학. 1982년 로마 영화실험센터 입학, 편집 학습. 1986년 졸업. 이탈리아 감독 베르나르도 베르톨루치의 〈마지막 황제〉의 부감독으로 데뷔. 〈오직 나만을 사랑하는 사람有人偏偏爱上我〉, 〈즐거움을 찾아서找乐〉, 〈순경 이야기民警故事〉, 〈뜨거운 여름夏日暖洋洋〉, 〈희망의 여로希望之旅〉, 〈무궁동无穷动〉, 〈A면B면A面B面〉 등의 영화 제작. 2008년부터 현재까지 중앙미술학원中央美术学院의 도시설계학원城市设计学院, 영화와 영상예술계电影与影像艺术系 재직 중.

3) 한국의 사회적 상황에서 볼 때, 민간경찰이라는 말 보다는 순경이라는 말이 적합한 것으로 보여 순경으로 번역했다. 『한겨레신문』 1996년 4월 27일자에 닝잉의 〈순경 이야기民警故事〉가 소개되고 있다. 〈순경 이야기〉의 경찰에 대한 닝잉의 생각은 이렇다. "중국 경찰에는 세 종류가 있다. 교통경찰과 공안경찰, 그리고 범죄사건보다 민원이나 생활상의 문제를 담당하는 민생경찰이 그것이다. 내 영화의 주인공들은 민생경찰이다. 이 경찰은 2천여 년 전부터 내려온 중국의 주민조직제도의 유산이다. …… 민생경찰은 산아제한부터 쥐잡기에 이르기까지 주민들의 생활에 세세하게 관여하고 있다."

〈후통 속의 햇빛〉

〈만가등화〉

은 그 중심에 있다. “나의 〈즐거움을 찾아서〉, 〈순경 이야기〉와 〈뜨거운 여름〉은 ‘베이징 3부작’이라 할 수 있는데 1990년대 사회와 베이징의 변화 속에서 살아가는 사람을 다루고 있다”[4]고 닝잉은 말한다.

닝잉의 베이징 3부작은 도시변화가 급격히 이루어지던 1990년대의 베이징을 관통한다. 이 10년은 중국 도시화가 가장 빠르게 진척되던 시기였다. 도시 외관뿐만 아니라 사회 기층의 구조와 가치관 등 거의 모두 측면에서 거대한 변화가 발생했다. 이 변화는 닝잉에게 깊은 상흔을 남겼고 그녀는 자신과 도시의 상흔들을 영화로 기록했다. “익숙했던 모든 것이 지금 낯설게 변하고 있고 내가 사랑한 사람과 도시는 지금 나를 떠나고 있다. 우리들은 실연을 당하고 있는 중이다. 그래서

4) 徐鸢, 「宁瀛: 人在边缘?」, 『中国对外服务』, 2001年 第9期, 59쪽. “我的〈找乐〉, 〈民警故事〉和〈夏日暖洋洋〉大概可以说是我的〈北京三部曲〉, 包含了对90年代人在社会中的变迁和北京的变迁。”

〈즐거움을 찾아서〉

〈뜨거운 여름〉

나는 이 세 편의 영화를 '사랑하는 베이징' 3부작이라 부른다."[5]

〈즐거움을 찾아서〉는 퇴직한 노인을 주인공으로 삼아 개인과 집단에 관한 이야기를 전개하며, 〈순경 이야기〉 역시 개인이 집단과 체제에 의해 이화되는 과정을 그린다. 〈뜨거운 여름〉에서도 세기말 사회 전환기의 개인 정체성 문제를 다룬다. 베이징 3부작은 도시화와 이로 인한 인간의 문제를 다루고 있다.

베이징 3부작은 10년 동안 베이징 도시 외관이 얼마나 급격하게 변화했는지 뚜렷하게 보여준다. 〈즐거움을 찾아서〉의 주인공이 주로 활동하는 장소는 붉은 벽돌과 푸른 기와의 고박한 담장이 있는 오래된 후통이다. 〈순경 이야기〉의 화면은 거대한 공사장, 육교와 도로로

5) 杨文杰, 「导演宁瀛与〈我爱北京〉三部曲」, 『北京青年报』, 2001年 9月 13日. "我曾经熟悉的一切正在变得陌生, 我爱过的人和城市正在离我远去, 我们经历的是一次失恋的过程。所以我把这三部电影称作〈我爱北京〉 三部曲。"

〈순경 이야기〉

가득 차 있다. 〈뜨거운 여름〉에서는 높이 치솟은 빌딩, 끊임없이 이어지는 육교, 담배연기로 가득 찬 카페, 더 없이 복잡한 도로가 베이징 신도시 모습을 드러내는 중요한 영상기호로 기능한다.

나는 사람의 기억이 벽돌과 연결되어 있다고 믿기에 이 담장이 있다면 기억은 존재할 수 있고 담장이 무너진다면 기억은 소실된다고 생각한다. 그래서 '베이징 3부작'을 찍을 때 중요시했던 것은 도시의 외관이었다. 외관은 기억의 실제적 모습이다. 대부분 도시의 건축은 기억을 불러일으킨다. 나의 영화는 노스탤지어도 아니고 단지 스허위엔의 아름다움을 예찬하는 데 머물지도 않는다. …… 지금 이렇게 조급하게 돌아가는 세상에서 노스탤지어는 유치하기만 할 뿐이다. 그래서 나는 기록을 하려고 했다. 〈즐거움을 찾아서〉, 〈순경 이야기〉를 찍을 때 변화가 이렇게 빨리 진행되리라곤 미처 생각하지 못했다. 난 단지 변화 중인 중국을 명확하게 기록하려고 했다.[6]

6) 宁瀛, 「与城市俱进」, 『北京青年报』, 2006年 6月 1日. "我觉得人的记忆是跟砖头联系在一起的, 这堵墙在, 记忆就在, 墙倒, 记忆就没了。所以, 拍〈北京三部曲〉重要的是城市外观, 外观是你记忆的现实写照, 很多时候是城市的建筑激发你的记忆的。我的电影是不怀旧的,

닝잉의 야심은 변화 중인 도시와 국가를 영상으로 기록하는 것이었다. 이 기록은 결코 노스탤지어를 만끽하기 위한 것이 아니었다. 그녀의 기록 행위는 일종의 추적이고 보존이고 심지어 개입이기도 했다. 닝잉이 찍은 영상은 단순히 변화과정을 객관적으로 기록한 것이 아니라 그녀의 주관과 관점을 적극적으로 표명한 것이었다. 변화 중인 도시를 기록하여 보존한 〈뜨거운 여름〉은 변화의 과정을 우울한 색채로 담고 있는데, 이것은 철거문제에 대한 감독 자신의 태도를 드러내는 데 기여했다.

이탈리아에서 귀국하여 베이징에 막 도착했을 때 닝잉은 베이징의 변화에 놀랐다고 한다. 지금도 베이징에 거주하지만 그녀는 주변의 변화에 거의 매일 극심한 놀라움을 경험한다고 한다. 주변의 사람, 일, 사물, 그리고 삶의 문화환경 즉 인정이 충만한 생활방식이 "자신들의 근원"인데, 이 근원이 사라지자 그녀는 상실감에 난감했다고 한다. 그래서 닝잉은 그것을 기록으로 남기기로 결심한다.7)

> 개혁개방 이후 베이징은 대대적으로 철거되기 시작했고 각종 체제에 대한 개혁도 단행됐다. 그래서 당시 나는 강렬한 바람을 갖게 되었는데 어떻게 하면 우리 생활의 현실을 35mm의 필름으로 기록할 수 있느냐는 것이었다. …… 당시의 생활 현실을 기록하기 위해서였다.8)

不会限在仅仅拍四合院的美……在现在这么躁动的环境下怀旧显得很幼稚, 我要做一个大纪录, 拍完〈找乐〉, 〈民警故事〉的时候, 还没想到变化会这么快, 只是明确要纪录下变化中的中国。"

7) 王海洲, 「视点及其文化意义: 当代中国城市电影研究」, 『电影艺术』, 2005年 第2期, 33쪽. "当我从意大利回到北京时我只有一点惊讶(北京的变化)。现在虽然我就住在北京, 每日看着周围改变, 但我可以说我几乎每天都经历极大惊讶。人, 事, 物都在消失: 我们的生活方式——那充满人性的生活方式——以及我们的文化环境。我的切对这样的消失感到难过, 因为消失的是我们的根源。"

8) 宁瀛, 앞의 글. "改革开放以后, 北京开始有大面积的拆迁, 好多体制也进行改革。所以当时有一种很强烈的愿望, 就是怎么样能够把我们生活的现实记录在35毫米的胶片上面。……

도시공간의 외관적 변화에 시선을 고정시킨 닝잉의 베이징 3부작은 도시 철거와 경제발전이 베이징의 일반 시민에게 끼친 영향을 심도 깊게 관찰한다. 이 도시의 서민은 철거되어 떠나는 이주민일 뿐만 아니라, 이 도시의 소실, 변화와 개조의 증인이기도 하며, 베이징 대로와 골목을 가로지르는 도시 산책자이기도 하다.

닝잉의 영화는 도시화 과정으로 인한 사회 문제에 집중하는 대신 이러한 변화 과정에서 '사람'이 체험하는 고독감과 귀속지향성에 먼저 주목한다. 이런 독특성은 사회와 인간의 관계에 대한 그녀의 관심에서 기인한 것이다. 인간의 비극은 당연히 사회현실에 그 근원을 두고 있다. 그러나 인간은 사회와는 마주하지 않을 수 있지만 자기 자신과는 마주하지 않을 수 없다는 것이다. 그래서 그녀는 "나는 영화를 찍을 때 항상 모든 사회문제를 제외했다. 살아있는 사람을 찍을 때 사회문제를 영화에 보탤 필요가 없었다"[9]고 말한다.

베이징 3부작은 국제 영화제에서 각종의 상을 수상하면서, "신사실주의 영화新写实电影", "당대 기록영화 양식의 표본纪实电影当代形态的代表"이라 평가받았다.[10] 기록영화로 분류되는 그녀의 작품들이 묘사하는 것은 중국 수도 베이징의 도시화 과정이다. 상하이 및 기타 남방 연안 도시와 비교할 때, 베이징이 전통문명에서 현대 도시문명으로 전환하고 도시정신이 변화하는 과정은 더욱 중국적이다. 그래서 베이징의 변화와 베이징 시민의 심리를 기록한 닝잉의 작품은 중국 도시화 과정을 재현한 대표적인 영화이다.

主要是为了纪录当时的一种生活现实。"

9) 吴小丽, 「中国当代城市电影: 历史的性格决定命运」, 『影视理论研究』, 2009年 第16卷 第1期, 107쪽. "我拍的时候一定要排除所有的社会问题。我在拍一个活生生的人的时候, 根本不需要借助这些社会问题来增强这部影片。"

10) 위의 논문.

이 장에서는 닝잉의 베이징 3부작 〈즐거움을 찾아서〉, 〈순경 이야기〉, 〈뜨거운 여름〉을 중심으로 베이징의 도시화 과정, 이로 인한 베이징인의 문화심리 변화 그리고 이를 부각한 닝잉의 기록영화 형식에 대해 살펴본다.

2. '베이징 3부작'으로 본 베이징의 변화

1) 도시화와 베이징인의 문화심리

세대 구분법으로 분류하자면, 닝잉은 제5세대의 주변인 혹은 광의적인 의미에서의 제5세대 영화감독이라 할 수 있다.[11] 그러나 감독으로 늦게 데뷔한 만큼 그녀의 영화는 여타 5세대 감독의 영화와는 다른 특징을 보인다. 제5세대 영화감독 대부분이 프랑스 신낭만주의 영상미학을 추구할 때 그녀는 소박한 기록형식의 〈즐거움을 찾아서〉와 〈순경 이야기〉를 완성했다.[12] 그리고 다른 5세대 감독들이 문화 뿌리

11) 陈旭光,「主体意识, "现代性"反思, 纪实的"表现"和"抽象": 关于宁瀛的〈夏日暖洋洋〉」,『当代电影』, 2002年 第1期, 90쪽.

12) 영화 〈즐거움을 찾아서〉와 〈순경 이야기〉의 원작은 천젠공陈建功의 소설이다. 〈즐거움을 찾아서〉는 동명의 원작소설과 천지엔공의 또 다른 소설 「루루바 후통 9호辘轳把胡同九号」를 묶어 개작한 것이다. 그러나 영화는 원작 소설과 확연히 다르다. 당시 영화 작업을 할 때 경미京味소설가 천젠공은 닝잉으로 하여금 어디에 가서 인터뷰를 할지를 지도했다. 이때 닝잉은 생활의 거칠고 진실된 면을 처음으로 보게 되었다. 천젠공은 닝잉이 원작에 충실하기보다는 원작보다 더 좋은 영화를 만들어내기를 원했다. 천젠공의 이런 태도는 영화토론회에서 그가 한 언급 "문학작품을 개작한 영화는 원작에 충실해서는 안 된다고 생각한다觉得从文学作品改编电影应该不忠实于原著"는 데서도 잘 드러난다(杨远婴·魏时煜,『女性的电影: 对话中日女导演』, 上海: 华东师范大学出版社, 2009, 207쪽). 〈즐거움을 찾아서〉와 〈순경 이야기〉는 원작을 바탕으로 한 작품이라는 생각이 들지 않을 정도다. 어떤 이는 "문학작품에서 출발했다기보다 생활에서 출발한 것으로 생활의 이가 빠지고 거친 부분이 있어서 좋다它们不是从文学出发, 而是从生活影像出发, 有生活的毛边和粗糙在里面, 所以好看"고 평했다(위의 책, 207쪽).

닝잉

찾기와 이에 대한 성찰, 민족의식의 앙양 등으로 찬란한 성과를 남긴 뒤 1990년대 들어 서서히 상업영화를 만들기 시작할 때 닝잉은 그런 흐름을 거슬러 세속화 시대의 현실 자체를 기록했다. 이것이 닝잉을 두고 "시대를 거슬러 자신의 예술적 추구를 견지하는 것"에 대해 놀라움을 금할 수 없다고 평하기도 하는 이유이기도 했다.[13]

닝잉은 〈마지막 황제〉(1988)의 부감독으로 작업할 때 이탈리아 감독 베르나르도 베르톨루치에게서 감독으로서의 기반 즉 독특한 영화세계의 뿌리를 배웠다고 고백했다. 그 작업을 통해 "어떤 느낌을 받고 내 영화세계의 입지를 굳혔다. 나는 카메라를 통해서 인류학의 방식으로 우리의 당대사를 쓸 수 있겠다고 생각했다"[14]고 말했다.

> 1990년대의 베이징 …… 우리는 거대한 사회변화의 한가운데에 있다고 나는

---

13) 陈旭光, 앞의 논문, 90쪽. "面对宁瀛, 我们会'惊诧莫名'地发现她的'背时'及'逆流'而动。"

14) 杨远婴·魏时煜, 앞의 책, 202쪽. "我有了一个感觉, 可以说是立志吧。我觉得, 我可以用我的镜头, 用人类学的方式去写我们的当代史。"

느꼈다. 영상의 기록이 없다면 이에 상응하는 영상의 역사도 없다. 그래서 나는 나를 가장 감동케 하는 지금 발생하고 있는 현실 그 자체에 카메라의 초점을 맞추려는 큰 꿈을 가졌다. 나의 영화를 시대의 영상 기록으로 만들고자 했다.[15]

이것이 베이징 3부작의 모태였다. 그래서 닝잉은 보통 남성 시민을 주인공으로 삼아 베이징 사람의 생활과 베이징 도시의 사회변화를 묘사했다. 닝잉은 영화 주인공에 대해 이렇게 언급한다. "나는 전형적인 보통 인물을 특히 선호한다. 어떤 작의성도 가하지 않고 우연성도 배제한 채 사람들로 하여금 자신도 모르는 사이에 생활의 원상태를 다시 경험하게 하는 것이다."[16]

중국 전통은 가족과 이를 확대한 친족, 국가를 사회단위로 한다. 그래서 타인과의 관계 및 집단 이익을 중시하고 강조한다. 혈연을 중심으로 하는 중국의 집단의식은 사회주의 시기라는 역사로 인해 더욱 강화되었다. 개인보다는 집단을 중시하는 사회주의 시기의 집체문화에 익숙해 있던 세대는 퇴직 후 다시 집단에 귀속되기를 갈망했고 자신의 위치를 집단 속에서 찾기를 바랐다. 그러나 이런 집단의식은 개혁개방 후 도시의 변화에 편승해 분열되었다. 1990년대 들어 스허위엔, 경극京剧, 주민위원회居委会, 공회工会, 조직생활, 정치학습 등과 같은 중국 특유의 집단생활은 점차 사라져갔다. 구세대들은 기성의 집단생활 문화가 쇠락해가는 사회전환에 제대로 적응하지 못했다. 그래

15) 视频:【筑龙网】问城论坛_嘉宾发言_宁瀛, http://v.youku.com/v_show/ "20世纪90年代的北京 …… 我觉得我们正在发生的社会巨变, 没有做成影像的历史, 没有相对应的影像历史。所以我当时一个特别大的愿望, 就是说, 我要用这个摄影机对准那些让我最感动我的正在发生的现实本身, 就是说我希望我的电影能够成为这个时代的一个影像的一个记录。"

16) 沈芸,「关于〈找乐〉和〈民警故事〉: 与宁瀛的访谈」,『当代电影』, 1996年 第3期, 34쪽. "对我来说, 我更喜欢写一个特别普通的典型, 不附加那么多特殊性, 把影片中的所有偶然都排除掉, 让人们在不知不觉中去重新体验一下你生活过来的生活原形态。"

서 그들은 급속한 도시화 과정에서 중국인들이 보편적으로 경험하고 있던 소외감을 더욱 강렬하고 충격적인 강도로 체험할 수밖에 없었다. 닝잉의 영화는 이런 변화를 충실히 재현하면서 도시와 인간관계의 변화에 대한 심리적 반응을 민감하게 포착했다. 그녀는 〈즐거움을 찾아서〉의 라오한터우老韩头, 〈순경 이야기〉의 양궈리杨国立와 〈뜨거운 여름〉의 더쯔德子를 통해 이런 정서를 형상화했다.

〈즐거움을 찾아서〉의 라오한터우는 경극 활동을 통해 사람들의 무리 속으로 돌아가고자 한다. 그러나 그는 여전히 혼자서 담장 모퉁이에 쪼그려 앉아 있다. 〈순경 이야기〉의 순경 양궈리는 '조직'에서 일하고 생활하지만 집단에서 소외된 사람이다. 〈뜨거운 여름〉의 더쯔는 매일 택시를 몰고 다니면서 시시각각 시끄러운 사람들 무리 속에 있지만 사람 간의 관계는 낯설고 냉담하다. 택시는 현대인의 정신적인 표류와 영원히 귀속할 곳 없는 상황을 상징한다. 고독과 쓸쓸함으로 인해 무리에 들어가기를 갈망하지만 그것이 불가능한 현실은 숙명이며, 닝잉의 화면은 중국 도시 거주민의 이런 고독한 정신을 묘사한다.[17]

닝잉은 기록의 형식으로 영화를 만들었는데 그녀가 기록한 도시 서민의 정서는 바로 그녀 자신의 정서이기도 했다. 그녀 작품의 주제는 바로 그녀 자신의 정서적·사회적 상황과 직결되어 있었다. 닝잉이 이탈리아에서 막 귀국하여 베이징 영화제작소의 감독실에 자리를 잡은 후, "매주 학습 시 정말 행복했고 그 곳에서 정말 공부하고 싶었다.

17) 吴小丽, 앞의 논문, 108쪽. "老韩头〈找乐〉想通过京剧活动站回到人群中, 但最终他依然孤零零地蹲在墙角; 民警杨国力〈民警故事〉在'组织'中工作, 生活, 但却成为一个异化了的人; 德子〈夏日暖洋洋〉整日开着出租车, 时刻处于喧嚣的人群中, 但人们左门进, 右门出, 人与人之间陌生而冷漠, 出租车表征着现代人精神的流浪和永无归宿。孤独, 寂寥, 渴求着'归类'而不得, 这正是宁瀛镜头中中国当下城市居民独特的精神写照与必然宿命。"

드디어 이 집단의 일원이 되었구나 하는 이런 설명할 수 없는 느낌이 강하게 들었다. 당연히 이런 느낌은 순식간에 사라졌고 또 다시 이 집단 속에 있다는 우울, 남에 의해 관리되고 있다는 번뇌에 빠지게 되었다."[18]

리이밍李奕明은 〈즐거움을 찾아서〉를 분석하면서 결말 장면에 대해 유감을 느껴 질문을 던졌다. 라오한터우는 혼자 담장 한 모퉁이에 앉아 아주 고독해하면서 낙담해 있다. 그는 결국 일어나 노인들 무리 쪽으로 걸어가는데 이 장면에서 영화는 끝난다. 리이밍은 "닝잉은 휴머니즘 정신을 끝까지 관철하지 않는 냉혹한 면이 있다", "왜 이 전경을 더 길게 잡아서 마지막에 라오한터우를 노인들 사이로 들어가게 하지 않았는지?"[19]라고 아쉬워했다.

하지만 닝잉의 생각은 달랐다. 그녀는 라오한터우 등 주변인물에 대해 리이밍과 마찬가지로 휴머니즘적 관심을 갖고 있기는 했지만, 그녀가 표현하고 싶은 것은 감독 자신의 진실한 느낌 즉 정신적 곤혹이었다. 라오한터우가 사람의 무리로 다시 돌아간다고 할지라도 예전 집단 속에서 느꼈던 그런 감정을 회복할 수 없을 것이라는 곤혹감, 이것이 닝잉이 화면을 통해 말하고자 한 냉정한 진실이었다.

〈뜨거운 여름〉에서는 상당부분 파손되었지만 인정미가 가득한 스허위엔을 볼 수 없으며, 후통의 시끄러운 사람 소리와 얼후 소리를 들을 수 없다. 대신 화려한 불빛 아래 눈을 혼란하게 하는 사람들과 공사 중에 있는 넓은 공터만이 보일 뿐이다. 새로운 도시는 중국의

---

18) 沈芸, 앞의 논문, 34쪽. "每个礼拜到学习的时候真觉得幸福极了, 特别兴奋赶紧坐在那儿学习, 总算成了这个集体中的一员了, 这种描述不出的感觉对我触动至深, 当然很快过后, 又陷入了这个集体中的忧虑, 被人管的烦恼。"

19) 李奕明, 「什么是电影: 〈找乐〉和〈民警故事〉电影形态」, 『当代电影』, 1996年 第3期, 43쪽. "在我看来宁瀛没有把她的人道主义精神贯彻到底而显得残酷", "为什么不让这个大全景镜头再长一些, 让老韩头最终走回老头们中间去呢?"

전통문화와 생활방식을 버렸다는 것을 보여준다. 닝잉은 도시화의 강도와 이에 대한 정서적 대응을 '실연'이란 단어로 표현했다. 물론 '실연'은 오래토록 지속되어온 감정적인 밀착이 급작스럽게 부정당하는 현상에 대한 비유이다. 이런 의미에서, 베이징 3부작은 닝잉 자신의 정신을 보여주는 자서전인 동시에, 만류할 방법도 없이 서서히 사라져가는 도시를 목도하고 있는 자의 증언이라 할 수 있다.

〈뜨거운 여름〉은 3부작 중 마지막 영화다. 닝잉은 택시기사의 시각으로 도시의 변화를 그린다. 영화는 등장인물에게 익숙한 정신의 고향은 이미 낯설게 변했고 도시에서 개인은 결국엔 국외자로 변할 것이고 낯선 이가 될 것이라는 것을 섬뜩하게 보여준다. 수입이 좋아 비교적 괜찮은 계층이었던 택시기사의 사회적 지위가 점점 추락하면서, 등장인물은 자신의 신분 정체성에 곤혹을 느낀다. 이 영화는 전통적 가치관의 상실, 가치관의 변화로 인한 철저한 곤혹에 대해 이야기한다.[20)]

2) 도시 산책자의 베이징 만유漫游

닝잉의 베이징 3부작이 베이징 도시 공간을 재현하는 방식은 일관되다. 그녀의 영화들은 거리를 가로지르는 도시 산책자의 눈을 통해 베이징을 묘사한다. 3편의 영화 주인공들은 베이징 각각의 장소에 배치되어 거리를 가로지르는데 이것이 영화의 주요 내용이다. 따라서 마음 내키는 대로 움직이는 산책자의 주관적인 감성과 개인적인 기억이 베이징의 현실과 변화를 읽어내는 핵심적인 장치이다. 관객들도

---

20) 杨远婴·魏时煜, 앞의 책, 209쪽.

주인공의 감성에 의지해 베이징을 인식할 수밖에 없다.

그러나 3편의 영화는 주인공이 도시를 산책하는 장면들을 각기 다른 방식으로 표현한다. 주인공의 개성이 적극적으로 제시되는 주관적인 화면과 원거리에서 외부세계를 전시하는 설명적 화면이 교차하면서 결합되는가 하면, 유동적인 화면과 정지된 화면이 짝을 이뤄 주제를 전달하기도 한다.

영화들은 주관적인 개성이 돋보이는 장면과 유동적인 장면의 결합으로 시작한다. 〈즐거움을 찾아서〉의 첫 장면은 식품점 앞에 놓인 자전거, 건널목을 건너는 사람들의 무리, 길가 상점에서 파는 각종 먹을거리와 진룽金龙상점의 간판 등을 느릿하게 차례로 보여준다. 경쾌한 트럼펫 연주가 들리고 곧이어 북소리가 함께 뒤섞인다. 영화는 영상과 소리의 이런 배치를 통해 전통과 현대가 뒤섞인 도시의 모습을 그려낸다. 트럼펫 연주가 현장음에 밀려 사라지고 길을 걸어오는 주인공 라오한터우가 등장한다. 일련의 풍경을 펼쳐 보인 첫 장면은 라오한터우의 시선에 선택적으로 포착된 장면들인 것이다.

이에 비해 〈순경 이야기〉의 시작은 이동 상황을 객관적이고 설명적으로 표현하는 방식과 입장에 따라 달라지는 주관적 반응의 결합으로 이루어져 있다. 고참 순경인 양궈리杨国力와 신참 왕롄구이王连贵는 자전거를 타고 가면서 서로 통성명을 하고 자신들의 임무에 대해 대화한다. 〈즐거움을 찾아서〉와 달리 〈순경 이야기〉의 카메라는 두 순경을 패닝샷으로 잡는데 이에 따라 도로가의 풍경은 끊임없이 변한다. 거리를 지나가는 사람과 주행하는 차량, 그리고 도로 양쪽의 비교적 낮은 건축물, 세워진 자전거들과 열쇠 수리점, 아침식사를 파는 노점, 채소를 길거리에 늘어놓고 파는 사람, 불도저와 건축공사장 등이 연쇄적으로 지나간다. 이 영화의 베이징 풍경은 선택적이지 않기에 〈즐거움을 찾아서〉보다 더 복잡하다. 그리고 일체의 BGM을 배제하고 현장의 소리만을 사용함으로써 객관적인 묘사의 느낌을 더욱 살려낸다. 또한, 철거장면을 표현할 때에는 주관적 반응의 일면을 보여준다. 두 순경은 철거에 대해 대화를 나눈다.

> 왕롄구이: 여기에서 6, 7백 가구쯤 철거되었습니까?
>
> 양 궈 리: 예, 6, 7백 가구 정도 됩니다. 이전에는 전부가 따자위엔大杂院이었는데, 철거 후 모두 아파트로 이사 갔어요. 이처럼 민사문제가 많은 곳이 또 어디 있었을까요? 이제 우리는 그들 집에 가서 민사문제를 해결해주지 않아도 되게 되었어요.[21]

두 사람이 주민위원회가 소재한 스허위엔으로 들어가면서 첫 시퀀스는 끝난다.

〈뜨거운 여름〉의 시작은 이전 두 영화와는 다른 방식을 취하고 있다. 도시 산책자의 만유漫游를 통한 묘사라는 표현방식을 포기하고 일련의 짧은 화면들을 빠르게 편집한 장면들을 하나로 묶어 보여준다. 이 화면은 베이징의 여러 장소를 담은 것이 아니라 교차로라는 동일한 지점의 교통상황을 각기 다른 시간대에 촬영하여 편집한 것이다. 원거리에서 내려다본 교차로는 언제나 시끄럽고, 행인, 자전거, 버스, 택시 등이 물샐틈없이 어지럽게 뒤엉켜 있으며 버스에서 나오는 광고방송으로 더욱 혼란스럽고 어지러운 느낌이다. 영화는 이를 통해 1990년대 말 베이징의 복잡한 교통과 번잡한 생활을 보여준다. 영화

21) 宁瀛, 〈民警故事〉(1995), "王连贵: 这儿片拆掉的有六七百户吧? 杨国力: 有六七百户, 这以前全是大杂院儿; 拆了迁以后全住进高楼里去了, 哪儿还有那么多民事纠纷? 省得我们今天给他们家调解, 明天给他们家调解。"

〈순경 이야기〉

는 방관자의 시각을 취하고 있고 소리와 장면을 통해 현장감을 유발한다.

세 편 영화의 주인공들은 도시를 관찰하고 기록하는 증인들이다. 이 증인들은 베이징 대로와 후통을 만유하는 산책자들로, 그들의 만유 자체가 영화의 플롯을 주조한다. "옛 건물이 철거되면서 먼지가 휘날리는 장면은 베이징 도시 발전사의 진실한 한 장이다"[22]라는 〈뜨거운 여름〉의 초반 장면이 대변하듯, 세 영화는 산책의 과정을 통해 부단한 철거와 건설이라는 도시 변화상을 그려낸다. 눈여겨보아야 할 것은 대로와 골목을 다닐 때 주인공들이 사용하는 교통수단이 각기 다르다는 점이다. 〈즐거움을 찾아서〉는 도보를, 〈순경 이야기〉는 자전거를, 〈뜨거운 여름〉은 택시를 이용하는데, 교통수단의 속도는 점점 빨라지는 추세를 보인다. 교통수단의 속도 변화는 베이징의 철거

22) 张蕾, 「宁瀛: 我属于10年后的观众」, 『劳动报』, 2001年 6月 22日. 宁瀛, 〈夏日暖洋洋〉(2000), "也许你们看到的是旧楼拆迁过程中尘土飞扬的场面, 那正是北京这座城市发展过程中的真实一幕。"

그리고 건설의 속도 변화에 상응한다. 교통수단은 속도를 나타내고 이 속도는 도시 주민의 생활 속도와 일치한다. 〈즐거움을 찾아서〉에서 시대의 속도는 라오한터우가 걸어가는 속도에 맞먹고, 〈순경 이야기〉의 생활 속도는 바로 자전거 속도에 비례한다. 이에 대해 닝잉은 다음과 같이 말한다. "〈즐거움을 찾아서〉를 찍을 때 노인들은 걸어다녔고 조그만 구역이지만 당시 베이징 생활상을 충분히 느낄 수 있었다. 〈순경 이야기〉를 찍을 때는 자전거를 이용했고 그 범위는 전보다 넓어졌다."[23] 〈순경 이야기〉를 촬영할 때 자전거를 선택하여 베이징의 모습을 표현한 이유는 자전거 정도의 속도가 아니라면 이 도시의 철거 모습을 표현할 수가 없었기 때문이다. 그리고 〈뜨거운 여름〉에 와서는 자전거 속도로는 도시의 변화를 도저히 담을 수 없게 되자 택시를 이용한다. 교통수단의 변화라는 산책 속도의 변화는 베이징 도시 전체의 변화폭 그리고 베이징 시민 생활의 변화 양상을 상징적이고 웅변적으로 보여준다.

닝잉의 베이징 3부작은 급격하게 변화 중인 도시 공간의 증명이자 기록이다. 변화 속의 현실을 더욱 잘 담아내기 위해서 닝잉은 기록영화라는 장르를 선택했다. 거대한 변화 속의 중국사회를 묘사하기 위해서는 장면의 이동이 필요했고 기록영화 장르를 선택해야 했다.

3. '베이징 3부작'의 기록형식과 주제표현

〈즐거움을 찾아서〉와 〈순경 이야기〉는 중등 제작규모로 제작되었

23) 宁瀛, 앞의 글. "〈找乐〉那会儿老头儿们是走路, 在一个小小的市区之内就能够体会到北京当时生活的风貌。〈民警故事〉的时候已经是靠着自行车, 范围已经大一些了。"

〈순경 이야기〉

지만, 중국 밖의 영화비평가들은 이 영화들이 저자본으로 만들어졌을 것이라 생각했다. 그들이 그렇게 생각하는 이유 중 하나는 아마도 거친 화면에 있을 것이다. 당시는 장이모우张艺谋나 천카이거陈凯歌의 영화처럼 선명한 색채와 형식미의 영화가 대세를 이루고 있었다. 그러나 닝잉은 선명한 화질의 필름을 의도적으로 훼손하여 거칠게 만들었다. 그녀는 담배연기가 자욱한 장면과 먼지가 날리는 장면을 통해 있는 그대로의 생활상을 표현하고자 했다. 당시는 중국의 신기록영화운동이 시작되지 않았던 때였고 6세대 영화는 몇 작품만이 출품되었을 뿐 아직은 지하에 있던 상태였다.

〈순경 이야기〉 화면의 특징은 먼저 빛의 선택과 통제에서 찾을 수 있다. 화려한 색채를 배제하고 중회색을 주로 사용했으며 인공조명을 자제하고 자연 광선을 사용했다. 이 영화의 화면은 MTV의 선명한 색채와는 거리가 멀다. 파출소 사무실, 철거 중인 공사장, 파손된 사원 등 화려한 시각효과와는 거리가 먼 환경에서 닝잉의 카메라는 변화의 와중에 있는 사회와 역사의 흔적을 전시한다. 우중충한 회색의 하늘,

석양이 만들어낸 오랜 담장의 그림자, 주민위원회 사무실에서 쉬지 않고 떠들고 있는 아주머니들, 야근하는 순경들, 담배연기가 끊임없이 피어오르는 역광의 사무실……. 이것이 닝잉이 서술하는 이야기의 공간이다. 원경의 카메라로 인해 조성된 거리감 때문만이 아니라 자연광선과 수식을 가하지 않은 비예술화 때문에, 동작과 사건은 더욱 객관적이고 평범한 일상처럼 다가온다. 단조롭고 자극적이지 않은 회색이 반복되는데 이러한 색채의 통제로 인해 컬러영화는 흑백필름처럼 느껴진다. 〈순경 이야기〉는 높이 치솟은 빌딩과 육교를 시선에서 제외한 채 후통과 스허위엔을 중회색의 색채로 화면에 담아냄으로써 도시 하층민의 생존상황을 형상화한다. 영화가 도시 재개발 혹은 철거를 파괴적인 작업으로 그려낸 이유는 카메라의 렌즈가 도시 하층민의 시각과 일치했기 때문이다.

〈순경 이야기〉가 추구하는 사실성은 서사와 주제의 필요에 의한 것이었다. 이 사실성은 자연주의의 사실성과는 달랐다. 영화는 강한 주관을 가진 감독이 카메라 배후에 존재한다는 사실을 숨기지 않았다. 닝잉은 자신이 말하고 싶은 것을 분명하게 인식했으며 그것에 적합한 영상언어를 선택했다. 그녀의 기록영화는 작가의 상상력, 감정과 선택을 통해 뚜렷한 지역적 색채와 심미의식을 표현했다.

감독이 자신의 강한 주관적 감성을 숨기지 않음에도 불구하고 〈순경 이야기〉의 화면은 객관성과 거리감을 유지한다. 방관적 시각의 주요한 특징은 서술자가 사건에 개입하지 않고 사건 진행의 '원상태'를 존중한다는 데 있다. 카메라는 자전거를 타고 가면서 이야기하는 두 순경을 담는다. 세월의 흔적들이 배인 도시의 후통과 거리가, 도시 주변을 쉬지 않고 도는 두 순경의 대화와 어울리면서 점차 심도 있게 전시된다. 두 순경이 도시 내부로 깊이 진입해가는 과정이 영화의 진

〈순경 이야기〉 더셩먼에서의 장면

행 과정이다. 영화의 시작부분은 배경과 인물을 소개하는 기능을 수행하기에 이 장면의 방관적 시각은 당연하다고도 할 수 있다. 그러나 절정의 순간인, 파출소의 모든 순경이 출동하여 미친 개를 잡는 장면에서조차, 일반적으로는 원경과 근경의 장면을 짧고 빠른 속도로 편집하여 상황의 급박함, 격렬한 심리를 부각함으로써 관객의 집중과 이입을 유도해내었을 이런 순간에서조차, 〈순경 이야기〉는 대부분을 원경으로 처리하는 태도를 고수한다. 한 무리의 순경이 개를 추격하다 더셩먼德胜门 부근 언 강 위에서 긴 막대로 개를 때려잡는 장면에서마저도 닝잉의 카메라는 먼 거리에서 담담히 지켜볼 뿐이다. 감독의 이런 태도는 관객들로 하여금 충돌을 객관적으로 관찰하고 성찰하게끔 유도한다. 만약 이 장면에서 카메라가 피사체에 바싹 접근했다면 시각적 충격도는 높아졌겠지만 사고의 성찰을 관객들에게 촉구하지는 못했을 것이다. 피사체에 대한 감독의 이런 태도는 영화와 역사에 대한 그녀의 태도와 깊이 관련되어 있다.

〈순경 이야기〉의 대사는 대부분 일상적인 대화로 이루어져 있다.

그리고 영화의 메인플롯은 금지된 개를 잡는 과정이지만, 많은 피카레스크식 구성과 인물들이 서브플롯을 만들어낸다. 개를 좇는 과정에서 많은 인물들이 등장하고 퇴장하기에 영화 전체를 관통하는 갈등은 눈에 띄지 않는다. 주요 등장인물조차 완전한 성격을 형성하지 못하며 인물의 다양한 측면을 보여주는 것은 거의 시도조차 하지 못한다. 〈순경 이야기〉는 세밀하게 짜인 드라마라기보다는 베이징 순경의 힘든 근무와 일상이라는 플롯 위에 베이징 시민들의 각양각색 생활상이 전개되는 영화라 할 수 있다. 사실 이 영화의 플롯은 상황에 따라 전개되는 우연성에 기초해 있다고도 할 수 있다. 서사극을 연상시키는 서술 방식은 감독의 목소리가 생경하고 직접적으로 드러나는 것을 피하면서 관객 스스로 객관적 상황에 대해 사색하고 판단하기를 요구한다.

〈순경 이야기〉의 수많은 인물과 사건을 관통하면서 이것들을 하나로 엮어내는 인물과 사건이 있다면, 그것은 바로 두 순경이며 순경이 수행해야 하는 임무와 시민을 대하는 태도를 양궈리가 왕렌구이에게 가르치는 것이다. 그러나 영화는 이마저도 충실히 재현하지 않는다. 영화 결미에서 양궈리는 초초함과 분노로 인해 왕렌구이 앞에서 시민을 때림으로써 순경의 준칙을 훼손한다. 그 결과 그는 정직되고 감봉에 처해진다. 주의해야 할 것은 이런 사건의 진행이 뚜렷한 인과관계에 의지해 있지 않다는 점이다. 감정이 누적되면서 격화되지만 일련의 지극히 우연적인 조건들이 겹치면서 의외의 감정적 폭발이 발생한다. 닝잉은 이 외의성에 뚜렷한 인과성을 부여하기 위해 복선을 사용하지도 않으며 그 원인을 추적하기 위해 시간을 거슬러 오르지도 않는다. 그녀는 분명한 목적의식을 갖고 있지만, 인물과 사건을 조정하고 통제함으로써 자신의 주제를 드러내려고 하지 않고 원상태의 생활을 있는 그대로 기록함으로써 관객의 성찰을 유도한다.

닝잉은 한 인터뷰에서 〈즐거움을 찾아서〉와 〈순경 이야기〉에 대해 다음과 같이 언급했다. "영화의 주제는 단순한 인간이 아니다. 나는 이 사회 환경 속에 있는 인간과 사회 그 자체를 묘사하고자 했다."[24] 확실히 닝잉의 영화는 고립되고 추상적인 인물을 그리지 않았고 환경 속에 있는 당대의 생존 상황 속에 존재하고 있는 인간을 그렸다.

닝잉 영화의 기록성은 영화 기법이나 영상미 같은 표현방식에서만이 아니라 그 내용에서도 잘 드러난다. 닝잉은 카메라를 도시 하층민에게 맞춤으로써 내용과 주제를 표현한다. 〈즐거움을 찾아서〉의 라오한터우 및 기타 퇴직한 노인들처럼, 베이징 3부작의 도시 산책자 중 많은 사람이 고정된 직업과 거주지가 없는 하층시민이다. 앞서 말했듯 그녀의 영화는 냉정하지만 그 기저에는 휴머니즘이 깔려 있다. 그러나 이 휴머니즘은 막연히 인간에 대한 온정주의적 태도를 의미하는 것이 아니라 사회 환경 속에서 생존해야 하는 사회관계 속의 인간에 대한 관심을 의미한다.

〈뜨거운 여름〉의 주인공 택시기사 더쯔德子는 계속해서 빠르게 이동해야 하기에, 멈추지 않는 현대 생활공간이라는 공간적 배경과 같은 역할을 동시에 수행한다. 이로 인해 더쯔는 세 가지 기능을 갖고 있는 셈이다. 그는 이 사회의 생존자이면서, 그와는 맞지 않는 사회에서 살아가는 냉정한 방관자이면서 동시에 관중의 피관찰자이다. 따라서 이 영화는 더쯔의 주관적 시선을 전면에 내세우면서 주체가 현실에 개입하는 양상으로 전개된다.

24) 沈芸, 앞의 논문, 34쪽. "影片的主题不仅仅是人, 而是这个社会状态中的人, 从而也写了社会本身。"

〈뜨거운 여름〉

의심할 것도 없이, 이 인물은 닝잉이 제시한 현대 신시민의 전형이다. 닝잉은 일찍이 자신의 영화에서 "특정 시기의 전형特定时期的普遍形象"[25]을 형상화하고 싶다고 말한 바 있다. 더쯔는 현대인의 고독과 자의식, 그리고 성찰력을 가진 인물의 전형이다. 그는 무언가를 부단히 추구하지만 결국 모두 실패하고 만다. 그를 소외시킨 사회와 냉혹한 현실은 그의 모든 반항과 지향이 무력하고 실패할 수밖에 없다고 선고한다. 그래서 더쯔는 수차례 좌절을 맛본 후 어쩔 수 없이 그것을 인정하고 규범을 숙명으로 받아들인다.

화려한 불빛의 막시무스马克西姆클럽에서 더쯔는 낯선 사람들의 낯선 시선에 둘러싸인 고독한 개인으로 존재한다. 서술구조의 측면에서 보자면, 〈즐거움을 찾아서〉와 〈순경 이야기〉는 장면의 객관성과 거리감, 내용의 사건화 등을 특징으로 하고 있지만 〈뜨거운 여름〉은 이와 다르다. 시점의 주관성, 장면의 주관적 해석, 장면의 유동성, 사건과

25) 상동.

장소의 병렬 등 더쯔와 택시가 초점이 되어 영화를 이끌어간다. 이로 인해 영화는 단순하고 순수한 기록영화를 넘어선다. 주체의 감정과 가치판단으로 인해 현실은 추상화되고 재해석된다. 그리고 유행가를 많이 사용하여 현대 사회가 단편적으로 표현되는 것을 피하면서 억눌린 정서와 분위기를 표현한다. 닝잉은 〈뜨거운 여름〉부터 언어·대사가 내용을 전달하는 데 미흡하다는 것을 깨닫고 당시 유행하던 노래를 사용하기 시작한다.[26] 그리고 이전의 영화와는 달리 소리를 과도하게 사용하는데 택시 라디오의 광고, 음악, 유행가 등 현장의 소리가 그것이다.

영화는 행인과 차로 가득 찬 교차로를 추이지엔崔健의 〈90년대九十年代〉[27] 음악과 함께 보여주면서 시작한다. 이어서 더쯔의 이혼 장면, 더쯔와 여러 여성·인간들의 만남을 통해 소통의 불가능이라는 주제를 표현한다. 더쯔는 어머니, 아내, 애인, 승객, 허난성河南省 출신의 아가씨 등 여러 종류의 인간을 만나지만, 소통을 위한 모든 노력은 실패로 끝난다. 아내와는 이혼하고, 애인은 자살하고, 승객에게는 무차별 폭행을 당한다. 허난성 출신의 아가씨와는 화려한 옷을 입고 웨딩 사진을 찍지만 어색함과 부조화를 감추지 못한다. 거리의 무수한 술집,

26) 영화에 나온 노래를 순서대로 배열하면 다음과 같다. 崔健 〈九十年代〉, 祝恨 〈我爱北京〉, 田震 〈野花〉, 祝恨 〈夜〉, 反光镜乐队〈叫〉, 刘森 〈流星〉, 田震 〈你是否和我一样〉, 祝恨 〈夜〉.

27) 崔健 〈九十年代〉: "语言已经不够准确/说不清世界 世界/存在着各种不同感觉/就像这手中的音乐/语言已经不够准确/语言已经不够准确/生活中有各种感觉/生活中有各种感觉/其实心中早已明白/却只能再等待 等待/一天从梦中彻底醒来/回头诉说这个年代/其实心是早就明白/其实心中早就明白/你我同在九十年代/你我同在九十年代。(언어는 이미 정확하지 않아/세계, 세계를 정확히 말할 수 없다./각종의 다른 감각이 존재한다./마치 이 손 안의 음악처럼/언어는 이미 정확하지 않다/언어는 이미 정확하지 않다/생활에는 각종의 느낌이 있다/생활에는 각종의 느낌이 있다/사실 마음은 이미 명백하고,/오히려 기다림 기다릴 수밖에 없다./어느 날 꿈속에서 철저히 깨어나서/이 세월을 뒤돌아보고 말한다./사실 마음은 이미 알고 있었다./사실 마음 속에서는 이미 알고 있었다./너와 나는 90년대에 있다/너와 나는 90년대에 있다.)"

빌딩, 건축 공사장 역시 뜨거운 여름날 냉랭함만을 발산하며 소통의 가능성을 부인할 뿐이다. 닝잉은 이 영화에서 "내가 정말 이야기 하고 싶은 것은 그 시각時刻"이라고 말한다. "더쯔는 많은 것을 경험한 후 갑자기 시각이 열리게 된다. 아침에 원래는 아주 익숙했던 세계를 보지만, 이제 현재는 낯설게 변했다. 이것이 내가 이 영화를 만들 때 처음 가진 생각이기도 했다."[28)]

〈뜨거운 여름〉에서 인물 및 물체의 변형, 왜곡, 과장, 주관적 화면과 이동 촬영 화면은 영화의 주제를 추상적이고 깊이 있게 만드는 데 기여한다. "사실적 객관과 냉정, 주제의 은밀한 표현은 물체와 화면의 억압을 참을 수 없는 그녀의 왕성한 주제의식에 더 이상 적합하지 않기 때문이다."[29)] 닝잉은 3부작의 마지막인 〈뜨거운 여름〉에서 기존의 표현양식을 과감히 포기하고 새로운 방식으로 주제를 표현하고자 했다. 그녀의 이런 선택은 급변하고 혼란스러운 현실에 적절하게 대응하기 위한 것이자 그런 현실을 표현하기 위한 것이었다.

4. 닝잉의 영화미학

닝잉은 기록영화 형식으로 만든 베이징 3부작을 통해 1990년대 베이징의 도시화 과정을 재현했다. 그러나 〈뜨거운 여름〉에서부터 닝잉은 기록영화를 벗어나려는 시도를 감행했다. 어떤 비평가는 중국영화는 대부분 극영화이기에 닝잉의 기록영화는 중국영화의 빈 부분을

28) 徐鸢, 앞의 논문, 61쪽. "我又想讲述我真正想讲述的那个时刻。" "他经历了很多以后突然睁开了眼睛, 在早晨看到了他本来应该非常熟悉的世界, 但对他来说现在又是陌生的, 这是我在做这个电影的时候最原始的初衷。"

29) 陈旭光, 앞의 논문, 89쪽.

채워주는 역할을 충실히 했다고 평가하면서, 닝잉의 새로운 도전에 우려를 표명하기도 했다. 선언은 많았지만 그에 걸맞는 성과는 생산하지 못했던 5세대 감독 중 그나마 닝잉이 기록영화를 추구하는 감독인데 그녀의 영화 성향이 극영화 쪽으로 바뀔까봐 걱정스럽다는 것이었다.[30]

어느 인터뷰에서 질문자는 〈뜨거운 여름〉을 보고나서 영화표를 물리고 싶었다고 닝잉에게 말한 적이 있었다. 그는 예전에 TV에서 〈즐거움을 찾아서〉와 〈순경 이야기〉를 보고 닝잉을 중국에서 몇 안 되는 좋은 감독이라고 생각했는데 〈뜨거운 여름〉은 실망스럽다는 것이었다. 그는 〈뜨거운 여름〉에서 아침 공원에서 사람들이 운동하는 모습, 택시기사들이 회의하는 장면이 좋았는데 이는 이전의 영화에서도 볼 수 있었던 장면이라고 말했다. 그리고 〈뜨거운 여름〉은 음악을 너무 많이 사용하고 현상에만 치우친 느낌을 준다고 평가했다. 닝잉은 자신의 영화미학을 설명함으로써 이에 답했다.

> 내게 있어 〈순경 이야기〉를 찍는 것은 아주 익숙해서 쉬운 일이었다. 롱테이크, 미장센, 비전문연기자의 사용 등은 〈즐거움을 찾아서〉에서 이미 사용한 방식이었기 때문이다. 이런 방식을 〈순경 이야기〉에서 또다시 사용해 내가 말하고자 한 사람의 소외과정을 표현했다. 그런데 영화를 찍을 때 익숙하고 쉬운 방법이라는 느낌이 든다면 이는 문제가 있는 것이다. 내가 영화를 통해 부단히 묘사하고자 하는 것은 언제나 새로운 느낌이다. 그런데 새로운 느낌을 어떻게 동일한 언어로 표현할 수 있겠는가? 사람은 흥분했을 때는 말조차 할 수 없고 모든 언어는 소용없다. 기존의 언어로는 당신의 느낌을 영원히 형용할 수 없을 것이다.

30) 위의 논문, 90쪽.

> 영화 제작과정이 기타 다른 작업과 구별이 되는 가장 중요한 이유는 그것이 항상 탐색의 과정이라는 데 있다. 나는 매번 새로운 이야기 방식을 찾고자 한다. 새로운 카메라의 시각으로 새로운 느낌을 쓰고자 한다. …… 당신은 나더러 익숙하고 편한 방식으로 일을 하라고 하는데 그건 아주 따분한 일이다. 그래서 나는 관중이 나에게 표를 물리는 위험을 무릅쓰고라도 모험을 한다. 나는 단순히 당신들이 좋다고 느끼고 이튿날 잊어버리는 것은 원하지 않는다.[31]

이 영화의 결미에서 실연으로 눈물을 흘리는 여승객이 "실연한 적이 있으세요?" 하고 더쯔에게 묻는다. 그 순간 더쯔는 갑자기 말할 수 없는 곤혹에 빠진다. 닝잉은 이를 통해 인물과의 공감을 묘사하려고 했다. 닝잉은 일찍이 익숙했던 생활과 실연하고 베이징과 실연을 했다는 것이다.[32] 익숙한 모든 것은 사라지고 언제나 새로운 것이 들어서는 전지구화 과정에서 모든 인간은 상처 입은 존재다. 닝잉의 영화는 주관적 감정에 치우치는 경향이 있지만, 그녀는 모든 인간이 시대에 부딪쳐 넘어지고 혼란스러워 한다는 것을 잊지 말라고 말한다.

---

31) 徐鸢, 앞의 논문, 61쪽. "其实我觉得你提的问题特别的好。对我来说, 拍〈民警故事〉的时候有点轻车熟路, 因为从〈找乐〉里已经摸索出一套规律了: 长镜头, 场面调度, 非专业演员的运用等等。在〈民警故事〉里我已经能用这些描写我希望表达的对人的異化的过程。但是拍电影时一旦你感觉是轻车熟路, 这就有问题了。电影不断写的是人的新的感受, 你想一个新的感受怎么可能用同样的语言来表述? 一个人激动的时候是没话可说的了, 所有的语言都用不上。 你不能用一个现成的成语永远来形容你的感受, 所以我觉得电影制作过程最大区别于其他工种的在于它有一个探索的过程。 我非常希望每次能找到一种新的讲述方式, 新的镜头视角, 去写一种新的感受。…… 你要让我去做一个轻车熟路的事我觉得非常乏味。所以我宁可冒着有的观众来找我退票的危险, 我也不愿意简单地让你们觉得不错, 但第二天就忘了。"

32) 닝잉은 이 영화를 만든 가장 큰 이유는 베이징에 대한 그녀의 진실한 사랑 때문이라고 했다. 그녀는 베이징은 모든 것이기도 하고 모든 것이 아니기도 하다는 생각을 한다고 했다. 그리고 불확실하고 명확하지 않은 제목으로 자신의 영화를 정의하는 것을 특히 좋아하기에 처음엔 제목을 '我爱北京'으로 했다고 한다. 그런데 베이징 영화제작사의 간부들이 극본을 본 후 택시기사가 여인을 사랑하는 것이 어떻게 '我爱北京'이냐고 반대하여 결국 〈夏日暖洋洋〉을 제목으로 정한다. 徐鸢, 앞의 논문, 61쪽.

〈무궁동〉

〈A면B면〉

베이징 3부작은 도시공간의 외관적 변화에 초점을 맞춰 도시철거와 경제발전이 베이징 보통 시민에게 가져온 영향을 심도 깊게 관찰하고 새롭게 표현했다. 그녀의 작품은 전환기 중국사회의 대표적인 영상기호로 평가받고 있으며, 그녀는 중국 도시영화의 선도적 인물로 평가받는다.

닝잉의 작품을 동시대의 다른 작품들과 비교하는 것은 거의 불가능한 일이다. 〈즐거움을 찾아서〉, 〈순경 이야기〉와 〈뜨거운 여름〉은 닝잉이 개성을 강한 감독이라는 것을 보여준다. 그녀의 영화는 시간의 흐름에 따라 그 가치를 잃는 영화가 아니라 시간이 지날수록 그 의미를 더해가는 작품들이다. 닝잉이 자신의 영화에서 중요시하는 것은 증명이 아니라 사물 그 자체를 전시하는 것이고, 그것의 독특성과 모호성 및 복잡성·양가성을 표현하는 것이다. 그리고 간단한 사건 속에 다중적인 의미를 부여하는 것이다. 2000년대 이후 닝잉은 기록영화

장르에서 벗어나 〈무궁동无穷动〉, 〈A면B면A面B面〉 등에서 급속한 사회 변화로 인한 인간 내부의 혼란 문제를 심도 깊게 파헤치고 있다.

참고문헌

宁　瀛, 〈找乐〉(1993).

宁　瀛, 〈民警故事〉(1995).

宁　瀛, 〈夏日暖洋洋〉(2000).

앙드레 바쟁, 박상규 역, 『앙드레 바쟁의 영화란 무엇인가?』, 시각과언어, 2001.

그램 질로크, 노명우 역, 『발터 벤야민과 메트로 폴리스』, 효형출판, 2005.

杨远婴 等 主编, 『90年代的"第五代"』, 北京: 北京广播学院出版社, 2000.

杨远婴·魏时煜, 『女性的电影: 对话中日女导演』, 上海: 华东师范大学出版社, 2009.

葛柱宇·杨杨, 「王歧山坦然面对三大现实问题」, 『京华时报』, 2004年 2月 22日.

徐　鸢, 「宁瀛: 人在边缘?」, 『中国对外服务』, 2001年 第9期.

杨文杰, 「导演宁瀛与〈我爱北京〉三部曲」, 『北京青年报』, 2001年 9月 13日.

宁　瀛, 「与城市俱进」, 『北京青年报』, 2006年 6月 1日.

王海洲, 「视点及其文化意义: 当代中国城市电影研究」, 『电影艺术』, 2005年 第2期.

陈旭光, 「主体意识, "现代性"反思, 纪实的"表现"和"抽象": 关于宁瀛的〈夏日暖洋洋〉」, 『当代电影』, 2002年 第1期.

吴小丽, 「中国当代城市电影:历史的性格决定命运」, 『影视理论研究』, 2009年 第16卷 第1期.

沈　芸, 「关于〈找乐〉和〈民警故事〉: 与宁瀛的访谈」, 『当代电影』, 1996年 第3期.

李奕明, 「什么是电影: 〈找乐〉和〈民警故事〉电影形态」, 『当代电影』, 1996年 第3期.

文　娟,「都市文本 中国寓言: 宁瀛电影文化分析」,『电影评价』, 2010年 第9期.
张　蕾,「宁瀛: 我属于10年后的观众」,『劳动报』, 2001年 6月 22日.
吴涤非,「漂泊的心灵: 关于宁瀛的三部电影」,『电影创作』, 2002年 第2期.
【筑龙网】问城论坛_嘉宾发言_宁瀛, http://v.youku.com/v_show/

찾아보기

[ㄱ]

〈갈망渴望〉 109
건축시대 40
경극 306
경미京味 65, 241
『경화연운京华烟云』 53
『고공기考工记』 16
〈공작孔雀〉 192
관후管虎 332
구창웨이顾长卫 190
국가대극원国家大剧院 30
궈바오창郭宝昌 300
「그리운 베이징我思念北京」 41
〈극도한랭极度寒冷〉 163
기록영화 338
기억 310

[ㄴ]

〈나날들冬春的日子〉 162
『나를 사람으로 보지 마라千万别把我当人』 65
『나우那五』 118
난뤄구샹南锣鼓巷 100
냐오차오鸟巢 35
『노는 것보다 신나는 것은 없다玩的就是心跳』 65
닝잉宁瀛 333, 337

[ㄷ]

『담배합烟壶』 117
대중매체 316
대중문화 298
덩여우메이邓友梅 115
도시영화 359
동인당同仁堂 300
따산즈 예술구大山子艺术区 218
따스란大栅欄 101
따위엔大院 64
따자위엔大杂院 64
따자이먼大宅门 300, 303
따자이먼 문화 301
〈뜨거운 여름夏日暖洋洋〉 343
띠야오칸调侃 277

[ㄹ]

라오베이징老北京 65
라오서老舍 5
라오시앙老向 4
량스청梁思成 18
로버트 버넬Robert Bernell 196
로컬리티locality 94
『루루바후통辘轳把胡同』 123
류신우劉心武 125
류헝刘恒 267
르페브르 19
리상췬李象群 209
리치앙李樯 192
린위탕林语堂 5
린후이인林徽因 24

[ㅁ]

마오쩌둥毛泽东 39
마오쩌둥 기념당毛泽东纪念堂 45
망류盲流 172
〈머리가 헝클어졌어头发乱了〉 332
멍위에孟悦 132
미자산米家山 332
민족주의 313

[ㅂ]

바우하우스 214
『반은 화염 반은 바닷물一半是火焰一半是海水』 65
〈백수건달顽主〉 332
〈백화심처百花深处〉 139
베이위밍贝聿铭 36
베이징 15
〈베이징 3부작北京三部曲〉 334
『베이징 798: 다시 만든 "공장"北京 798: 再创造的"工厂"』 211
베이징 뺀질이京油子 276
〈베이징 유랑: 최후의 몽상가流浪北京: 最后的梦想者〉 171
〈베이징 잡종北京杂种〉 165
『베이징: 도시와 사람北京: 城与人』 113
〈베이징에서의 하룻밤北京一夜〉 140
〈본명년本命年〉 332
〈부지하사영회포不知何事萦怀抱〉 144
〈북경자전거十七岁的单车〉 180
빠이스취八艺时区 196

[ㅅ]

『사나운 짐승들动物凶猛』 65
『사세동당四世同堂』 5
상성相声 276
〈샤오산의 귀가小山回家〉 183
『세 자매』 191
〈세계世界〉 183
세계도시 58
셰페이谢飞 332
「수다쟁이 장따민의 행복한 생활贫嘴张大民的幸福生活」 108, 268
수이젠궈隋建国 196
〈순경 이야기民警故事〉 345
쉬용徐勇 95, 197
스차하이什刹海 100

스튜어트 홀 296
스허위엔四合院 17
시태공간时态空间 197
신경미新京味 65
신베이징기획도新北京规划图 26
신사실주의 영화新写实电影 338
쏴핀쭈이耍贫嘴 276
쑨이안孙毅安 275
쑨지엔민孙健敏 50

[ㅇ]

〈아름다운 집美丽的家〉 269
〈안녕, 베이징北京, 你早〉 332
안톤 체홉 191
양관화杨冠华 277
〈엄마妈妈〉 173
『여의如意』 125
「영원은 얼마나 먼가永远有多远」 54, 109
예광친叶广芩 141
왕샤오솨이王小帅 159
왕쑤오王朔 65
왕쩡치汪曾祺 105
우원광吴文光 171
원지에闻捷 41
〈이모의 포스트모던 라이프姨妈的后现代生活〉 192
인민대회당人民大会堂 42
인민영웅기념비人民英雄纪念碑 39
인하이광殷海光 314, 319
『입체교차교立体交叉桥』 125
〈입춘立春〉 1900

[ㅈ]

자오위안赵园 113
장놘신张暖忻 332
『장미문玫瑰门』 149
장소의 정치 77
장위엔张元 165
장이머우张艺谋 181
장이우张颐武 37
제1회 따산즈 예술절 221
제2차 따산즈 예술절 222
제6세대 감독 158
제6세대 영화 160
존 피스크 318
『종구러우钟鼓楼』 125
주샤오원周晓文 332
『중국건축사中国建筑史』 18
중국은행빌딩中国银行大楼 36
중국혁명과 중국역사박물관中国革命和中国历史博物馆 42
중난하이中南海 71
중축선中轴线 17
〈즐거움을 찾아서找乐子〉 123, 342
지아장커贾樟柯 177, 183
지앙원姜文 86
집단기억 312, 316
『차이상즈采桑子』 141

[ㅊ]

창안제长安街 26
〈책상서랍 속의 동화一个都不能少〉 181
『천당진두天堂尽头』 50

천승陈升 140
천젠공陈建功 123
천카이거陈凯歌 139
〈청춘은 후회가 없다青春无悔〉 332
『청춘의 노래青春之歌』 81
체면 319
추이옌쥔崔砚君 275
추이지엔崔健 355
〈취우쥐 이야기秋菊打官司〉 181
취우화동邱华东 50

[ㅋ]

칸侃 276
칸따산侃大山 277
쿠마켄고Kengo Kuma 40

[ㅌ]

〈텐 미니츠: 트럼펫Ten Minutes Older: The Trumpet〉 139
톈안먼天安门 43
톈안먼 광장天安门广场 39
〈틈틈이 즐겨라没事偷着乐〉 273
티에닝铁凝 54

[ㅍ]

팔국연합군 317
팡지아후통房家胡同 103
펑공冯巩 269, 277
『평교건축잡록平郊建筑杂录』 23
평극评剧 268
폴앙드뢰 30
푸코 57

[ㅎ]

〈햇빛 쏟아지던 날들阳光灿烂的日子〉 73
헤게모니 296
『현장: 798 예술구 실록现场: 798艺术区实录』 211
〈홍색낭자군红色娘子军〉 84
홍소병红小兵 80
『화아화花儿花』 50
황루이黄锐 196
황성皇城 85
황성근皇城根 247
후통胡同 91
후통관광胡同游 95

[기타]

〈1918년의 레닌列宁在一九一八〉 84
1950년대의 "10대 건축물" 43
5가지 가치설 214
798 다시 만들기再造798 208
798 예술구 창의문화절 230
798 예술구 197
『798: 주옌의 사진기록798: 朱岩的照片纪录』 211